Diverse Aspects and
Issue of Social Pedgogy
Comparative Study
between Western and Asian Countries

社会教育福祉の
諸相と課題

欧米とアジアの比較研究

松田 武雄【編著】

大学教育出版

はじめに

　本書は、科学研究費（基盤研究A）「コミュニティ・ガバナンスと社会教育福祉システムの構築に関する欧米とアジアの比較研究」（研究代表者・松田武雄）において4年間、調査研究してきた成果のまとめである。このプロジェクトは、2011年度まで行う予定であった「社会教育・生涯学習の再編とソーシャル・キャピタルに関する実証的研究」（科学研究費（基盤研究B））の後継プロジェクトである。後者の研究は2011年度までの4年間のプロジェクトであったが、幸い科学研究費（基盤研究A）が採択されたため、2010年度までで終了し、そのまとめを2012年3月に『社会教育・生涯学習の再編とソーシャル・キャピタル』という著書として刊行した（大学教育出版）。

　基本的な問題意識は、コミュニティ（地域社会）において、社会教育・生涯学習を通じていかにソーシャル・キャピタルを形成することができるのか、逆にソーシャル・キャピタルを形成することができるような社会教育・生涯学習はどのように再構築できるのか、という点にあり、この問題意識は現在のプロジェクトにも引き継がれている。

　現在の国や自治体の財政危機のもとで、社会教育・生涯学習は行政的に後退を余儀なくされている。社会教育職員や予算の削減、社会教育施設の廃止、指定管理者制度の導入に伴う混乱、社会教育（生涯学習）行政の教育委員会から首長部局への移管など、社会教育・生涯学習の行政は戦後最大の危機を迎えていると言ってよい。

　しかし、日本の社会教育・生涯学習は、あまりにも行政に依存し過ぎてきたことも確かである。ヨーロッパの多くの国々では、市民が主体となった民衆教育あるいは成人教育が発展し、それに対して行政が支援するという歴史的な関係性がつくられてきた。日本でも、最近ようやく市民が主体となり行政との協働関係を構築するという有り様がみられるようになってきた。

　今回のプロジェクト研究では、コミュニティにおける市民のガバナンスを基盤に、社会教育と福祉を統合した社会教育福祉という領域を構想して、現代のリスク社会、貧困社会に抗することができるような社会教育（社会教育福祉）のシ

ステムを構築するためにどうすれば良いのか、という問題意識を持って取り組んでいる。そのために、日本、韓国、中国、中央アジア、東南アジア、ドイツ、スウェーデン、フィンランド、イギリス、スコットランド、アメリカ、という国々・地域の比較研究を行い、社会教育福祉のイメージをふくらませていきたいと考えた。実際、アジア諸国では、社会教育と福祉が融合したような活動が行われている地域が多く存在するし、ドイツや北欧等のヨーロッパ諸国では、社会教育学という学問領域が困難を抱えた人達に対して教育的福祉的な支援を行っている。

海外の多様な動向を参照しながら、身近な地域からソーシャル・キャピタルを培っていけるような社会教育福祉システムを構想し、新たな社会教育・生涯学習の理論的な枠組みを構築していくことが本研究の目的である。

そのために、それぞれの国や地域を調査するとともに、定例研究会と毎年1回ずつ国際会議を開催してきた。第1回はスウェーデンの研究者を招いて研究討議を行い、第2回はフィンランドの研究者を招いて研究討議を行った。第3回はほぼ全員でドイツに行き、マインツ大学で大規模な国際会議を開催した。日本、ドイツ、フィンランドの研究者が集まり、2日間、社会教育学と社会教育に関する濃厚な議論が行われた。第4回は、サンクトペテルブルクで開催され(ロシア国立法科大学の主催)、主として青少年に対する社会教育学について議論がなされた。さらに、国際会議でのプレゼンテーションと討論の内容を中心に、報告集「コミュニティ・ガバナンスと社会教育福祉」第1〜第3集を刊行した。このような国際会議でのプレゼンテーションの内容は、本書に反映されている。

かつて教育福祉は、子どもの教育と福祉の権利保障論として提起されたが、本書で言う社会教育福祉は、コミュニティにおける社会教育と福祉が融合もしくは統合した教育福祉的機能論として提起している。この点が両者の大きな違いである。

その機能の表出は各国・地域において多様であり、それぞれの国・地域で社会教育福祉と呼べるような現象と理論の諸相と課題を描き、コミュニティという視点を軸に置いて比較研究としたが、現時点で社会教育福祉概念について包括的に理論化して定義づけることはできなかった。今後に引き続く課題としたい。

本書を出版するにあたり、大学教育出版の佐藤守社長に大変お世話になりまし

た。また、編集部の安田愛さんには編集作業でいろいろとご迷惑をおかけしました。お二人に深く感謝いたします。

2015 年 3 月

松田武雄

社会教育福祉の諸相と課題
―― 欧米とアジアの比較研究 ――

目 次

はじめに ……………………………………………（松田武雄）…… *i*

序　章　**社会教育福祉の諸相と課題**
　　　　── 欧米とアジアの比較研究 ──…………………（松田武雄）…… *1*
Diverse Aspects and Issue of Social Pedgogy
── Comparative Study between Western and Asian Countries

　　はじめに　*1*
　1．社会教育と福祉の入れ子的構造　*3*
　　（1）社会教育と福祉の歴史的関連構造　*3*
　　（2）社会教育福祉の機能を担う公民館　*5*
　2．ヨーロッパの社会教育学　*7*
　　（1）社会教育学の広がりと定義の難しさ　*7*
　　（2）社会教育学の現代的な概念　*10*
　3．地域における社会教育福祉実践の創出　*12*
　　（1）公民館と地域福祉が融合した活動──島根県松江市　*12*
　　（2）社会教育福祉の拠点としての市民福祉センター──北九州市　*14*
　　（3）身近な地域での公民館と福祉ひろばの活動──松本市　*15*
　4．おわりに　*17*

第**1**章　**新たな共同が取り組むコミュニティ・エンパワメントの手法**
　　　　…………………………（石井山竜平）……*21*
Methods of Community Empowerment through New Cooperation in Community

　1．厳しさを機に生みだされる「新たな共同」　*21*
　2．東沢地区における地区計画　*22*
　　（1）都市・消費者との交流をてこに農村の付加価値を高める　*22*
　　（2）行政計画を補完する地域の行動の計画化　*23*
　　（3）地区計画を実働しうる地域事業主体へ　*25*
　3．吉島地区における人材育成計画　*27*
　　（1）3年の話し合いをかけて導き出した地縁組織改革　*27*
　　（2）地域活動に次世代が育つ道筋を組み込む　*29*
　4．「新たな共同」がつくりだす学びと育ち　*32*

(1) 行政と対等・協力関係をもてる自立的地域事業体であるために　*32*
(2) 「新たな共同」で展開されている学習　*34*

第 2 章　日本の都市近郊団地にみる社会教育と社会福祉の結合
............................（上野景三）...　*37*
Combination of Social Education and Social Welfare in a City Suburban Housing Complex in Japan

1. 都市近郊団地における社会教育と社会福祉の結合　*37*
2. 国のコミュニティ政策の動向　*39*
3. 都市再生機構（UR）の取り組み　*44*
    (1) UR 賃貸住宅ストック再生・再編方針　*44*
    (2) 団地マネージメント・団地マネージャー制度　*45*
    (3) UR の団地再生策の特徴　*46*
4. 集合住宅にみる社会教育と社会福祉の結合　*46*
    (1) 大牟田市新地地区公営住宅にみる地域交流施設　*47*
    (2) 兵庫県武庫川団地の団地マネージャーの取り組み　*48*
    (3) 福岡市博多区美野島公民館・佐賀市循誘公民館の高齢者教育事業　*49*
5. おわりに　*51*

第 3 章　韓国における教育福祉と生涯教育 ....（李　正連）...　*53*
Educational Welfare and Lifelong Education in Korea

はじめに　*53*
1. 「教育福祉」概念をめぐる論議　*54*
2. 教育福祉政策と地域教育ネットワークづくり　*56*
    (1) 社会格差の拡大と「教育福祉優先支援事業」　*56*
    (2) 地域を基盤とする官民協働の教育支援ネットワークづくり　*59*
3. 教育福祉支援と地域共同体の構築　*61*
    (1) 清州地域における「共に生きる私たち」の取組み　*61*
    (2) ソウル市蘆原地域における「蘆原教育支援センター・ナラニ」の取組み　*63*
おわりに　*64*

第4章　生活実感に寄り添う社区教育へ
　　　——上海市の社区教育を一例に……………（牧野　篤）… 67
Community Education (She-qu jiaoyu) and Residents' Autonomy in China

序　教育と統治のリアリズム：社区教育への視点　67
1. 統治と教育：社区教育の二つのアプローチ　68
    (1) 社区教育政策化の背景　68
    (2) 統治志向のアプローチ　69
    (3) 教育志向のアプローチ　70
2. 社区教育のジレンマ　71
    (1)「社区」概念の転化　71
    (2) 自治志向的アプローチへ　72
    (3) 統治と自治のせめぎ合い：社区教育行政のジレンマ　73
3. 市民が迫り出す社区教育の現場　75
    (1) 社区教育の二重の三層構造　75
    (2) 行政サービス提供から福祉の創造へ　76
    (3) 福祉から社区自治へ　80
結び　生活実感に寄り添う社区教育へ　82

第5章　香港の社会福祉と生涯教育……………………（肖　蘭）… 84
Social Welfare and Lifelong Education in Hong Kong

はじめに　84
1. 香港の社会政策と社会福祉事業の展開　85
2. 香港の生涯教育と非政府組織の取り組み　87
3. 非政府組織による青少年支援事業とソーシャルワーカーの役割　92
    (1) 香港の青少年問題　92
    (2) 明愛長洲青少年総合サービス　96
おわりに　101

第6章　東南アジア諸国におけるノンフォーマル教育と地域福祉の融合
―― カンボジア、ラオスの事例 ―― ………（益川浩一）… *103*

Fusion of Non-formal Education and Community Welfare in Southeast Asia Countries
― Cases in Cambodia and Laos ―

1. アジア太平洋地域諸国の現状と人びとの学習活動　*103*
2. カンボジアにおけるノンフォーマル教育とCLC　*104*
   (1) カンボジアの概要とCLCの設立　*104*
   (2) カンボジアにおけるCLCの設立過程　*105*
   (3) CLCの学習・活動実践　*107*
   (4) シェムリアップ州チョンクニア村のCLC活動　*108*
3. ラオスにおけるノンフォーマル教育とCLC　*108*
   (1) ラオスの概要　*108*
   (2) CLCの設立過程　*109*
   (3) CLCの学習・活動実践　*109*
4. CLCの学習活動に参画した学習者の声　*111*
5. カンボジア・ラオスのCLCにおける学習・活動実践の類型化の試み　*112*

第7章　ウズベキスタンにおける社会教育と社会福祉
………………………（河野明日香）… *117*

Social Education and Social Welfare in Uzbekistan

はじめに　*117*

1. ウズベキスタンにおける「社会」「社会的」「教育」の意味　*118*
2. ソ連期およびソビエト後のウズベキスタンにおける社会教育　*120*
   (1) ソビエト期のウズベキスタンにおける社会教育　*120*
   (2) ソビエト後のウズベキスタンにおける社会教育　*123*
3. ウズベキスタンにおける社会教育と社会福祉　*124*
   (1) 現在のウズベキスタンにおける教育行政と福祉行政　*124*
   (2) 人々の生活空間における教育と福祉　*125*
   (3) マハッラにおける社会教育と社会福祉の課題　*129*

おわりに　*130*

第8章 Social Pedagogy とコミュニティ教育
.... (宮崎隆志) ... 133
Social Pedagogy and Community Education

はじめに　*133*

1. イギリスにおける Social Pedagogy の受容動向　*134*
   (1) Social Pedagogy への関心の高まり　*134*
   (2) イギリスにおける Social Pedagogy の位置と意味　*136*
   (3) イギリスから見た Social Pedagogy の特質　*138*
   (4) 小　括　*141*
2. コミュニティ教育の射程――スコットランドを中心に――　*141*
   (1) コミュニティ教育の展開　*141*
   (2) コミュニティ教育（CLD）の学習論　*144*
3. Social Pedagogy とコミュニティ教育（CLD）の統一的把握のために　*146*
   (1) 共通性　*146*
   (2) 差異性　*147*
   (3) 統一的把握の課題　*147*

おわりに　*148*

第9章 ドイツにおける社会教育学
―― 教育科学的伝統の観点からの提唱 ――
.... (Franz Hamburger) ... 150

原文：ドイツ語：Sozialpädagogik in Deutschland. Eine Darstellung aus der Perspektive erziehungswissenschaftlicher Tradition
Socialpedagogy in Germany
 Description from Perspective of the Educational Tradition

はじめに　*150*

1. 社会教育の概念　*150*
2. 歴史的側面　*156*
3. 社会システムとしての総合社会活動　*158*
4. 総合社会活動の実践　*161*
5. 理論への反省　*162*

6. まとめ　*165*

参考資料：社会教育、ユースワーク関係専門職養成資料　*167*

第10章　スウェーデンの社会教育学　……….　（Lisbeth Eriksson）… *171*
Social Pedagogy in Sweden

1. 専門的な職業としての社会教育学　*171*
2. 学問分野としての社会教育学　*174*
3. 研究分野としての社会教育学　*175*
4. 社会教育学の理論的な理解　*176*
5. 社会教育学についての普遍的・個別的言説　*176*
6. 普遍的言説　*177*
7. 個別的言説　*178*
8. 3つの社会教育学的モデル　*180*
9. スウェーデンにおける移民に対するシティズンシップ教育の方法
　　── 社会教育学的な実践としての民衆成人教育　*182*
10. 教師の記述　*184*
11. まとめ　*188*

第11章　学問分野と職業的実践としての社会教育学の発展
　　──　フィンランドの事例から学ぶこと　──
　　　　　　　　　　………………　（Juha Hämäläinen）… *190*
Developing Social Pedagogy as an Academic Discipline and Professional Practice
── Learning from Finnish Experience ──

はじめに　*190*

1. 教育分野としての社会教育学の発展　*191*
2. 職業的実践としての社会教育学　*194*
3. 教育制度内における社会教育学の位置づけ　*197*

4. 社会教育学の専門性の本質　200

5. 「地域教育者 (community pedagogues)」と「ソーシャルケアワーカー (social care workers)」　204

6. おわりに　205

第12章　民衆大学と協働するドイツ公民の家 …… (大串降吉) … 209
A Townhouse in Germany which cooperates with an Adult Education Center

はじめに　209

1. 地区協議会と公民の家　210
2. 公民の家の発端　211
3. 公民の家と民衆大学　213
4. 専門職が配置されている　217
5. まとめ　220

第13章　参加、教育と社会教育学
―― スウェーデンにおけるロマ民衆大学の事例 ――
…………………………… (Marie Westerlind) … 224

Participation, Education and Social Pedagogy
—— the Case of a Romani Folk-High School in Sweden ——

1. 社会教育的実践の発展　225
2. ロマ民族と教育　228
3. スウェーデンの民衆大学　229
4. アグネスベリィ民衆大学　230
5. オルタナティブ教育の一つのあり方　231
6. 参加、認識と社会的包摂　232
7. 通過点としての教育と目的　234

第14章 スウェーデンにおけるセツルメント運動の歴史と現在
―― 民間団体による地域福祉と教育文化活動 ――
....（太田美幸）… *238*

The Settlement movement in Sweden
― Voluntary organization for education and social services in the welfare state ―

1. ローカル・デモクラシーと社会教育福祉
 ―ヘムゴード（セツルメント）運動への着目― *238*
2. フェレーニングと民衆教育 *239*
3. 余暇リーダーの役割 *241*
4. ヘムゴード運動の展開と衰退 *243*
5. ヘムゴードの現代的意義 *247*
6. 社会教育福祉の担い手 *251*

第15章 アメリカにおける就業支援とソーシャル・サービス
―― 公共図書館の取り組みを中心に ―― ……（藤村好美）… *256*

Support for Job-Seekers and Social Service in the United States
― Focusing on Public Libraries ―

はじめに *256*
1. ニューヨーク市の公共図書館 *257*
 （1）ニューヨーク市の行政区と図書館システム *257*
 （2）NYPLにおけるコミュニティ教育と就業支援 *259*
 （3）QLにおけるコミュニティ教育プログラム *261*
2. ニュー・ジャージー州の公共図書館における就業支援
 ―スコッチ・プレインズ公共図書館とキャリア・ネットワーキング・グループ― *264*
3. 結びに代えて *268*

索　引 *271*
執筆者一覧 *274*

序　章

社会教育福祉の諸相と課題
―― 欧米とアジアの比較研究 ――

Diverse Aspects and Issue of Social Pedgogy
― Comparative Study between Western and Asian Countries ―

はじめに

　現代社会において、貧困、格差、生活危機、雇用問題、精神的な病、発達障害など、福祉的諸問題は増大している。こうした諸問題には主として社会福祉政策が対応しているが、教育政策が福祉的諸問題の解決に関与すべき側面は少なくない。逆に、教育政策に社会福祉政策が関与すべき場面も少なからず存在している。これまで長い間、両者の関連構造が問題視されてきたが、実際のところ、両者の関わりは弱い。

　社会教育学の分野では、かつて小川利夫が教育福祉論を展開したが、それは主として子どもや青年の生活問題と教育・福祉の権利保障を軸にしたものであった。小川によれば、「教育福祉は、今日の社会福祉とりわけ児童福祉サービスのなかに、実態的にきわめてあいまいなままに放置され、結果的には軽視され剥奪されている子ども・青年さらに成人の学習・教育権保障の体系化をめざす概念である」[1]と定義しており、教育福祉を福祉国家のもとでの教育権保障の問題として論じている。しかし今日、「福祉国家と福祉社会の協働の可能性がさまざまなレベルにおいて模索されている」[2]と論じられており、福祉国家のもとでの教育権保障にとどまらない、福祉社会における教育福祉のあり方が問われていると言える。社会教育の領域で言えば、地域における「相互依存的な協働的な実践と学び」[3]と地域福祉における互酬性、相互性とが結びつき、重なり合っている社会教育福祉と称すべき現象が現れている。それは、コミュニティにおいて社会教育・生涯学習（学校教育を含む）と地域福祉が統合され、融合した活動と機能の新たな創出を意味している。今日、教育権保障にとどまらない、コミュニティの

ソーシャル・キャピタルを醸成する新たな社会教育福祉のシステムの創造と理論的な探究が求められていると言える。

現在、そのような社会教育福祉に関わる理論と実践の諸相と課題を明らかにすることは重要性を増している。高橋満は、近著『コミュニティワークの教育的実践』の副題を「教育と福祉を結ぶ」としており、その冒頭で次のように述べている。

　　社会教育と社会福祉の領域とでは、地域にどうアプローチするのかというときに、実践の目的も、具体的な介入の方法についても、異なるところがある。しかしながら、その違いとともに、両者の実践をどのように統合し、相互に関連づけることができるのかを考えることがよりよい地域社会をつくるためには重要である。4

第二次世界大戦後、社会教育が教育行政として確立し、社会福祉が専門職化する中で、社会教育と社会福祉は縦割り行政の中に置かれてきた。しかし、社会教育、特に公民館が地域づくりに積極的に関与してきたという歴史的事情と、社会福祉において地域福祉の推進が重要課題となってきたという背景のもとで、社会教育と地域福祉の関連性が問われるようになった。そこには、冒頭に述べたような、現代日本の深刻な社会的諸問題の解決を地域レベルで取り組んでいくことの切実さが横たわっている。

本書は、今日の社会教育福祉の諸相と課題について、欧米とアジアの比較研究を通して考察することを目的としている。ヨーロッパでは、教育と福祉が融合したSocial Pedagogyという学問領域が存在しており、理論的にも実践的にも日本の社会教育と歴史的に重なる要素が多い。アジア諸国では、韓国をはじめとしてコミュニティにおける教育福祉的な活動が創出され始めている。アメリカでも、ソーシャル・ワークの伝統の上に、教育と福祉がリンクした活動がなされている。今日、国際的に福祉国家のあり方が問われている中で、このような教育福祉および社会教育福祉の国際比較は重要性を持っている。

地域において社会教育福祉を構想する際には、かつてのような行政依存ではなく、住民自治によるコミュニティ・ガバナンスの構築がその基盤となる。したがって本書では、コミュニティ・ガバナンスを視野に入れ、社会教育と福祉を統合した社会教育福祉という領域を構想して、現代のリスク社会、貧困社会に抗す

ることができるような社会教育（社会教育福祉）のシステムを構築することがどのように可能なのか、という課題に迫る。そのために、日本、韓国、中国、香港、東南アジア、中央アジア、アメリカ、ドイツ、スウェーデン、フィンランド、イギリス、スコットランドという諸国・地域の比較研究を行い、社会教育福祉のイメージをふくらませていきたい。海外の多様な動向を参照しながら、身近な地域からソーシャル・キャピタルを培っていけるような社会教育福祉システムを構想するために、社会教育福祉の諸相と課題を描き出したいというのが本書を刊行する目的である。

1. 社会教育と福祉の入れ子的構造

(1) 社会教育と福祉の歴史的関連構造

　社会教育と福祉は、歴史的に入れ子状の発展過程をたどってきた。この点について最初に着目し、「歴史的課題としての社会教育福祉論」として、戦前日本における社会事業と社会教育との関連構造を考察したのは小川利夫であった。小川は、「わが国における社会事業と社会教育とが、いかに深い歴史的な内実的関連をもって成立してきたかを如実にしめしている」[5]と述べて、社会事業理論における社会教育観の系譜を考察している。

　小川は主として、社会事業理論における社会教育の位置づけについて考察したが、社会教育理論における社会事業の位置づけについて考察することにより、社会教育と福祉との歴史的関連構造は一層明らかとなる。この点で示唆的であるのは、ドイツの社会的教育学の理論的な枠組みである。

　日本の社会教育に一つの教育学的な根拠を与えたのは、19世紀末から20世紀初頭に日本に紹介されたドイツの社会的教育学であった[6]。吉岡真佐樹は、ドイツにおいて19世紀中葉より登場したゾツィアルペダゴギークには2種類の系譜が区別されると言う。一つは、「教育の社会的方面を強調する教育学」であり、「『個人的教育学』に対置される教育学として、教育・人間形成に対する社会の規定力を強調する立場」である。もう一つの系譜は、「『社会問題の解決』を志向する教育学」であり、「狭義の教育の分野にとどまらず、当時の社会問題に対してその教育学的解決をめざす一つの運動ともいうべきものであり、教育を軸に

しながらもその他の精神的物質的援助をも含むもの」であった。後者を代表するディースターヴェークは、「学校以外の、社会的および国家的な教育福祉事業の総体を意味するもの」としてゾツィアルペダゴギークを定義した[7]。

このような2つの系譜は、当時のゾツィアルペダゴギークの日本への紹介にも表れており、特に後者については、熊谷五郎が『最近大教育学』(1903年)において次のように述べている。「社会的教育学は将来の開化事業を負担する未成年者の身体及び精神上の妨害を防ぐ為に保護上の規則を立てやうとするのである。即ち公共の児童保護に甚だ力を尽くすのである。さうして唯々固有の教育の範囲内に止まらずして社会教育にも手を下して、さうして大人の教育上の需要を打算の中に入れて、大人をして適当なる児童の教育者たるに適する様にさせる種々の設備を設くることをも要求する」。[8]

ここでは、社会的教育学が児童保護という社会問題の教育的解決の意義を担うものとして捉えられているとともに、大人の教育としての社会教育へと論を展開している点が注目される。社会的教育学は社会問題の教育的解決であり、社会教育は大人の教育であるとして区別して論じているのである。

その後、川本宇之介は『社会教育の体系と施設経営 体系篇』(1931年)において、「社会的教育学が、社会教育の思想的背景として大に有力なる貢献をなし社会教育の発達を促した」[9]と述べ、「教育の社会化と社会の教育化」というアイディアも社会的教育学に依ることを記している。川本は、「教育の社会化と社会の教育化」の機能のうちに「学校教育の社会政策的施設」を位置づけ、それを社会教育の概念に包摂して、「貧困、病弱、不具、低能等特殊児童に教育上の保護を加へること」[10]を重要な教育的社会政策として掲げた。

このように社会的教育学は、「教育の持つ社会的文脈を強調する」教育学の立場を示しているのみならず、社会問題の解決、とりわけ青少年保護の教育福祉事業を担う学問でもあり、そのことは当時の日本の社会教育にも見られる両側面である。社会教育の領域は、青年教育や成人教育のみならず、児童保護など社会事業も包摂していたのであり、「固有の教育の範囲内に止まら」ない社会教育の歴史的な概念に注目する必要がある。

コミュニティにおける一般的互酬性と信頼性の規範に価値を置くとすれば、今日、福祉がその価値の焦点に位置づいてくるのであり、その点で、歴史的に教育

福祉として定置され、コミュニティを基盤として成立した社会教育の意義が照射されるのである。

社会教育が「固有の教育の範囲内」にこもることなく、コミュニティにおける協働や互酬性を重視する教育福祉的営為として、今日、再解釈される余地はある。日本の社会教育とドイツの社会的教育学の歴史的な概念的重なりは、もっぱら「教育の社会的方面を強調する教育学」の立場から注目されてきたが、「学校以外の、社会的および国家的な教育福祉事業の総体を意味するもの」としての立場から読み直すことによって、社会教育の現代的なコミュニティ的価値を掘り起こすことができるであろう。

(2) 社会教育福祉の機能を担う公民館

幼保一元化問題、未就学・長欠児童問題、貧困児童や被差別児童問題、障がい児（者）や非行少年、夜間中学校問題、養護施設等の施設児童問題など、教育と福祉をめぐる問題が、「教育福祉」という用語で学術的に論じられるようになるのは、1960年代後半以降のこととされる[11]。「教育福祉」という用語で主として問題とされたのは、学校教育と福祉に関わる問題であり、その狭間に社会教育が関与していた。

「教育福祉」という範疇とは別に、第二次世界大戦後に創設された公民館において、社会事業を位置づけた公民館事業が意図されていた。公民館の構想を打ち出した寺中作雄は、公民館が教育・文化事業以外に社会事業や保健事業に積極的に取り組むべきことを述べている。「町村民の幸福を増進し、生活を厚く」することを公民館の目的として考えていたからである。具体的には、生活困窮者の生活相談、就職相談、託児所・保育所の設置、児童保護相談所の設置、保健相談、結核予防、栄養改善の指導、結婚相談などが挙げられていた[12]。

戦前からの社会教育と社会事業との入れ子的構造は、戦後、公民館において具体的な像として表出された。1949年に成立した社会教育法において、公民館の目的規定に「健康の増進」と「社会福祉の向上」が位置づけられたのは、その法的な表現である。

しかし、その後の公民館の普及過程において、教育機関としての性格が強調され、福祉機関の整備とも相まって、公民館の福祉的要素がしだいに消滅していっ

た。社会教育、公民館において教育と福祉が分離していったのである。それは特に都市部において顕著であった。一方、長野県や沖縄県などの農村部の自治公民館では、福祉的要素を包摂した社会教育が営まれてきたところも存在した。

特に沖縄では、初期公民館における福祉的要素を含んだ活動を今日に至るまで継続している字公民館（自治公民館）の存在が注目される。近年、都市部では字公民館の活動が衰退する傾向が見られるが、自治活動、伝統行事、神事、芸能、教育、福祉という地域として協同的に営む活動に、字公民館が拠点となって取り組んでいる地域も多い。

字公民館としての機能が弱体化している地域では、それに伴って公民館における福祉的要素も消えつつある。一方で、福祉行政の整備に伴い、字公民館において相互扶助的な福祉活動が占める位置は小さくなっている。他方で、伝統的な相互扶助の活動に加えて、厚生労働省の施策に基づき社会福祉協議会が主導する地域福祉活動が字公民館で組織され始めている。沖縄の字公民館は、社会教育と福祉の入れ子的構造を持って発展してきたが、最近はその様相も変容してきており、相互扶助的な福祉活動のみならず現代的な地域福祉活動の新たな組織化が見られるのである。

近年は、都市部においても公民館事業として積極的に福祉事業を位置づけて取り組んでいる地域も増大しており、歴史的な社会教育と福祉との入れ子的構造が現代的に編成されつつある。松本市における地区公民館と福祉ひろばの連携および町内公民館の地域福祉活動、松江市の公民館と地区社会福祉協議会を中心とした地域福祉活動、北九州市における市民福祉センターの設置（現在は市民センターに改称）、埼玉県所沢市や富士見市の公民館における地域リハビリ活動の展開、福岡市の校区公民館における地域福祉活動など、新たな実践が開拓されている。この点については後述したい。

2. ヨーロッパの社会教育学

(1) 社会教育学の広がりと定義の難しさ

『教育思想事典』によれば、ドイツにおける社会的教育学 Sozialpädagogik の最初の用例は、ディースターヴェーク（A. Diesterweg）の『教師養成の指針』（1850）の中に見られ、「19世紀半ばの産業社会に生起する諸問題、とりわけ青年世代の困窮と社会問題に目を向け、啓蒙期の個人主義的精神の克服を企図した」と評価されている。そして、「社会的関心の高まりは教育を社会的見地からとらえる気運を育み、その結果、社会的教育学を標榜する理論が19世紀末から20世紀初めにかけて相次いで登場した」と、ドイツにおいて社会的教育学が興る歴史的な文脈が説明されている[13]。19世紀後半、産業革命後のドイツでは資本主義経済が発展し、近代的な国民国家が形成される。社会的、国家的な枠組みで教育を考えようとする社会的教育学は、このような歴史的背景のもとで、従来の個人主義的教育学を批判して登場するのである。

一方、ドイツに少し遅れて資本主義経済が興り、近代国家が形成される日本において、このようなドイツにおける新しい教育学の潮流が、個人主義的な教育学にかわって精力的に紹介され始めるのは、19世紀末から20世紀初頭にかけてである。

ドイツの社会的教育学は多様な潮流がある。城戸幡太郎は、ティムメン（W. Timmen）が3つの類型に区別していることを紹介している[14]。後に土井利樹が、ティムメン以外に、イベン（G. Iben）やモレンハウエル（K. Mollenhauer）の類型化を紹介している。それによると、イベンは4つの類型化を行っているが、3番目に「教育の社会的条件に関する学説」としてナトルプ（P. Natorp）を挙げ、4番目に「青少年援助事業の活動領域」としてノール（H. Nohl）を挙げている。このノールの潮流が「今日の社会的教育学の起点である」とされている[15]。日本における社会的教育学の受容過程では、イベンが類型化した3番目の学説の影響力が強く、4番目の系譜はあまり注目されてこなかった。特に第二次世界大戦前はそうである。

戦後日本におけるドイツ社会的教育学の最初の総論的研究と目される安藤堯雄

「社会的教育学の性格」(『東京教育大学教育学部紀要』第3巻、1957年)では、主としてナトルプとヴィルマン (O. Wilmann) が取り上げられ、社会的教育学の学説的な性格について論述されている。「青少年福祉活動」の視点からノールの社会的教育学が日本で初めて評価されたのは、ようやく1970年代になってからである[16]。

このような歴史的事情のもとで、今日のドイツ社会的教育学の中心をなす「青少年援助事業の活動領域」は、日本の社会教育概念の形成に直接的には影響を与えなかったと思われる。とはいえ、戦前日本における社会教育概念には、ドイツ社会的教育学に見られる教育福祉的な要素が含まれており、日本の社会教育概念とドイツの社会的教育学の歴史的な関連性を見いだすことができる。また、教育と社会との関わりを基軸にした社会教育論の展開にも、ドイツ社会的教育学との重なりを見ることができる。

ところで、大串隆吉は、Sozialpädagogik を「社会的教育学」と訳すことに疑問を提出し、「社会教育」と訳している[17]。本稿でも、「社会的教育学」は歴史的な用語として使用するが、現在の Sozialpädagogik は「社会教育学」と称することにする。大串によると、社会教育という用語を使用している国は、日本、ドイツ以外に、北欧諸国、オーストリア、ポーランド、ラトビア、クロアチア、ロシアなどがある[18]。筆者は、スウェーデン、フィンランド、ロシア、エストニア、スペインの社会教育学者と交流し対話しており、ほかにスロヴェニアやウズベキスタンなどでも社会教育学の研究がなされている。今日、社会教育学はヨーロッパ諸国や旧ソ連圏で研究がなされ、それぞれの国や社会の事情に応じた理論化と実践がなされている。

ヨーロッパの社会教育学の研究と実践の中心はドイツにあるが、そのドイツで著名な社会教育学研究者であるフランツ・ハンブルガー (Franz Hamburger) の著書の翻訳が刊行された。その著書の冒頭は、次のような文章で始まっている。

　　社会教育学は、自らが何であるかという問いに明確に答えることができないという問題を抱えている。それは論文や書籍にまとめられた思考体系として、あるいは社会の現実として多様な形をとって存在しているが、それを一つの全体として社会教育学内部から示すこと、あるいは外部から説明することは難しいようである。

ここでハンブルガーは、社会教育学について「学問としての構造化に欠けている」学問分野として言及しているが、それにもかかわらず、「社会教育の概念は何を意味することができるのか？」(p.28) という問いに答えようとしている。本書との関連で重要な論点となるのは、「社会教育と社会福祉援助活動の境界をどこに設けることができるか、また、違いを定義できるかどうか」(p.36) という点にあるであろう。また、「社会問題、なかんずく労働者問題と貧困に関係した教育的実践と観念は、社会教育とみなされる」(p.37) [19] という指摘も、日本の社会教育の歴史と重なる部分がある。

　このような社会教育の定義の困難さは、スウェーデンやフィンランドでも同様である。拙著[20]で紹介しているが、スウェーデンを代表する社会教育学研究者のリスベット・エリクソン（Lisbeth Eriksson）は、「社会教育学の一定の定義はない」と言い切っている。そして、「社会教育学の言説は複合的であり、多様な側面を含んでいる。社会教育学の核心をどのように定義するのかという努力が行われてきたが、それを確立することは不可能である」と述べている[21]。しかし、社会教育学の用語を分解すれば、「社会」と「教育学」という2つの用語から構成され、ここから社会教育学は、「ある仕方で社会的な教育学」あるいは「教育の要素を持ったソーシャルサービス」のいずれかを意味しているということになる[22]。彼女は社会教育学の概念の原点はこの点にあると考えている。

　一方、フィンランドのユーハ・ハマライネン（Juha Hämäläinen）は、「1990年代までは社会教育学は教育理論の研究分野として発達することはなかった」「教育理論としての社会教育学はフィンランドでは新たなものである」と指摘している。そして「社会教育学は、多様な理解、伝統、思想の中で、特定の科学分野として形作らなければならない」[23]と述べている。

　このように社会教育学の長い歴史的伝統のあるドイツですら、学問としての社会教育学のアイデンティティが確立されていないという見方もなされており、ドイツから社会教育学を導入した他のヨーロッパ諸国では、なおさらそうであろう。日本の社会教育も、論者によって多様な理解と解釈、定義がなされており、共有できる概念規定がないという点では、ヨーロッパ諸国と共通している。その中で、いくつかの共通する論点があり、その論点に焦点化した検討がそれぞれの国でなされている。

(2) 社会教育学の現代的な概念

ハンブルガーの著書の中では、社会教育学の明確な定義はなされていないように思われる。しかし、「ローター・ベーニッシュ (Loter Böhnisch) の定義は引用に値する」(p.30) として、次のような引用文を紹介している。

> 社会教育は一般的な意味で社会科学と教育科学の専門分野であるだけでなく、同時に特別な実践の制度化の理論、特に青少年援助と社会福祉援助活動の理論でもある。教育科学の専門分野として社会教育学は、児童と青年の社会化の過程で生じる社会構造的、制度的葛藤に取り組む。すなわち…児童と青少年の主体的動機・能力と社会的・制度的要求との間の葛藤である。社会教育は、この葛藤を解明すること、それが生み出す問題を予測することを試み、この文脈の中で教育的支援のための土台を発展させることを意図する。(Böhnisch 1979)

ここでのキーワードは、社会化と葛藤である。ハンブルガーは特に葛藤の理論に注目して、「社会教育が、個人と社会との葛藤の中で両者をつなげる活動をする」(p.57) と論じている。この葛藤は、「社会問題」として把握され、したがって社会教育学は社会問題を教育的に解決する機能を持つことになる。そこで、「どの問題に、どのように社会教育は関わるのか？」(p.47) という問いかけがなされるのである。

また、「社会教育と社会福祉援助活動の境界をどこに設けることができるか」という問いに対しては、ハンブルガーは「広い概念」と「狭い概念」を提起する。「狭い概念は、『社会━』を貧困、逸脱そしてその他の社会問題に関係づけ、広い概念は、『社会教育学』(Sozialpädagogik) によって社会の教育 (Gesellschaftserziehung) の総体、あるいは教育の全体的・社会的現実性を把握する」と区別し、前者を社会福祉、後者を社会教育学と捉えている。つまり、社会福祉は、「『組織された援助』(Bommer/Scherr2000) の行動の仕方に関係する、より狭い概念として把握されている」とし、社会教育学はそれに対し、「援助だけでなく、教育、同伴、世話、支援、助言、活性化などを包括する行為の様々な仕方に関係する」(p.37) と捉えられている。この定義によると、社会教育学は社会福祉を含む「社会の教育」の全体を示す概念であるとされるが、「この区別化は、絶対に有効であるわけではない」とも述べている。

ドイツにおいて社会教育学は、長い間、「主として青少年保護と青少年指導の

実践に取り組んでいた」(p.33) が、今日では、児童と青少年という年齢集団に限定せず、成人や高齢者へと拡大している。

　スウェーデンでも、社会教育学は、青少年を対象としてきた伝統があるが、今日では、その対象は社会全体へと広がっている。歴史的にみると、特に社会的に問題や困難を抱える青少年を治療、ケアすることが社会教育であるとされ、社会教育学は社会福祉の一部という理解がなされてきた。しかし、今日では、対象者の拡大とともに、社会教育学における教育的要素に着目し、教育学としての社会教育学を探求し始めている。

　クリステル・セデルルンド（Christer Cederlund）は、社会教育学の定義に関して、「社会活動と教育活動は近接している」と述べ、当事者とともに活動に参加しながら、どう生きていくのかをともに考えていく、当事者と教育者との相互作用を通して当事者のアイデンティティを形成していく点に社会教育学における教育的要素があると、筆者のインタビューに答えている[24]。スウェーデンでも、社会教育と社会福祉との重なりと違いが課題化されているのである。

　エリクソンも、社会教育学はソーシャルワークの伝統を継承しているが、今日では、社会教育学の教育学的理解が増大していると述べている。社会教育学と成人教育の境界もあいまいになり、民衆教育と社会教育学との間に線引きをするのは難しいと言う。また、社会教育学は地域づくりとも関連を深めつつあり、社会教育学はコミュニティをめぐる理論でもあると述べている[25]。エリクソンの理論を俯瞰すると、日本の社会教育の概念に近いように思われ、日本の社会教育に福祉活動の要素を包摂する、あるいは福祉的な社会教育、本書で言うところの「社会教育福祉」が、エリクソンの社会教育学の理解に重なるのである。

　フィンランドには、社会教育の仕事に専門的に従事する職業はない。社会教育学は、教育と福祉の分野での仕事に適応される理論であり、社会教育の専門職養成はなされない。しかし、7つの総合大学の中で東フィンランド大学には、社会教育学の学位を取得する課程が設置されており、ユーハ・ハマライネンはその教授である。

　ハマライネンも、「社会教育学は教育と福祉の融合である」と理解している。しかし、フィンランドではドイツやスウェーデンと異なり、社会教育学の対象を青少年に限定してこなかった。成人教育の分野においても社会教育学の理論は活

かされ、成人教育や生涯学習の概念も社会教育学研究に包摂されると、ハマライネンは述べる。また、エリクソンと同様に、ハマライネンはコミュニティを重視し、社会教育学は地域に根ざした教育福祉活動の考察を行うことが重要であると述べる。そして、「社会教育学において最も重要な点は、人間発達のプロセスを教育的に支援することであり、その過程を通じて、人々が自らの生活環境を整え、異なった役割において道徳的責任を果たし、活動的な市民になるように学ぶのを支援することである」と総括している[26]。

特にエリクソンとハマライネンの社会教育学の概念理解をみると、日本の社会教育の概念に近いものがあるように思われる。とはいえ、ヨーロッパの社会教育学は、福祉と教育の機能が融合した概念である一方で、日本の社会教育が歴史的に社会事業と重なっていたとは言え教育概念であるという点で、基本的な概念上の違いがみられる。しかし、日本においても、教育福祉の概念が学問的に位置づけられ、公民館など社会教育の場で福祉活動が広がってくるという現況を鑑みると、これからヨーロッパの社会教育学との研究交流が求められてくるのではないかと思われる。

3. 地域における社会教育福祉実践の創出

日本における社会教育福祉は、近年、公民館を拠点にして実践的に開拓されつつある。第1節で言及したように、公民館は創設時、社会教育福祉の機能を担う機関として誕生した。その機能は、一部の自治公民館において継承されたが、現在、公立公民館を拠点にして、新たな地域福祉活動を展開する地域も現れてきた。その中でも、特に注目すべき地域として、島根県松江市、長野県松本市、北九州市を取り上げ、社会教育福祉としての実践的特質を考察したい。

(1) 公民館と地域福祉が融合した活動　島根県松江市

島根県松江市[27]は、概ね小学校区に公民館が設置され、現在、27館体制となっている。各地区に組織されている公民館運営協議会（地域団体の代表者等で構成）を指定管理者とし、非常勤職の館長と正規職員の主任および主事、そして主として地区社会福祉協議会（以下、地区社協と略す）の事務局を担当している

地域保健福祉推進職員（現在は主事として配置）という4名の職員が配置されている。公民館長が、地区社協の常任理事や事務局長を兼ね、地域保健福祉推進職員を中心に職員全体で地域福祉を担っている。

　松江市では公民館と地域福祉の活動が融合しており、その間に境目がないと言われる。ある地区の社会福祉協議会会長は、「どこまでが公民館で、どこまでが社協の活動なのか、参加者にはわからないですね。すべて公民館活動だと思ってやっています」と語っている。公民館の財政も、主たる財源は教育委員会であるが、福祉部局からも人件費として予算措置がなされている。

　公民館の主催事業は、系統的に学ぶ講座は少ないが、文化祭などのイベント、スポーツ、交流活動、子どもの体験活動、防災講座、人権講座などが行われており、多様なサークル活動が行われている。そして、公民館を拠点に地区社協で、健康づくり、高齢者の見守り活動と見守りネットワークづくり、福祉ニーズの把握、地域生活支援会議（忌部地区）、在宅高齢者支援、障がい児・者への支援、乳幼児や高齢者のサロン、子育て支援など、多彩な地域福祉活動が展開されている。公民館事業と地区社協の事業が公民館において重なり合って行われており、その間に境目がないと言われる所以である。

　実際、公民館の主催事業も地区社協の活動も4人の公民館職員で担っており、両者の活動はそれぞれ独自に行われているとしても、活動の担い手としての職員と住民という視点から見ると、まさに両者は融合していると言えるのである。公民館を「対話と学び合いの場」と位置づけ、公民館の学習機能と地域福祉の機能を有機的に関連させた事業も行われている。たとえば白潟公民館では、地区社協の副会長からアドバイスを受けた公民館長が、福祉課題としての高齢者の生きがいづくりと地域の歴史の掘り起こしを結びつけて、「わがまち発見」という地域史を記録する事業を始めた[28]。

　この白潟公民館のように、住民の学習を通して地域福祉の課題を考え解決していくという、社会教育と地域福祉の関連構造を意識化するような実践も見られるが、大方は公民館の事業と地区社協の活動をそれぞれ、公民館をベースに行っているという実践形態であろうと思われる。そこには、意図的な学習の組織化はあまり見られないが、地域福祉の活動を通した学びが、公民館活動として見られる。公民館職員が住民の学びと地域福祉活動を支援しているのである。

(2) 社会教育福祉の拠点としての市民福祉センター――北九州市

　北九州市の市民福祉センターは1995年に設置が始まり、10年後の2005年に市民福祉センターと公民館が統合されて市民センターへと再編されて幕を閉じた。言わば未完の社会教育福祉センターとして設置された施設であった。

　1993年に策定された「高齢化社会対策総合計画」において、「地域住民による福祉活動、住民の交流や生涯学習活動の拠点として、小学校区単位に（仮称）市民福祉センターを整備する」と提言され、それに基づいて、福祉コミュニティの拠点施設として市民福祉センターが設置されることになった。ここで福祉とは、次のように捉えられている。

　　　かつて福祉とは、支援を必要とする人々を対象とするものであったが、核家族化・少子高齢化の進展に伴い、その範囲が拡大した。現在では、「一人ひとりの生活や人生をより豊かにするための社会支援のしくみ」と考えられて、社会全体に視野を広げている。[29]

　このように北九州市では、政令指定都市の中で最も高齢化が進み人口が減少しているという状況に対応して、市民が主体的に福祉コミュニティづくりを行う拠点施設を小学校区に設置し、地域福祉と生涯学習（社会教育）を結びつけた地域づくりを推進していくことを主要施策として取り組んだ。しかし、やがて公民館を廃止して、このセンターに統合するのではないかという危惧もあり、社会教育関係者からは批判の声が上がった。実際、2005年に市民福祉センターと公民館が市民センターとして一元化され、公民館は廃止された。

　その後の経緯を見ると、市民福祉センターが市民センターへと再編されることにより、まちづくりの機能が全面に現れ、地域福祉と生涯学習の機能は縮小されてしまい、当初の市民福祉センターの理念は途切れてしまった。10年間の短命で終わったのである。

　市民福祉センターは保健福祉局地域福祉部が所管したが、地域福祉とともに生涯学習も重視され、常勤の館長職には社会教育施設での職員経験者が少なくなかった。草創期の市民福祉センターを振り返ると、館長のリーダーシップのもとで、公民館的な活動を中心にしつつ福祉活動が行われ、そうした活動を通じて、住民自治組織として組織されたまちづくり協議会とともに、住民主体のまちづく

りが展開されていった事例が少なからず見られる。まちづくり協議会は、設立当初、何をすべきかわからないというような暗中模索の状態にあったが、社会教育職員を経験した館長が社会教育の方法論を駆使してまちづくり協議会を支援し、新たな地域づくりにつながっていった地域が見られるのである。

　保健福祉の事業としては、デイサービス、住民の介護相談や生きがい相談、保健士による育児相談や健康相談、高齢者の昼食会、子育てセミナーなどが行われた。一つの市民福祉センターで社会教育と保健福祉の活動が行われており、その担当部局や配置された職員も異なるが、例えばデイサービスと公民館講座とが連携し、両者の事業を構造化するなどの工夫も見られた。社会教育と福祉の融合というよりも、両者の事業の意識的な構造的統合の実践が開拓されたと言うことができる。

　市民福祉センターは、公民館廃止につながる経路をつくったという点で、行政上、歴史的に大きな禍根を残したが、それまでの公民館活動の実践的蓄積を活かして、市民福祉センターの新しい理念をそれぞれの地域で実現していく方途を模索、追求していく中で、社会教育福祉の新たな可能性を開拓する道もあり得たのではないかと思われる。実際、草創期の市民福祉センターの実践にはそのような可能性が現れていたのである[30]。

(3) 身近な地域での公民館と福祉ひろばの活動 ― 松本市

　長野県松本市は、歴史的に先進的な社会教育実践に取り組んできた地域として、社会教育関係者の間で広く知られている。特に公民館は、小学校区程度のエリアに1館ずつ配置し職員体制を整備するとともに、町会単位に設置された町内公民館を拠点にした活動がなされ、教育・学習活動と地域づくりがリンクした実践を展開してきた点に特徴がある。

　このような公民館活動の歴史的な蓄積を踏まえ、高齢社会、地方分権、住民参加による地域福祉づくりという新たな時代の要請のもとで、各地区に福祉拠点を設置するという施策が出され、「29地区福祉拠点事業推進研究会」が1994年に「29地区福祉拠点事業推進に関する提言書」を提出した。この提言書で福祉拠点とは、「身近な地域で、住民が主体となって健康・福祉づくりを共に考え、進めていく共助の広場です」と定義づけられている。その理念の一つとして、「保健・

福祉・医療と生涯学習の協同」という視点が出され、次のように説明がなされている。

> 身近な生活の場である地区のなかで自らの健康や福祉、医療を自分たちの周囲にいる専門家とともに学習しあうことが、今、求められています。松本市には身近な地域の学習の場である公民館が整備されており、住民の学習と実践の豊かな蓄積があります。生涯学習の場である公民館と結び合っていくことで福祉拠点の活動をより確かなものにしていくことが可能となります。[31]

こうして 1995 年から「地区福祉ひろば」という名称で各地区に福祉拠点が設置されていく。北九州市の市民福祉センターと異なり、地区単位で公民館を中心に地区福祉ひろばと連携した社会教育福祉活動を展開してきたのであり、公民館を基盤にした社会教育福祉と言うことができる。地区福祉ひろばの5つの理念の一つが「福祉ひろばは学びのひろば」というものであるが、実際、地区福祉ひろばではノンフォーマル、インフォーマルな教育・学習活動が行われており、「公民館がいつの間にか失っていた『縁側機能』を復活させ、公民館の原点に戻って地域を見つめ直すきっかけになりました」[32] と、地区福祉ひろばを通じて公民館の再発見につながったことが語られている。公民館を基盤にしながらも、公民館と福祉ひろばは補完関係にあると言える。

このような松本市における社会教育福祉活動を基底で担っているのは、町会・町内公民館である。現在、地区よりもさらに身近な町会を基礎とした福祉のまちづくりを目指し、町会福祉と命名して、町会と町内公民館を基礎単位とする福祉と地域づくりの活動に新たに取り組んでいる。例えば蟻ヶ崎西町会では、町内公民館の婦人部活動から発展して住民主体の民主的な町会へと変わり、1997 年には「福祉の町づくり宣言」を出して、社会教育の視点から福祉のまちづくりに取り組んできた。こうして松本市では、地域づくりの基礎単位として町会・町内公民館を位置づけ、地区公民館、地区福祉ひろばが拠点施設となって、身近な地域からの社会教育福祉のまちづくりを支援するという体制が出来上がりつつある。

4. おわりに

　社会教育は、フォーマル、ノンフォーマルな教育・学習を計画的に組織して、あるいはインフォーマルな学習を積み重ねて、個人の自己実現をはかるとともに、より善き社会を実現していくことを目的とした営みである。それは、地域にソーシャル・キャピタルを実現していくことも意味している。このような個人の自己実現とより善き社会の実現は、福祉の理念そのものである。社会教育と福祉は、アプローチの仕方は異なっても、その理念は共有していると言える。この点に社会教育福祉の概念を構想する根拠がある。
　ここで紹介した3つの自治体は、それぞれシステムと方法の違いはあるが、地域に社会教育福祉の理念を実現するための新たな公民館（社会教育）構想であるという点で共通している。松江市と松本市は公民館を基盤にした構想であり、北九州市は福祉の視点から公民館を統合した構想である。したがって北九州市の場合、行政的に社会教育の視点が弱くなり、その後の公民館廃止につながった。
　また、松江市の場合、公民館に福祉職員を配置することにより、縦割り行政を乗り越えて社会教育と福祉が融合した実践が展開されている一方で、松本市は、地区福祉ひろばを独自に設置した上で社会教育と福祉を連携させた実践を開拓しようとしている点で異なる。北九州市も、同じ施設に社会教育職員と福祉職員が同居し、縦割り行政を克服するという点で松江市に似ているが、公民館を基盤とせず、新しい施設として市民福祉センターを設置するという新システムを構築した点がユニークである。
　このように3つの自治体でそれぞれのシステムと方法は異なるが、実践的には、社会教育と福祉を連携させ、構造的に統合した実践を新たに開拓しようとする試みが、いずれの地域においても見られる点に共通性を見出すことができる。行政上は、縦割り行政の克服であり、それを担う職員配置である。社会教育を担う職員と福祉を担う職員を配置し、両者が連携し協働することにより、地域に社会教育福祉の実践を創造することが可能となる。そして、社会教育と福祉が連携した実践が地域づくりにつながり、コミュニティ・ガバナンスを構築していくのである。3つの自治体ともに、より善き社会を実現するための地域づくりを社会

教育と福祉の実践を通じて目指している点も重要な共通点である。

一方、ヨーロッパの社会教育学は、教育機能と福祉機能の方法論的な統合の理論と実践であるが、日本とは異なり、コミュニティ・ガバナンスの視点は弱いように思われる。教育と福祉を統合した社会教育福祉の理論と実践のモデルとして、教育と福祉をどのように関連づけるのかという観点から日本において参照できるが、今後、コミュニティの視点を導入して、日本の社会教育との比較研究を行っていくことが課題である。

アジア諸国ではヨーロッパと違い、社会教育学のような共通のコンセプトはなく、それぞれの国で社会教育と福祉の関連性は異なる。しかし、韓国では歴史的に日本と類似して、社会教育と福祉の密接な関連性が見られ、今日、教育福祉の概念と政策、実践が形成されており、日本との比較研究の軸を定めやすい。中国やウズベキスタン等も、地域社会を基盤にした社会教育福祉のような活動が展開されており、コミュニティの視点から日本との比較研究が可能である。ウズベキスタンの場合は、Socialpedagogyの領域があり、ヨーロッパからの影響が見られる点がユニークである。

アメリカはソーシャルワークの伝統があるが、本書では、図書館という成人教育の施設における福祉機能に着目して考察しており、アメリカでも、「社会教育福祉」と似たような実践が展開されている。

本書は、社会教育福祉というキーワードを設定して、それに類似した欧米とアジア諸国の理論と実践を比較研究することを目的としているが、それぞれの国や地域においてその様相、表出の仕方は異なっており、本書においては、まずは各国の多様な諸相を描き出すことを主眼に置いている。したがって、それぞれの章において社会教育福祉と言えるような各国・地域の独自の様相について論じており、論述の方法論としては統一されていないが、コミュニティを基盤とした社会教育福祉の構築という視点を大事にするという点では共通している。

注
[1] 小川利夫「教育福祉とは何か」小川利夫・高橋正教編著『教育福祉論入門』光生館、2001年、p.2。
[2] 齋藤俊明「訳者あとがき」ノーマン・ベリー『福祉——政治哲学からのアプローチ』昭和堂、2004年、p.236。

3）高橋満『コミュニティワークの教育的実践』東信堂、2013年、pp.62-63。
4）同上、はしがき。
5）小川利夫『教育福祉の基本問題』勁草書房、1985年、p.111。
6）松田武雄『現代社会教育の課題と可能性』参照（九州大学出版会、2007年）。
7）吉岡真佐樹「教育福祉専門職の養成と教育学教育」『教育学研究』第74巻第2号、2007年、p.90。
8）熊谷五郎『最近大教育学』同文館、1903年、p.421。
9）川本宇之介『社会教育の体系と施設経営 体系篇』最新教育研究会、1931年、p.299。
10）川本宇之介『デモクラシーと新公民教育』中文館書店、1921年、p.586。
11）小川利夫・高橋正教編著『教育福祉論入門』光生館、2001年、p.5。
12）寺中作雄『公民館の経営』1947年、横山宏・小林文人編著『公民館史資料集成』エイデル研究所、1986年、pp.176-177。
13）教育思想史学会編『教育思想事典』2000年、勁草書房、359頁。吉岡真佐樹「ドイツにおける教育福祉専門職の拡大と文化」(『京都府立大学学術報告 人文・社会』第50号、1998年）は、ディースターヴェークを起源とする社会的教育学の系譜について素描している。以下、日本におけるドイツ社会的教育学に対する論評については、松田武雄『現代社会教育の課題と可能性』を参照している。
14）城戸幡太郎「社会的教育学」『岩波講座 教育科学 第二十冊』1933年、岩波書店。
15）土井利樹「教育学の一領域としての社会的教育学」『広島大学教育学部紀要 第一部』26、1977年、p.122, 124。
16）菊池龍三郎「ヘルマン・ノールと社会教育運動(1)(2)」『茨城大学教育学部紀要』第22、23号、1972、1973年。
17）大串隆吉「日独社会教育学比較研究の意義に関するノート」『人文学報』第370号（教育学41）2006年。
18）大串隆吉「解説」フランツ・ハンブルガー著・大串隆吉訳『社会福祉国家の中の社会教育』有信堂、2013年。以下、ハンブルガーの引用は本書による。
19）同上書、pp.27-37。
20）松田武雄『コミュニティ・ガバナンスと社会教育の再定義 ― 社会教育福祉の可能性 ― 』福村出版、2014年。
21）Lisbeth Eriksson & Ann-Marie Markstrom, 'Social Pedagogy in a Swedish Context', Yacob Kornbeck & Niels Rosendal Jensen, "The Diversity of Social Pedagogy in Europe", 2009, pp.46-47.
22）Lisbeth Eriksson & Ann-Marie Markstrom, 'Interpreting the Concept of Social Pedagogy', Anders Gustavsson, Hans-Eric Hermansson & Juha Hämäläinen,"Perspectives and Theory in Social Pedagogy", 2003, p.46.
23）Juha Hämäläinen, 'Developing Social Pedagogy as an Academic Discipline and Professional Practice: Learning from the Finnish Experience'. 本書第11章。

24) 松田武雄、前掲書、p.226.
25) Lisbeth Eriksson, 'Community Development and Social Pedagogy: Traditions for Understanding Mobilization for Collective Self-development', "Community Development Journal", 2010.
26) Juha Hämäläinen、前掲論文
27) 松江市の論述は、上野谷加代子・松端克文・斉藤弥生編著『対話と学び合いの地域福祉のすすめ—松江市のコミュニティソーシャルワーク実践』CLC、2014年を参照するとともに、2013年3月27、28日に実施した現地調査（末本誠、上野景 および筆者が参加）に基づいている。現地調査に際しては、特に松江市公民館地域活動コーディネーターの松本督一氏に大変お世話になった。
28) 同上の著書、p.193.
29) 『市民福祉センターを中心とした「地域づくり」中間総括（検討報告）』北九州市保健福祉局地域福祉課、2003年、p.6
30) 松田武雄『現代社会教育の課題と可能性［新装版］』九州大学出版会、2009年
31) 『29地区福祉拠点事業推進に関する提言書』29地区福祉拠点事業推進研究会、1994年
32) 村田正幸「あとがきにかえて」『「地域づくり推進」への実践から』社会教育資料集刊行委員会、2008年。

第1章

新たな共同が取り組むコミュニティ・エンパワメントの手法

Methods of Community Empowerment through New Cooperation in Community

1. 厳しさを機に生みだされる「新たな共同」

　東北地方の各地を廻ると、農業の経営の成り立ちにくさや、企業の撤退・縮小などの影響から、急激な高齢化と人口減少が進行している地域が大部分である。
　そうした地域経済の縮小と連動的に、行政も、財政難等を理由に、住民のそばから職員を引き上げる傾向にある。こうした今日の自治体の姿勢が典型的に現れているのが公民館等の社会教育施設であり、行政職員を撤退させて、施設運営を住民に委ねていくという機構改革が各地で広がりをみせている。
　ここで注目したいのは、こうした改革を機に、一般には衰退化、形骸化傾向にある地縁組織を、住民主導の事業経営体としての体力のある組織に変革させていこうとする動きが一部に現れており、そうした動きが、新たな互助的、共助的な事業を生みだしたり、従来の行政主導の地域づくり事業や生涯学習計画にみられなかった人材育成のシステムを駆動させつつある、ということである。
　もちろん、社会教育施設の地域委託の先にこうした動きが現れている地域は部分的であることから、動け出せない地域が取り残されるような再編が果たして許されるのか、など、政策の是非についてはより多面的に検証することを忘れてはならないだろう。しかしその一方で、行政から切り離された先に、地域の存続の危機の自覚を契機に、生まれつつある「新たな共同」の動向に注目することも、見落とされてはならない。
　では、地域の危機を自覚した住民当事者が、あえてこれまでの地縁的共同を組み替えてまで取り組みはじめたのは、いかなる事業なのであろうか。
　本論で取り上げるのは、山形県の南部、置賜地方にある川西町（人口1万6500人）である。この川西町では2002年度に、行財政改革の一環として、町

内7地区に1館ずつ設置の地区公民館から行政職員を引き上げ、施設は教育委員会管轄の公民館から、まちづくり課管轄のコミュニティセンター（地域交流センター）に変更し、指定管理者制度に基づいて地域に委ね、職員は住民からの公募、という内容の機構改革が実施されている。当時の川西町は、財政破綻直前の厳しい財政状況にあり、そうしたなかで断行されたこの公民館改革の目的は、職員引き上げによる経費削減に他ならなかった。

その後、川西町は2003年6月、川西町まちづくり基本条例を制定、2004年12月に町の「第4次総合計画」を策定、そこに盛り込まれた「協働のまちづくり」というコンセプトのもと、2005年より、公民館（改革後の名称は地域交流センター）の受け皿となった地縁組織が主体となった地区計画の作成を促進してきている。

本論では町内7地区の中でも、特に、この地区計画の策定と実行に取り組み、その検証からリニューアルというサイクルまで駆動している東沢、吉島の2地区を事例に、この「新たな共同」がいかなる営みを生みだしているのか、その実働のためにいかなる組織変革や取り組みが行われてきたかを検証する。

2. 東沢地区における地区計画

(1) 都市・消費者との交流をてこに農村の付加価値を高める

川西町の南西部の稲作地帯、東沢（およそ650人、約180戸、22.7km²）では、上述の町の第四次総合計画（2004年）に先んじて、地域主導で事業を企て、実施・点検し、計画をリニューアルする、という動きが現れている。

農作用水の確保のためにつくられた雨水をためる「堤」が全国最多の100以上存在するなど、先人が厳しい自然条件を共同的に克服してきた跡が随所に残されている中山間地域、東沢だが、主要産業である農業の低迷から極めて厳しい人口減少が続くなか、「住民みずから地域づくりに取り組まなければ地域の未来はない」との機運は1980年代後半には現れていた。

そのためのファーストステップが、1988年より検討が開始され、1991年度に始められ、今日に継続されている山村留学であった。全戸加入の協力会を組織し、里親方式で、数日間の小規模のものと、1992年からは最長1年間引き受け

る長期の枠も用意されたこの山村留学は、パートナーを東京・町田市に絞り、毎年の交流を積み重ねるなか、しっかりとした地域間の交流関係を築きあげ、今日ではその交流が、地域行事への都市部からの継続的な参加や、紅大豆オーナー制などの農業体験交流、都心で事業を展開する外食産業事業者との米の売買契約の確立などにつながっている。

　また、この山村留学の開始が契機になり、1993年は自治省「コミュニティ活性化推進事業」の指定、「風土記東沢」の発刊、地域一体での河川の雑木伐採や花いっぱい運動、農民具展示室展示、「さくら咲く里」整備など、田舎暮らしの良さや、農山村の魅力を、都市・消費者にアピールする取り組みが、地域ぐるみで多彩に展開されてきた。

(2) 行政計画を補完する地域の行動の計画化

　地域主導の地区計画づくりは、こうした実績が基盤となって始められたものであった。1995年、上述の「コミュニティ活性化推進事業」実行委員会の諮問機関として「東沢みらい21委員会」が設置される。ここで地域の将来像が具体的に検討され、その答申に基づき、地区総参加の「東沢地域づくり推進協議会」が設立（1996年）。ここでの協議の末に策定されたのが、第3次川西町総合計画（1995年）を上位計画にすえた「東沢地域整備計画」（1997～2006年の10カ年計画）であった。これが東沢における"地域でつくり、地域で動かす計画"の端緒であった。

　こうした実績を土台とし、町の第4次総合計画（2004年）の段階においては、連動する地域づくりを協議する母体であり、それを実行する主体である「東沢地区協働のまちづくり推進会議」を設立（2005年）。そこでの協議のもとに策定された「川西町協働のまちづくり東沢地区計画」（2006年度～）は、5年の実施期間とその検証を経て、現在は第2期（2011年～）の実行段階にある。

　計画づくりには、地域の諸機関、諸役員が挙って参加する体制がつくられている。第2期計画の策定は、①産業所得部会、②女性部会、③生活安全部会、④青年部会、⑤ひと・地域づくり部会、の5部会構成となっているが、その部会構成メンバーは以下の通りである。

　①産業所得部会：農振協、実行会、認定農業者の会、農協青年部、和牛振興

会、機械利用組合、土地改良（白川、中ノ沢、黒川）森林組合、農地管理組合、森林保全協議会、東沢米翔、東沢夢工房、農産物直売所
2 女性部会：事業推進員、ボランティア会、更生保護女性会、ヤング班、東沢夢工房、保育所保護者会
3 生活安全部会：福祉部、民生委員、ボランティア会、更生保護女性会、消防団、整備部、衛生部、交通安全、防災部、地域情報連絡員、不法登記監視員
4 青年部会：ヤング班、農協青年部、小学校ＰＴＡ、保育所保護者会、
5 ひと・地域づくり部会：社会教育部、自治会長、組長、部落公民館長、中学生保護者会、保育所保護者会、小学校ＰＴＡ、山村留学、体育指導員、社会教育推進員、青少年育成促進員

こうしてつくられた第2期計画の基本目標は、1 交流と人材育成（魅力ある若者の里づくり、女子の組織）、2 農業振興と所得の拡大（商品化とブランド化）、3 地域資源の活用と観光化、4 安全安心な暮らし（危機管理）、5 新たな夢の里構想（婚活事業、ホタルの里）の5本柱で構成されている。このように、この東沢の未来のために地域が選んだ方法は、交流の拡大（山村留学、感謝市、収穫感謝祭）と、主要産業である地域農業の振興（特栽、有機栽培、商品開発、産地直売）という、生業の発展を軸にしたいきがいづくりであった。

注目すべきは、こうした地域ぐるみの検討過程がくぐられるなか、東沢には、計画を実働させる様々なプロジェクトチームが生みだされ、活動を展開していることである。「産地直売所フレッシュ&Fresh」（2004年設立、女性中心の直売所、東沢地区の山菜、きのこ、野菜、加工品などを販売）、「農事組合法人夢里」（2004年、8名で設立。水稲、大豆、枝豆、そばの生産。6次産業化の取り組みとしてそばの製麺・販売。交流事業の一環として紅大豆オーナー制などに取り組む）、「東沢夢工房」（2008年2月、女性三人のグループで設立。地元野菜を活用した漬物の開発、生産、販売）、「東沢米翔」（2007年設立。地元米の付加価値を高めることを目的に、9名の認定農業者と一法人が出資して設立。東沢産コシヒカリの有機栽培米、特別栽培米の集荷、販売。首都圏のおにぎり販売業者と契約）、「NPOはーとサービス川西」（2005年設立。移動手段の乏しい東沢で、自

力での移動が困難な方々に対する交通手段及び買い物代行サービスの提供と、高齢者世帯等の生活弱者に対する在宅支援等）等がその例である。

(3) 地区計画を実働しうる地域事業主体へ

　以上のような動向が東沢で先導的に現れた背景には、この地区の場合、国の過疎地域むけの比較的規模の大きな助成の枠組みが活用できたことが大きい。1997 年には中山間地域活性化推進事業（農水省、5 カ年）の指定をはじめ、2002〜09 年には中山間地域総合整備事業（総計 14 億 5000 万円）の指定を受け、大型の拠点施設（東沢活性化センター）を得ている。こうした、助成金を獲得して地域に必要な事業やインフラを仕掛けるという経験が、以下のような、実効性のある計画を地域共同でつくりあげ、それを実働させるノウハウへとつながっていったと考えられる。

　一つには、地域総ぐるみの参加を実現するための組織のつくりかたであり、二つには、一定の事業規模を実働させることができる事業主体（事務局体制）を確立すること、そして三つには、計画を実施させ、着実に前進させていくために、計画の地域ぐるみで計画を点検することを「習慣」化してきたことである。

　東沢の最初の地域計画となる「東沢地域整備計画」の「5. 計画内容の具体化および事業の促進を図る上での考察事項」という項目には、まさにこれらについての配慮が触れられている。

　以上のような経過をたどり導き出されたのが、現在は東沢地区交流センター（元公民館）と東沢活性化センター（前述、中山間地域総合整備事業による施設）の指定管理者でもある「東根地区協働のまちづくり推進会議」である。この組織は、各種団体代表で構成される意思決定機関であると同時に、施策の実施主体であるとともに、計画の進捗管理、情報意見の交換、行政への提言等の役割を担っている。

　農業の推進にむけては、実働組織として、生産企画、販売企画、インターネットの管理等の役割を担うシンクタンク「東沢夢里創造研究所」（2006 年）が立ち上げられるとともに、東沢地区農業振興協議会、東沢中山間農地管理組合、東沢資源保全協議会との役割分担・連携体制が構築されている。

1. 地域整備計画が机上論で終わること内容な配慮

(1) 下準備としてさらなる地域受け皿面の整備
　1 バランスある土地利用と自然的居住環境の新たな創出を目指し、地域版土地利用詳細計画等の策定も必要と考えられ、土地を有効に"利用"する視点へと進めていきます。
　2 地域民総意形成のための部落座談会の開催充実、広報活動の充実
　3 ハード施設整備の際等、専門的促進機関を設け、充分、地域の意向を反映させます。

(2) 地域づくり事業が地域民の期待に答えられるよう、また、実施主体が一方に偏らないよう、主体的に参画できる手立てとして、次の点の改善等を考察していきます。
　1 ソフト事業の実施は、実施主体を明確にし取り組みます。
　　ア．これまでの地域づくり検討面機能の「推進委員会」を地域各戸・末端へのパイプ役と位置づけ、推進委員については、事業実施の際の幹事的な役割を担っていただくことを考えていきます。
　　イ．これまでの懇談検討機能の「各部会」の具体的事業実施の際の上部企画推進機関とし、地域づくり推進協議会からの付託を受け、適切な事業実施の手立てを考えていきます。
　　ウ．「部会」事業、「推進委員会」事業、「実行委員会」事業、団体委(付)託事業等を区別しながら、より専門的・自主的に参画できる方法を考えていきます。
　2 事務局員体制の充実化
　　各部会所掌に係る件や実際の関連事業実施打ち合わせの際の資金提供等、事務局の誘導等により、事業性が左右されるか、今後の事業メニュー導入にあたり、よりきめ細やか対応が必要と予想されることから、局員同士の連携を深めることや専門家・分業化等により、局員個々の負担軽減を図るべく、今後のとり組み体制を考えていきます。

2. 地域整備計画の達成度進行管理の徹底

　社会情勢・時代の変化等に対応した計画内容の変更も充分加味しながら、関係者（町議員等、自治会長会、地区内関連団体の長等）による仮称「東沢地域整備促進・進捗会議」の専門的促進機関を機能させ、行政機関等への要望を継続して行い、地域整備計画の達成度合いを常に把握するようにします。

東沢地域づくり推進協議会『東沢地域整備計画』(平成9年7月) 16～17頁

東沢地区地域づくり組織構成図

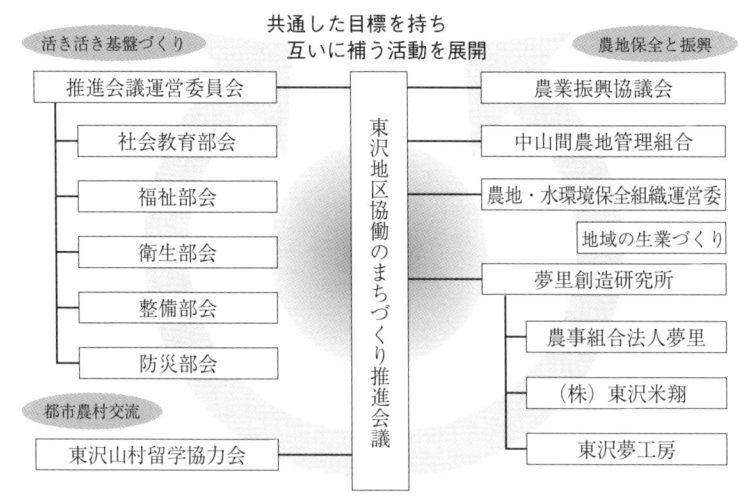

```
活き活き基盤づくり          共通した目標を持ち          農地保全と振興
                       互いに補う活動を展開

推進会議運営委員会                              農業振興協議会
  ├ 社会教育部会         東沢地区協働のまちづくり       中山間農地管理組合
  ├ 福祉部会              推進会議                  農地・水環境保全組織運営委
  ├ 衛生部会                                      地域の生業づくり
  ├ 整備部会                                      夢里創造研究所
  └ 防災部会                                        ├ 農事組合法人夢里
都市農村交流                                        ├ (株)東沢米翔
  └ 東沢山村留学協力会                               └ 東沢夢工房
```

図1-1 東沢地区地域づくり組織構成図
(HPより抜粋)

3. 吉島地区における人材育成計画

(1) 3年の話し合いをかけて導き出した地縁組織改革

　吉島地区（約2800人、約750世帯、15.72km²）の場合、川西町の公民館合理化（2002年）以前は、地域団体に主だった再編の兆しはなく、これから見ていく「地区経営母体」の構築は、地域の将来に危機意識を持った有志によって、公民館合理化が契機となって取り組まれ、地区計画は、そうした変革を創り出すテコとして活用されたといってよい。そういう意味では、東沢より後発の動きとなるが、結果的に、地域の諸団体を束ね直し、全戸加入組織のNPO法人に再編する（「きらりよしじまネットワーク」、2007年設立）という、他地区に見られない大胆な改革を行い、今日では指定管理料に限定されない多彩な財源を獲得して事務局雇用や事業規模を拡大しつつある点や、事務局に各自治公民館から推挙された地元青年を事務局に登用するルールをつくり、彼・彼女らに地区計画をめぐるワークショップのファシリテーター役を担わせるなどして、その存在を地

域に認知させ、当人も地域の担い手としての自覚を高めていく道筋をつくるなど、注目すべき体制を生みだしている地域である。

この改革を牽引したのが、「きらりよしじまネットワーク」創設より事務局長を務める高橋由和氏である。そもそも川西町の公民館は、各地区ごとに長年存在していた「社会教育振興会」と呼ばれる全戸加入の地縁組織が運営母体とされてきた。2002年、公民館への指定管理者制度導入を機に、仲間に請われて吉島地区の社会教育振興会の事務局長となり、公民館運営を任されることになった高橋氏は、「各種団体の役員が重複し、それぞれ別々に会計をもって総会が開かれている（当時、公民館には「社会教育振興会」の他に「自治会長連絡協議会」「防犯協会」「地区社会福祉協議会」「衛生組織連合会」の事務局があり、社会教育振興会の事務局長がこれらすべての実務を担い、会計を管理していた。）」「そのどれもが、会議の回数は多い割に参加人数が少なく、一方的な事務局提案の了承だけで終わっている」ことや、「役員は重複かつ高齢化しており、若者の出番が少ない」ことなど、「社会教育振興会が行政と対等なパートナーシップを持ちうる経営体としての体力を失っている」との問題意識を高めていった。

2004年度の総会に事務局長提案として、1 各種団体の会計の一元化、2 総会の一本化、3 将来的に行政とのパートナーシップを構築するための信用としての法人格取得、の三つを謀った。この総会には町長にも出席を要請し、町長自らに厳しい財政状況を住民に説明してもらうなどしたという。会計と総会の合理化については承認を得られたものの、法人格を持つ組織に移行することについては、住民からの不安や反発は少なかったという。

そこで2004年度は、事務局長提案を各住民に伝えるための説明会とワークショップ、2005年度からは、こうした説明会とワークショップに加えて、川西町の第4次総合計画の策定（2004年）を受け、そこで提起された地区計画についての検討を開始。これからの時代に対応するためには、「行政に頼らない地域経営母体を地域でつくることが必要であり、本人格取得はそのための有効な手法である」との合意を地域のなかにつくっていったという。そうしたプロセスを経て、2006年度は、法人化にむけての定款検討の議論を積み重ね、2007年、実に3年の合意づくりの期間を経て、NPO法人「きらりよしじまネットワーク」（以下、「きらり」）が設立に至った。

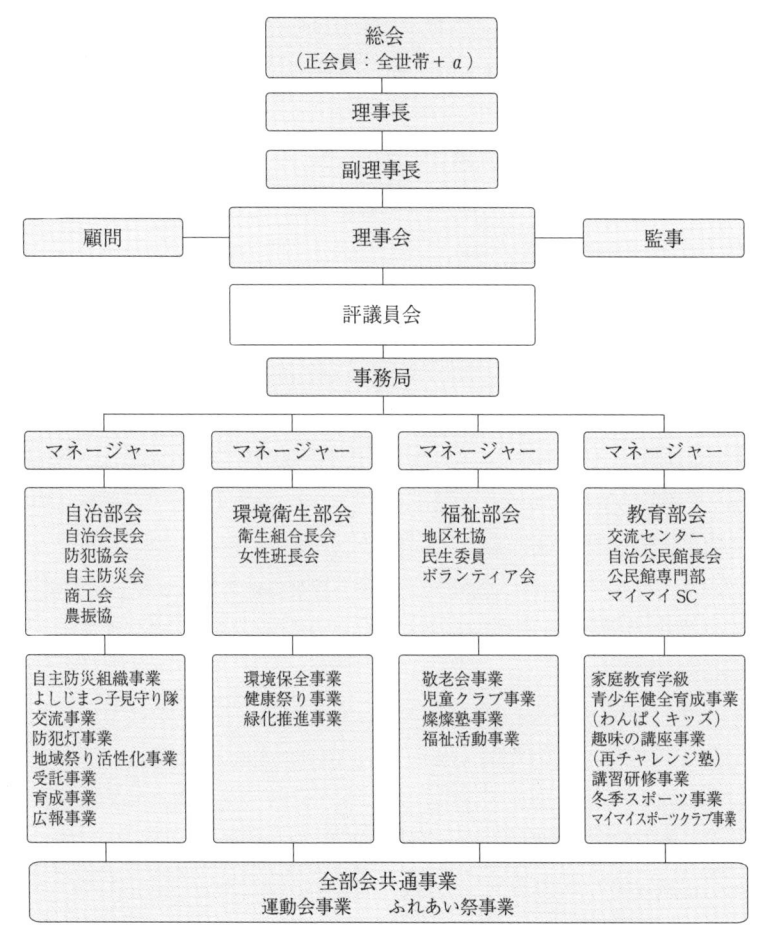

```
                    ┌─────────────────┐
                    │      総会        │
                    │(正会員：全世帯＋α)│
                    └────────┬────────┘
                             │
                      ┌──────┴──────┐
                      │    理事長    │
                      └──────┬──────┘
                             │
                      ┌──────┴──────┐
                      │   副理事長   │
                      └──────┬──────┘
                             │
      ┌────────┐      ┌──────┴──────┐      ┌────────┐
      │  顧問  │──────│    理事会    │──────│  監事  │
      └────────┘      └──────┬──────┘      └────────┘
                             │
                      ┌──────┴──────┐
                      │   評議員会   │
                      └──────┬──────┘
                             │
                      ┌──────┴──────┐
                      │    事務局    │
                      └──────┬──────┘
```

マネージャー	マネージャー	マネージャー	マネージャー
自治部会 　自治会長会 　防犯協会 　自主防災会 　商工会 　農振協	環境衛生部会 　衛生組合長会 　女性班長会	福祉部会 　地区社協 　民生委員 　ボランティア会	教育部会 　交流センター 　自治公民館長会 　公民館専門部 　マイマイSC
自主防災組織事業 よしじまっ子見守り隊 交流事業 防犯灯事業 地域祭り活性化事業 受託事業 育成事業 広報事業	環境保全事業 健康祭り事業 緑化推進事業	敬老会事業 児童クラブ事業 燦燦塾事業 福祉活動事業	家庭教育学級 青少年健全育成事業 （わんぱくキッズ） 趣味の講座事業 （再チャレンジ塾） 講習研修事業 冬季スポーツ事業 マイマイスポーツクラブ事業

全部会共通事業
運動会事業　　ふれあい祭事業

図1-2　きらりよしじまネットワーク　組織図と構成
（平成25年度活動報告書より）

(2) 地域活動に次世代が育つ道筋を組み込む

　現在の「きらり」の多彩な事業の主なる支え手は、地域の青年たちである。例えば、「きらり」が運営する総合型地域スポーツクラブ「マイマイスポーツクラブ」（会員数約170名）が補助金を受けず会費のみで運営できるのも、それぞれの種目やコースを盛り上げる青年たちの存在があるからである。

　このことを始め、「きらり」は、かつての公設公営の公民館体制だった段階

よりもはるかに多彩な事業への住民参加を実現していることから、その評価は、（コストに対する）事業規模総体の大きさに向かいがちである。しかし、そのこと以上に注目すべきは、「きらり」の事業や運営に参加した青年たちが、その参加を通じて自らの「成長」を実感しており、そのことが、地域の未来を担う一人として役割を果たせるよう自らを成長させたいという欲求につながっている、という点である。

地元の農業青年Tさん（36才）もそうした実感を強く持つ一人である。公民館には、公民館専門部に25才の時（2004年）に関わり始め、その後、教育部会（2007年）、環境衛生部会（2009年）、そして現在は、環境衛生部会のサブマネージャー（2014年）という立場にある。

地域の活動をあえて生活に組み入れる理由を、彼は「今となっては、地域づくりが楽しい自分がいる」からだと語る。そしてその魅力を「共に活動する仲間がいること」「地域で認められること」「自分の居場所があること」「役に立っている実感があること」だといいながら、「将来、局長や他のマネージャーのように、全体をプロデュースできる力を身につけたい」と、身近なロールモデルの存在を熱く語る。

活動を通して「確実に鍛えられてきている実感がある」というTさんは、仕事面でも、JA青年部吉島支部長（2008年）、JA青年部川西町副委員長（2010年）、JA青年部置賜地区副委員長、山形県委員（2013年）、JA青年部山形県副委員長（2014年）と、同業者集団のなかでの責任も徐々に増している。そうしたなか、地域でも、職場でも、「リーダーとしての自覚も出来てきた」そして「次の自分を育てたいという思いをもつようになった」そのためにも「もっと学びたい」そして「同じ課題を抱える全国の仲間のために」取り組みたいという。

このTさんの「きらり」のキャリアにあるように、「きらり」の青年たちは、当初は自治公民館からの推薦で半強制的に「きらり」事務局（専門部）に関わり始めるのだが、そこで彼らは、地域の先輩たちの、ワークショップのファシリテーション技術、地域の問題を地区の人たちと真剣に話しあう姿、そうした議論ができるだけの知識や思考の深まり、地域の行事などで垣間見える先輩たちの地区からの厚い信頼などを目の当たりにする。「自分もそうなりたい」という思いを芽生えさせた彼・彼女らに、事務局はファシリテーション技術をはじめ、活動

でなんらかの役割を担えるための技術を授け、それを使う機会をどんどん与え、経験を積ませていく。そうして培われた地域からの信頼と、地域における自らの役割の自覚に応じて、組織でのポジショニングが高まっていく、という、人材育成の階梯がつくられている。

地域の青年たちが、事業や組織を経由しながら、これからの地域の担い手としての自覚と責任をもつにまで育っていく、こうした筋道は事務局長、高橋由和氏が拓いてきたものと言って過言ではない。

かつて大手自動車会社の関連企業の管理職として、いくつもの生産ラインの改善を手がけてきた高橋氏は、組織の生産力を高めるためには、各人がそのときあてがわれた役割に埋没し、それをそつなくこなすことに終始するのではなく、スタッフ「みんな」で組織の未来を考え、目標の共通理解をつくることと、そうした長期的視点で見たとき、将来に向けて自らをどのように成長させておくべきかを各人が日々問い続け、成長にむけての実践と省察を習慣化することが不可欠であることを経験的に学んできた。「きらりよしじま」の歩みは、そうした高橋氏の、組織改革と人材育成のメソッドを地域コミュニティで実働させてきたものとしてとらえることができるだろう。

「きらり」事務局は、吉島の未来を見すえ、予測される厳しさを越えられる共同事業を生みだし実働させるリーダーへと互いを鍛えあうチームであり、そのメンバーに選ばれることは、メンバー一人ひとりにとって非常に大きなステイタスとなっている。

高橋氏が「事務局に関わるなかで最も変化した者の一人」と評価するMさんは、パチンコ基盤の生産ラインで、厳しい雇用条件の年配者をも束ねての生産管理を仕事としている。彼が学生時代、自治公民館からの推薦で専門部に入ったば

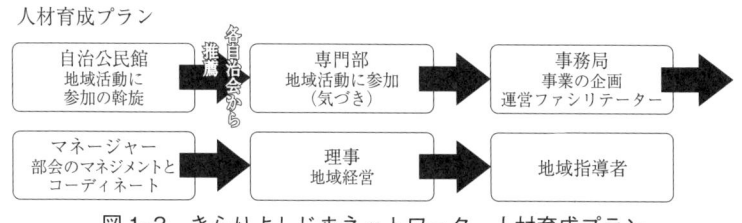

図1-3　きらりよしじまネットワーク　人材育成プラン
（平成25年度活動報告書より）

かりのころは、高橋氏曰く「存在感の薄い男だった」そうだが、会議や事業に休みなく参加する実直さ、真面目さが買われ、専門部の副部長に推薦。事務局メンバーと共に活動できる立場になったのだが、そのなかには小学校時代、いじめられる関係にあった先輩もふくまれていたとのこと。そこで「彼は、かつての同級生や先輩が会議のなかで、先輩後輩の隔たり無く意見をぶつけ、一緒に飲み、遊んでいる姿を目の当たりにします。その後、仲間にいじられながらも、彼は事務局の中で自分のポジションを確立していきます。」専門部活動が終了する2005年3月、私は彼を事務局メンバーに加えることにしました。それからの彼の行動には目を見張るものがあります。今まで集落の事業などに関わらなかった彼が、集落のために汗を流すようになってきました。消防団の活動も積極的に取り組むようになってきました。自治会の役員も受けるようになりました。何よりも驚いたのが、彼は、置賜（川西町を含む3市5町）の若者ネットワークの副会長に立候補し、その先導役を務めたことでした。」こうした経験を通して培われたリーダーシップやヒューマンスキルは、現在の彼の仕事にもダイレクトに活かされているという。

4.「新たな共同」がつくりだす学びと育ち

(1) 行政と対等・協力関係をもてる自立的地域事業体であるために

　一般に、社会教育施設の地域委託の場合、行政と地域との関係は、制度的には、発注者と受注者の関係となる。こうした関係においては、行政は地域を「下請け」としてとらえがちであり、「行政がして欲しいことをどう地域にしてもらうか」というものの見方で受けとめられかねないきらいがある。しかし、吉島や東沢の場合、現段階のところ、そうした行政との関係の問題は一定程度克服されており、町行政関係者の、それぞれの地域経営母体に対する態度には、自立した自治組織に対する敬意が忘れられていないかに見える。

　こうした関係をつくれているには、一つには、行政の下請け業務に閉じない経営体となっていることがあげられるだろう。たとえば「きらり」の財源は、公民館施設の指定管理料に限定されていない。①公民館施設等の指定管理料に加え、②地区の各種団体の事業委託（自治会長連絡協議会、防犯協会など）、③会費制

の自主運営事業（燦燦塾、児童クラブ「きらり」、マイマイスポーツクラブ）と、地域団体や会員会費も主要財源となっている。加えて近年は、④国や県からパイロット事業を受託し、多くの人材雇用を実現している。これらの事業委託のなかには、インフォーマルに「きらり」の側から地元で求められる事業を町や県に提案し、かたち上は行政から発注された仕事を受ける、というようにしてある、という資金の流れのものも少なくないという。

　こうした融通の効く部分をつくるために、二つには、「互いが無理が言い合える関係」を、様々な地域の諸機関との間に構築している、その関係づくりの丁寧さ、巧みさである。ここでは行政以外の諸機関との関係をみてみよう。

　例えば、多くの空き教室を抱えている吉島小学校に、「きらり」は現在、高齢者教室「よしじま燦々塾」（毎年5月～10月、月2回程度）を開講している。結果、この学校には、大人と子ども、それぞれが互いが学んでいる姿をそれぞれが見る、という環境ができあがっている。「私はこれまで、学校から地域が見えていると思っていたが、そうではなかった。子どものいない家庭が地域には4分の3あるが、その存在は学校から見えていなかった。燦燦塾によって、そうした方々が学校に来るという環境が出来上がった。」「高齢者の方々にとっても、この地域に子どもたちがこれだけいた、ということは大きな発見になっている」と語るのは、吉島小学校の元校長、島崎和雄氏である。「ここに赴任してきた先生方は、子どもたちの礼儀正しさにみんな驚く。学校に大人たちがいるという環境が、子どもたちのモラル形成に良い刺激を与えているのだと思う。」

　こうした取り組みを可能にしたのは、学校側の姿勢に加え、今では学校の鍵を預かるまでに信頼関係を築いてきた「きらり」事務局のインフォーマルな学校との関係の積み重ねがある。「きらり」では、それ以前から、通学合宿や農作業体験などを行う子ども育成事業「わんぱくキッズスクール」など、学校を地域の方々とともに支援する事業にさまざまに取り組んできた。その積み重ねの信頼があって、特に何か理由がなくても互いにアポなしで訪ねられる関係（ちょっとのムリが言い合える関係）が出来、その延長にこうした取り組みを可能にしている。

　また、「きらり」は、地元農産品の販売ルートの開拓にも力を注いできており、その一環として、地元のコンビニエンスストアの一角が利用され、小規模農家の方々が作物を持ちよっての朝市が実施されている。ここにも、通常では協力を得

にくい内容の協力を得てできあがった事実関係の一例が見て取れる。

(2)「新たな共同」で展開されている学習

　以上見てきたように、過疎・高齢化、中小企業、農業の停滞を受け、厳しさの渦中にある地域のなかには、行政サービスが来るのを待つのではなく、自らが行政などに提案をし、予算を獲得しながら、行政主導の計画が届いていないところに必要な事業を計画し、実働させる、そうした計画論が、生みだされつつある。

　私たちは従来、社会教育・生涯学習の計画化を検討する際は、基本的にはその提供主体を行政とみすえ、その計画の豊かさ、リアリティをつくり出すために、いかに住民の参加を広げるか、という枠組みでの議論を重ねてきた。しかし今日では、行政が社会教育から手を引き、地域に委ねられたところに、新手の政策ツールや財源ツールを活用して地域が計画実働主体としての体力をつけ、地域の必要から生みだした事業を、自分たちの生活から時間と労力を切り出して実行するという営みが生まれつつある。そしてそこでは、行政の縦割りなどの従来型制約を越えた、人材育成計画が実働しつつある。

　ごくわずかな事例で、あまり一般化したことを論じることはできないが、こうした動向の意味として確認できそうなことを、いくつか指摘しておく。

　第一に、ここで紹介した地縁的共同事業は、いわば0から1が仕掛けられて、出来上がったものではない。川西町の場合、長年にわたる地域の共同関係がしっかりと残っていて、今日の地縁的事業体は、その見直しの先に導き出されたものである。仮に同様のものを、そもそも生活における共同関係が薄い地域で求めようとしても、それは叶わないであろう。ただし逆に言えば、コミュニティに長らく根付いてきた仕組みを変えていくためには、相当高度なコミュニケーション力や、場合によっては異論を持つ立場からの誹謗中傷に耐え続けるということも求められる。そうしたしんどさを引き受ける存在がいたからこそ、ここまで進めることができた改革であることを見落としてはならない。

　第二に、そうした難しさを越え、地縁組織を民主的で学習的で機動的なものに鍛えていく上で、ひいては、住民の公民的資質を高めていく上で、地区計画（自分たちの行動計画）づくりとその検討というワークが持つ可能性は大きい。地域として行政に何を要望し、自分たちは何をするのかを検討する前段階には、町の

計画（町がいま何を考え、どう行動しようとしているのか）を学ぶ、というプロセスがある。つまり、地区計画づくりは、自分が住む自治体について学習する機会である。また、地区計画づくりの検討・学習の場は、その多くがワークショップ形式で行われる。こういったワークショップは、同じ地域に住みながらもあまり話をすることがない関係同士で、地域について話し合い、ときには大勢の人の前で公論を述べるという機会を多彩につくり出している。

　第三に、こうした新たな共同は、地縁のみで完結しておらず、地区外の存在も組み込んだ組織のつくりかたであることが特徴的である。東沢では、先にも触れたように、都市消費者にとっても魅力ある地域であり続けることが、住民が地域づくりに関わるインセンティブとなっている。また、この論考では述べられなかったが、「きらり」では、吉島エリアのローカルな事業展開と並行して、川西町を越え、置賜3市5町でキーパーソンがつながりあい、互いの実践を鍛えあうネットワークづくりに力が注がれており（「おきたまサポートネット」）、そうした地域外のネットワークが実践の質的な厚みにつながっている。

　第四に、地縁コミュニティでリーダーシップをとれる人格の次世代を育てておく、という、コミュニティの持続のための根本課題にむけて、踏みだしが見られることに注目したい。先にも触れたように「きらり」では、青年世代に、壮年世代になったときに地域でリーダーシップがとれるための経験とスキル、地域での人脈を今のうちから与えておく、という育み方が開始されている。こうした、従

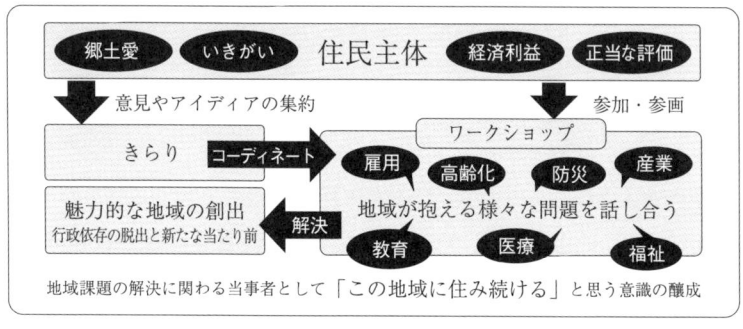

図1-4　きらりよしじまネットワーク　地域づくりに話し合いを
（平成25年度活動報告書より）

来の生涯学習計画が無自覚だった、共同体の次世代を育むシステムを地域が生みだそうともがいている。今日の日本の地域社会には、そうした段階が現れている。

参考文献
東沢地域づくり推進協議会『東沢地域整備計画』平成9年7月.
東沢地区協働のまちづくり推進会議『川西町協働のまちづくり 東沢地区計画 第2期』平成23年4月.
東沢地区協働のまちづくり推進会議 HP http://www.zawa24.net/
特定非営利活動法人きらりよしじまネットワーク『平成23年活動報告書』『平成24年活動報告書』『平成25年活動報告書』.
特定非営利活動法人きらりよしじまネットワーク HP http://www.e-yoshijiMa.org/
川西町『第4次川西町総合計画』平成18年3月.
川西町『第4次川西町総合計画 後期基本計画』平成22年12月.

第2章

日本の都市近郊団地にみる社会教育と社会福祉の結合

Combination of Social Education and Social Welfare in
a City Suburban Housing Complex in Japan

　現在、1960〜70年代に建設された都市近郊の団地は、建設当時とは異なった多様な問題を抱えるようになってきた。建物の老朽化と住民の高齢化が同時的・急速的に進行しており、「買い物難民」に代表されるような日常生活上での問題が生起してきている。したがって、多面的な生活支援策の策定が緊急の課題となっている。本章では、都市近郊団地における生活支援策の策定を考えるにあたって、社会教育と社会福祉の結合について考察してみようとするものである。

　2000年代後半以後、都市近郊団地は、住民の高齢化に加え、人口の流動化や土地取得の高騰等、「持ち家政策」の転換、公営団地への社会的弱者の集中化（団地の福祉施設化）など、新しい問題が現出してきている。都市近郊団地の社会教育研究は、団地が建設され始めた1950年代後半から1960年代前半にかけて活発になされてきた。団地の社会教育は、都市における社会教育のあり方の典型的な事例であり、社会教育の有り様が模索されてきた。しかし、1970年代後半以降から社会教育学研究の対象とされることがほとんどなくなってしまった。現在の都市近郊団地をめぐる問題状況に対して、有効な社会教育的なアプローチの開発が求められている[1]。

1. 都市近郊団地における社会教育と社会福祉の結合

　社会教育学研究として都市近郊団地に着目するのは、次の問題意識による。
　1つには、地域社会が社会教育をなぜ必要とするのかを考える際に、都市近郊団地と社会教育との関連をみることが有効ではないかと考えられるからである。「社会教育の終焉論」（松下圭一）に代表されるような議論は、社会教育行政を一般行政のより専門的な行政領域へ移管する議論として繰り返し提起される。

この問いに対し、本論では地域社会がなぜ社会教育という領域や機能を必要とするのかといったより原理的な考察が必要と考えている。つまり、効率的な行政機構の再配置という観点からではなく、地域社会それじたいがもつ社会教育の必要性という観点からの検証が必要と考えるからである。仮説的ではあるが、その検証のためには、地域社会の維持が困難になり、そして再生される過程において、社会教育のもつ必要性と位置づけを再発見できるのではないかと考えている。その具体的な事例として1960年代に建設された都市近郊団地に着目するものである。現在、都市近郊団地は、老朽化に伴う団地再生の時期に入っている。団地再生は、施設の老朽化に関心がむけられがちであるが、同時に団地住民の高齢化が進行しており、団地というハードがリニューアルされると同時にコミュニティの再編が企図されるのである。そのときに、社会教育はいかなる意味で必要とされ位置づけを与えられるのだろうか。

　2つには、今日の集合住宅、とくに都市近郊団地におけるそれは、日本の超少子高齢社会のかかえる多様な問題が集中的に現出してきているからである。都市近郊団地に限らず、団地生活者は、一般社会における高齢化よりも急速なスピードで高齢化を迎えているのであり、生活上の必要な施策展開が求められている。図2-1は、全国公団住宅自治協議会「団地の生活と住まいアンケート」

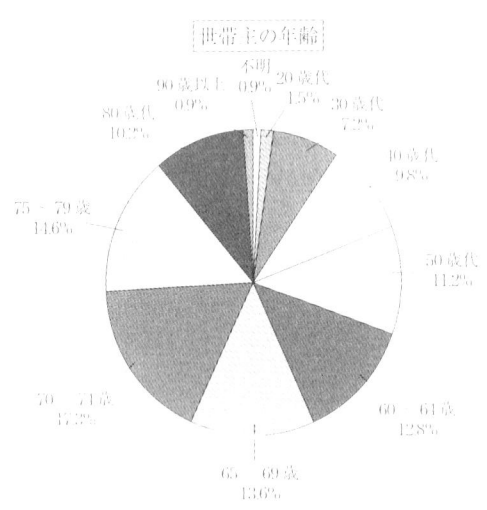

図2-1　団地における世帯主の年齢構成

(2011)によるものである。これをみると、60歳以上の世帯主は69.4％を占めている。

　都市近郊団地は、高齢者のみの世帯や単身世帯が増加し、孤独死、引きこもり、子育て困難、買い物難民、地域的紐帯の減少、成り手のいない団地自治会役員等々、地域社会の維持に関する様々な問題に直面しており、有効な解決策を探っている状況である。この大半は、福祉的な領域の諸課題だと理解される場合が多い。だからこそ後述するように国の各省庁においても多様な施策が展開され、地域社会がかかえる問題に対して各省庁の立場から福祉的な課題解決が目指されている。一方、教育政策・社会教育政策としての取り組みはほとんどみられない。しかしながら、社会教育とは関連性がなさそうに見えるが、団地再生にむけての先進的な取り組みには、福祉的な課題との結合をみせながら、教育・学習機能が埋め込まれている様相をみることができる。その分析は、今後の日本の社会教育の方向に示唆を与えることができると思われる。

2. 国のコミュニティ政策の動向

　最初に、国のコミュニティ政策の動向をみてみよう。各省庁で研究会を設置し、高齢社会対策を中心としたコミュニティ施策、とくに地域コミュニティにおける集団づくりと既存施設の転用への準備を進めている。

　(1) まず厚生労働省をみると、はやい時期から「高齢者が一人でも安心して暮らせるコミュニティづくり推進」(2007.3)を掲げている。この背景には、都市部の集合住宅における「孤立死」が社会問題化する中で、厚生労働省として「孤立死」予防型のコミュニティづくりの戦略策定が求められたためである。コミュニティづくりの戦略として、次の点を指摘している。

　　ア．地域を耕す―「孤独」の解消
　　　（ア）人とのかかわりが気楽にできる関係づくり、（イ）あいさつができる地域づくり、（ウ）人があつまれる拠点の重要性、（エ）適度な世話焼き（おせっかい）が可能な人間関係、（オ）コミュニティの共通課題としての認識の共有化、

イ．予防的視点の重要性 — 高感度のコミュニティ・機動的なネットワーク
　（ア）起こってからでは遅い、起こる前に発見するコミュニティづくり
　（イ）起こっても適切に対応できるネットワーク
（厚生労働省「高齢者が一人でも安心して暮らせるコミュニティづくり推進会議（孤立死ゼロを目指して）」報告書　（2007．3　11-19 頁）

コミュニティやネットワークづくりために、双方向通信システム等のさまざまなツールの開発や、近隣の互助機能の組織化、地域包括支援センターの活用、空住戸や集会施設を見守りや福祉の拠点として活用するために自治体における住宅部局と福祉部局の連携といった課題が挙げられている。厚生労働省としては、社会問題化しつつある「孤独死」「孤立死」予防と、地域社会における高齢者虐待、認知症対策、さらに災害予防対策とを一体的にとらえ、人間関係を基本としたのコミュニティづくりと、地域の集会所のような既存施設の利活用を目指している。

（2）次に総務省をみてみよう。総務省は「新しいコミュニティのあり方」を模索している。総務省は、新しい「公共空間」を形成していくためには、新しい地域協同の主体が必要であると考え、「地域協同体」という概念を提起している。国内のいくつかの自治体を調査し、「地域協同」に取り組んでいる地域コミュニティ協議会もしくは NPO が、地域協同のために利用している施設を調査し、公共施設のあり方について次のように提言する。

「新しい地域協働のための施設のあり方」
　「地域協働体」においては、恒常的な活動施設を必要とすると考えられる。その際、施設整備に係る金銭負担の規模を踏まえると、その整備は市町村等により担われることが想定され、これまでは、概ね、いわゆるコミュニティ・センター等、複数の独立した会議室等を備えた集会所や会議所の形態とされてきたところである。この点、新しい地域協働のための施設（以下、「コミュニティ施設」という。）のあり方についても、様々な主体が独立しつつ相互に連携する新しい地域協働のあり方（「地域協働体」）を踏まえたものとすることが地域協働の推進に有効であると考えられる。
　具体的には、当該空間を利用する主体の独立性と主体間相互の連携の程度が反

映された設計プランとする観点が重要であり、今後の施設整備や改修においては、「それぞれ独立していながらも、ゆるやかにつながる」という視点から設計を検討することが有効である。

　同時に、施設の改修・整備等を行おうとする場合には、地域の住民による自主的、主体的な活動を促していく観点から、施設の設計者の選定に「地域協働体」や地域コミュニティ組織等が関与することが効果的である。

　なお、コミュニティ施設については、地域の伝統的な建造物を利用することや、不要となった庁舎施設や廃校施設など地域住民の愛着のある既存の施設を改修する等、地域に存在する資源を有効に活用していくことが、効率的な施設整備に資するだけではなく、地域力創造の観点からも重要であり、施設整備の検討にあたってはこの点に留意することが望まれる（総務省「新しいコミュニティのあり方に関する研究会報告書」2009.8　67-68頁）。

コミュニティ施設の管理運営は、指定管理者制度を活用して、法人格を備えた「地域協働体」が担うことが期待されている。現在、日本の各地で進められているコミュニティ関連の組織づくりの推進と公民館を含めた施設の改編は、基本的にこの政策に基づいている。

　(3) 経済産業省は、コミュニティにおける「買い物弱者」対策を講じようとする。農村部では、過疎化が進展し、近隣型の商店が成り立つ商圏人口を確保できなくなってしまっている。都市郊外の団地やかつてのニュータウンでは、同世代の住民が集中して居住しているため、団塊の世代が退職していくに連れて高齢化や人口減少が急激に生じている。坂の多い地域に造成された団地や、付随するスーパーが撤退した団地等は深刻な問題が生じつつあるとし、「買い物弱者」が農村と都市の両極で発生しているとの認識を持っている。この打開策として、次のように述べている。

　　人口密度が低い地域では、買い物が不便だと感じる人が多く、「医薬品・化粧品」や「銀行」といった「食料品・日用品」以外の財・サービスについても不足している傾向がある。このため、今後の過疎地域への流通のあり方としては、「食料品・日用品」を売るだけでなく、高齢者支援などの需要増が見込まれる財・サービスをワンストップで提供して収益源を多様化し、採算性を高めていく発想も重要であ

る。また、我が国には過疎地においても、スーパー、コンビニ、郵便局、公民館・集会所など様々な地域インフラが存在しており、地域インフラを起点に各事業者が流通ネットワークを構築している。ただ、各事業者の流通ネットワークがうまく活用・連携されていないので、相互利用等を進めて地域インフラを効果的に活用できる可能性がある（経済産業省「地域生活インフラを支える流通のあり方研究会報告書～地域社会とともに生きる流通」2010.5 107頁）。

その上で、「住民による公共」を阻む制度上の障害」を撤廃する必要があるとして、地域の自主性を尊重し、民間企業が施設を利用する際に公平性を担保した上で適正化するルールづくりをし、公民館の営利目的使用の制限をとくべきと主張する。

経済産業省からみると公民館は地域インフラの一つにしかすぎないが、量的に整備された公民館の利活用は有効であるとし、その目的の中に「買い物弱者」支援を入れ込み、地域社会における流通の拠点として活用しようとする意図をみることができる。

(4) 国土交通省は、超高齢社会を迎え、国交省としてコミュニティが主体となった都市政策、特に健康、医療、福祉政策と連携した都市政策の有りようを探ろうとする。

政策の企画立案においては、旧来型の地域コミュニティの価値を再認識することが必要である一方で、医療・福祉や子育て、まちづくり等を担うNPO法人に代表されるような「新しい公共」と位置付けられる組織・団体による活動に基づく新たなコミュニティも伸展してきていることを踏まえ、これら新旧のコミュニティの混在を考慮したまちづくりの姿を模索すべきと考えられる（国交省「都市型コミュニティのあり方と新たなまちづくり政策研究会報告書」2011.3 1頁）。

その上で、1. 新たなコミュニティによるまちづくりの方向として、1地域ニーズに基づく新たなコミュニティによるまちづくりの推進、2コミュニティ活動の展開を通じたソーシャルキャピタル（絆を育む交流社会）の構築、3多様な住民ニーズに基づくミクロなまちづくりの展開、4様々な関係者が参加できる議論の場の設置、5新たなコミュニティによる地域・地区の総合的まちづくりの推進、2. 健康・医療・福祉政策との連携による都市政策の方向として、6安全・

安心・快適なまちづくりに向けての都市政策の推進、⑦都市政策と健康・医療・福祉政策の連携による生活基盤の構築、⑧地域福祉・地域医療の推進に向けた都市政策の役割、⑨コミュニティ活動を介した都市政策と地域福祉・地域医療の連携、の諸点を挙げている。

この都市政策の方向性をみると、国土交通省として、超高齢社会における安全・安心のまちづくりにむけた新たなコミュニティ形成のためにソーシャル・キャピタルの構築が必要であり、既存のコミュニティ活動と新たなコミュニティ活動の接続をはかることのできるような「中間支援組織」の育成や場の提供、地域を越えてまちづくりの情報交換・連携を実現するネットワークの必要性を提起していることがわかる。

(5) 国のコミュニティ政策の特徴

以上の国のコミュニティに関する研究会報告及び施策をみると、次のような特徴をみることができる。

1つには、「孤立死」や「買い物弱者」にみられるような超高齢化社会の進展にともなう問題の出現への対応及びその予防策として、コミュニティの維持と機能の再編・強化がはかられようとしていることである。各省庁の立場やアプローチの違いはあれ、いずれも地域福祉的な課題対応という要素を含みこんでいることがわかる。とくに農村部と都市の近郊団地への危機感が強く現れている。

2つには、コミュニティの維持、機能再編・強化のために、住民集団の再組織化をはかろうとしていることである。既存の自治会・町内会のような地域住民集団に加え、ヴォランタリー集団・アソシエーショナル集団、民間営利事業も含めて再組織化が企図されている。具体的には、地方自治体の小学校区レベルにおけるまちづくり協議会、コミュニティ協議会等の組織づくりが急がされている。

3つには、地域拠点としての既存施設の利活用と多機能的整備が課題とされていることである。公民館も含めた地域施設が活動の拠点として注目され、規制緩和策も含めてそれらを多機能的な施設として再編・整備していこうと企図されている。公民館はその渦中にある。

3. 都市再生機構（UR）の取り組み

都市再生機構（以下UR）は、団地の老朽化への対応策として、その再生にむけて着手していた。次にURの団地再生にむけた取り組みをみておこう。

(1) UR賃貸住宅ストック再生・再編方針

現在、URの管理する団地群は、1,711団地、約75万戸（2013年末）である。これまでURは、住宅の安定供給をめざしてきたが、建物の老朽化と団地住民の高齢化に対して2007（平成19）年に「UR賃貸住宅ストック再生・再編方針」を発表した。この「再生・再編方針」は、2007年12月の「独立行政法人整理合理化計画」を受けて策定されたもので、2018（平成30）年までの方向性を定めたものである。現状認識として、建物・設備の老朽化により市場ニーズとマッチしてないこと、バリアフリー化されてない団地が多数存在しており改修が待たれていること、居住世帯の高齢化・低所得化が進行しており住宅セーフティネットの役割を果たしていかなければならないことが課題として挙げられている。

その上で、個別団地毎の特性に応じて①団地再生（約16万戸）・②ストック活用（約57万戸）・用途転換（約1万戸）・土地所有者等への譲渡、返還等（約3万戸）、という4つの基本的類型に分け、団地別に整備していこうとしたものである。この方針によって、2018年までに約10万戸の再編と約5万戸の削減がはかられることになった。新たな方向性として、人口・世帯減少、都市のコンパクト化への対応をはかることとし、その実現のための具体的な取り組みとして、「高齢者の安心居住」「子育て支援」「地域の多機能拠点」の3つの重点課題が掲げられた。地域介護・子育てサービス拠点の積極的な誘致や確保（既存建物の転用・再生、整備敷地、空店舗等を有効活用）、多世代交流による地域コミュニティ形成の環境づくり（地域で相互に助け合える交流空間・場の提供）、地方公共団体、地域の民間事業者、NPO法人等との連携の強化がはかられていくことになった。この方向性にしたがって、例えば高齢者支援プロジェクト（横浜市公田町団地等）や子育て支援プロジェクト（八千代市ゆりのき台パークシティ等）が進められることになったのである。

2008年の都市再生機構・ニッセイ基礎研究所調査「団地および近隣地域と交流に関するアンケート」をみると、団地における地域コミュニティ活性化のためにはソーシャル・キャピタルが不可欠であり、団地におけるコミュニティ醸成にむけた方策として「場」づくりの必要性を問題提起し、①公募事業による団地商店街空き店舗の活用、②指定管理者制度の活用による公の施設、空き店舗、集会所の活用、③居室（空き室）の活用、の3つが提案されている[2]。

(2) 団地マネージメント・団地マネージャー制度

URは、団地再生にむけてストックの積極的な利活用を進めようとしても、それだけでは空間は動いていかない。それゆえURは、団地マネージメントという考え方とそれを実行する団地マネージャー制度の導入を試みている。

提唱者の巽和夫氏によれば、団地マネージメントとは「集住形態で計画的に供給された住宅団地において、生活環境を維持・改善して安全で快適な生活を確保するとともに、総合的な価値向上を図るために、団地事業者及び居住者を中心に、関係諸主体が連携して取組む団地運営の活動」と説明されている。団地マネージメントの仕事としては、企画マネージメントとして①団地再生戦略の構想、②団地経営企画の策定、③生活に根ざしたサービスの提供、の3点。運営マネージメントとして①安心・安全性の確保と利便・快適性の向上、②高齢者家族、子育て家族、単身者の生活サービス、③生活に根ざしたサービスの提供、④文化的・娯楽的クラブライフへの支援、⑤団地内施設・スペースの改善・改修、の5点が挙げられている。具体的には、社会的・文化的施設の導入や高齢者住宅・施設、幼稚園・保育所の団地への導入、各種イベントの開催等によるコミュニティ形成をはかることがうたわれている。

この団地マネージメントを担うのが、団地マネージャーである。団地マネージャーは、URがこれまで主として縦割りによる画一的な手法による団地管理を行っていたのに対し、「市場のニーズと団地の特性に応じたきめ細かい迅速な対応や、お客様の満足度の向上及び収益性の確保、団地単位で経営を戦略的に企画立案決定し実行、団地ごとに責任をもって取り組める体制をつくることを目的としている。そのために一定の予算枠の裁量権をもち、「お客様の満足度の向上と収益の最大化に権限と責任をもってあたる」ことを求めている[3]。

(3) URの団地再生策の特徴

以上のようなURの取り組みをみると、次のような点を指摘しうる。

1つは、人口・世帯減少、コンパクトな都市形成への対応策として、戸数を削減し、うみ出されたストックの利活用を積極的にはかろうとしていることがわかる。

2つには、URの使命であった安定した住宅供給から、「居住の安定」へとシフトチェンジし、空き室対策を目途とした住環境の整備を行い、継続して居住する「安定した居住者」の確保をはかろうとしていることである。したがって、「居住福祉」という考え方は、みられない。

3つには、これまでの画一的な団地管理から、地域特性や団地特性に応じた手法への転換を図ろうとしていることである。その考え方が団地マネージメントであり、それを遂行する担当者として団地マネージャーが投入されることになる。団地マネージャーは、管理業務のみならず、「お客様の満足度向上」のために団地内の環境整備、ソフト事業の展開まで手がけることになる。

4つには、高齢者向け施設、子育て支援のための施設、文化的な施設、公共施設の誘致等がはかられ、運営も含めて既存施設の利用（空き店舗、集会所、空き室）の積極的な見直し、改修が進められようとしていることである。この空間利用の傾向をみると、地域福祉的な課題対応を中心としながら、学習活動、文化活動、健康維持活動との接続が模索されている。

4. 集合住宅にみる社会教育と社会福祉の結合

集合住宅の抱える課題は、建物の老朽化と居住者の高齢化である。前者は、建物の建替えで対応される。その際、居住者の高齢化にあわせて、施設のバリアフリー化が進められ、ストックの利活用がはかられることになる。しかし、それだけでは安心して住み続けることはできない。居住者の高齢化に対応する支えあいの関係づくり、地域の福祉事務所や地域包括支援センターとの連携づくりが喫緊の課題とされる。ここでは、1 大牟田市にみられる団地建替えによる地域交流施設の設置、2 兵庫県武庫川団地にみられる団地マネージャー制度、3 地域内に集合住宅をかかえる公民館による高齢者に対する教育事業、を紹介したい。

(1) 大牟田市新地地区公営住宅にみる地域交流施設

　大牟田市は、九州のほぼ中央に位置し、石炭産業とともに発展をしてきた鉱工業都市である。エネルギー政策の転換により石炭産業は衰退し、1960年代に約21万人あった人口が2014年1月には122,257人、世帯数57,388となっている。高齢化率は31,6%であり、1世帯平均人員は2,13人である。世帯数の内、高齢者のいる世帯は28,239世帯、高齢者単身世帯は12,525世帯である。全世帯の約半数の世帯に高齢者がおり、高齢者単身世帯は全体の21,8%を占めている。4～5世帯に1世帯は高齢者の一人暮らしとなっており、人口10万人以上の都市の中では、高齢者問題が深刻化している自治体である。

　大牟田市は、1988年から老朽化した市営住宅の建て替え事業を行っている。2004年からは国土交通省の整備方針によって、公営住宅（100戸以上）の建て替えは、原則的に社会福祉施設等の併設が義務づけられた。市では、公営住宅建て替えに際して、地域交流施設を設置している。地域交流施設は、正式には介護予防拠点・地域交流施設といい、2010年で大牟田市内37か所に設置されている。大牟田市の住宅部局は、福祉部局へと積極的にアプローチし両部局の連携体制を整え、高齢者の住まいづくりや社会参加に重点をおいた整備に取り組んだ。地域交流施設を地域の高齢者を中心として誰もが利用できる「集まり場・茶のみ場」と位置づけ、各種の講座やサークル活動が展開されている。

　ここで取り上げる大牟田市の新地地区市営住宅は、1950～60年代に建設された改良住宅328戸と公営住宅168戸が混在する496戸の団地である。老朽化をむかえ、2002年に建て替えが計画された。その当時の団地の高齢化率は47.2%であり、大牟田市の高齢化率をはるかに上回る水準であった。さらに単身高齢者の割合が全世帯の43.1%であり、それに高齢者のみの世帯を加えると、全世帯の半数以上という状況であった。

　2005年からの建て替えに際しては、3階建だった団地を8階建てに高層化して余剰空間を作り、その空間に社会福祉法人、病院等を誘致・連携して地域交流施設を設置した。健康作りや閉じこもり防止、世代間交流などを目的とした「介護予防事業」が週に1回以上開かれている。具体的に口腔ケア教室や健康体操教室、ストレッチ教室、フラダンス、コーラス、和楽器、料理教室、折り紙、パッチワーク、手工芸、囲碁・将棋、陶芸などの教室や、各種サークル活動等が開催

されている。

新地地区市営住宅の場合、建て替えは住み替えになることから、これまでの近隣関係が消失していく。そのためコミュニティ再生が課題となることから、「ふらねコパン」と名付けられた地域交流施設を設置し、「社会福祉法人それいゆ」が地域交流施設の運営を担っている。ここでは、認知症対応の専用デイサービス、24時間対応の訪問介護といったフォーマルなサービスの他に、インフォーマルサービスとして、子育て支援、地域交流のためのカフェテリアの運営、生涯学習のための教室等を開催し、住民同士が顔なじみの関係になり、「共生型地域コミュニティ」の再生が目指されている[4]。

(2) 兵庫県武庫川団地の団地マネージャーの取り組み

武庫川団地は兵庫県西宮市にあり、1979年に都市再生機構(UR)が開発した団地である。開発面積は46.1ha、1979～1989年にかけて入居が始まった。現在、約7,200戸、約1万2,000人である。1世帯平均人員は1.66人である。武庫川団地は、築30年を迎える以前から建物の老朽化がめだち、2001年には空き家が900戸を数え、全体の20%を占めるようになっていた。つまり、URとしては収入減を意味し、空き家対策が喫緊の課題となっていた。

URは、団地再生のために「団地マネージャー」を配置し、1団地空間構造の再構成、2住棟・住戸のリノベーション、3団地内施設の再生・整備、4団地管理・生活サービスの改善、の4点を柱として取り組むことにした。団地マネージャーは都市再生機構の職員であり、ここ数年、団地再生のために試験的に置かれているものである。

武庫川団地のマネージャーは、「一つの団地だけを考え、その団地の暮らしがより楽しくなることならなんでもやってみる」を目的として活動をしているという。具体的には、1団地空間の再構成としては、団地エントランスの改修、見やすいサイン、アプローチの改善、公園・緑地の整備、小学校跡地の中央広場への転用。2住棟・住戸のリノベーションとしては、住棟エントランスの改修、郵便受けの改修、和室のLDK化・洋室化、子育て支援型住宅としての改修(バギーカーの収納、対面キッチン、チャイルドフェンスの設置等)。3団地内施設の再生・整備としては、団地内の中央店舗の改修、「楽しい食堂、おいしい広場」の

開設、バス停からのアプローチの改善、集会所の活用（子育て支援グループへの貸し出し）、デイサービスセンターの誘致。④団地管理・生活サービスの改善としては、生活支援アドバイザーの配置、アドプト（Adopt）制度の導入（団地内の花壇等を UR 管理から住民団体の管理へ）、である。

団地内の年齢別の世帯構成をみると、20 代 5％、30 代 15％、40 代 14％、50 代 18％、60 代 48％となっており、高齢者の世帯が半数近くを占めている。戸数にして約 2,400 戸、単身世帯が 570 戸となっている。そこで取り組まれたのが、生活支援アドバイザーである。「在宅長寿」対応として、2008 年から団地管理サービス事務所の一角に配置され、相談業務、電話相談、訪問サービス、安心コール（定期的な電話かけ）を行っている。また安心コールのボランティア養成も行われている。

武庫川団地の団地マネージャーとしての活動は、①コミュニティ形成、②高齢者支援、③子育て支援、④環境共生、⑤団地環境整備、⑥他文化共生、⑦住宅性能の向上、⑧センターの活性化、⑨団地管理の新しい技術の試行、⑩支援者の形成、であるとされている。

団地の一角には、西宮市高須市民センターがあり、支所と児童センター、高須公民館が併設されている。高須公民館では各種の講座が開設され、団地を含めた地域住民が公民館利用者グループとして活動をしている。

武庫川団地の場合、団地マネージャーの配置は、人的なマンパワーのよる空間の再構成にともなって子育て支援や高齢者生活支援のソフト的な事業を付加価値として加え、高須公民館も含めた学習活動を位置づけ、団地再生に取り組んでいる[5]。

(3) 福岡市博多区美野島公民館・佐賀市循誘公民館の高齢者教育事業

地域内に集合住宅をかかえる福岡市博多区の美野島公民館と佐賀市循誘の高齢者事業の取り組みを紹介しておこう[6]。この 2 つの事例は、人口減少地域における社会教育と社会福祉の結合がゆるやかな展開をみせながら結びついていく事例として注目される。

福岡市の平均世帯人員は、2010 年で 2.08 人、博多区で 1.78 人であるが、美野島校区では、1.63 人である。地域の課題としては、防災、防犯といった安全

で安心して暮らすことの出来るまちづくりであるが、単身世帯が多いことから実際には困難である。単身世帯といっても、日本特有の「単身赴任世帯」と高齢者の単身世帯とが混在している。いずれにしても、安全・安心の確保という点からすれば、高齢者の単身世帯にとってみれば、利便性は高いが、逆に引きこもる条件は揃っており、問題は多い地域と言わざるを得ない。

そこで美野島公民館では、地域住民同士の交流を活性化するために、美野島在住の「趣味人」に集まってもらい、それぞれの趣味を披露する事業に取り組んだ。地域の各種団体の役員さん、公民館の利用者を通じて、音楽を趣味にしている人を探しだし、2013年1月にニューイヤーコンサート（発表会）を開催した。ニューイヤーコンサートでは、日常的には公民館利用者ではない「趣味人」の高齢者に趣味を披露してもらうわけである。内容はストリート・ダンス、ハーモニカ、歌唱、等々多様である。この取り組みのもつ意味は、単身世帯の高齢者が引きこもりがちであることから、講座等の情報提供だけではなく、自分の関心のある趣味を生かすという目的をもって、人と人とのつながりによって誘い、高齢者と社会とを結びつけるという役割を果たしている点にある。

佐賀市の循誘小学校区は、佐賀市のほぼ中央に位置し、古い歴史をもつ校区として知られている。人口は8,835人、世帯数4,827、高齢化率27.2％であり、25年後には37％になると推計されている地域である。

2012年、これまで循誘校区の登下校の見守り隊の活動を、老人クラブに依頼していたが、老人クラブが断ってきたため、別途ボランティアを養成することが求められるようになった。そこで循誘公民館は、佐賀県の生涯学習センターと協同で地域課題解決講座に取り組むことにした。「地域でみつけるあなたの幸せ」という連続3回の成人学級を開催した。40名ほどの参加があったが、成人学級というものの参加者は高齢者が多く、公民館が意図したように短期間でのボランティア養成にはつながらないものであった。そこで講座終了後に「おちゃご」（お茶会）を開催したらどうかという話になった。「おちゃご」とは、佐賀の方言であり、お茶を飲みながら雑談して親睦を深めるという風習である。この「おちゃご」の中で、話し合いの大切さや学習の喜びが語られ、継続して活動に取り組むことになった。具体的には、2013年6月より毎月10日を「公民館カレーの日」とし、各種団体や公民館サークル、講座受講生が毎回入れ替わりながらカレー

120食を提供している。作る側は「喜んでもらえてうれしい、みんなで作って楽しかった」といい、食べる側は「交流の場として続けてほしい、みんなで食べて楽しかった」との声を寄せている。毎月参加する独居高齢者の男性は、「ここへ来ればみんなと会えるし、年寄りはカレーを作らないから楽しみにしている」と言う。公民館の講座から発生し、カレーというツールを通して、地域交流、集いの場が定着してきた取り組みである。引きこもりがちな単身の高齢者と社会とを結びつけた公民館実践である。

5. おわりに

これまで日本社会の変化と集合住宅の事例を中心にみてきたが、これらの事例から社会教育の再編と福祉の結合について、次のような特徴と課題を指摘することができる。

1つは、20世紀の日本社会では、高齢者の介護を家族がみるのは当たり前のことと考えられ、家族は「福祉の含み資産」とも考えられてきた時代もあった。だが、家族構成の変化、つまり1世帯の構成人員が少なくなり、高齢者夫婦世帯や高齢者単身世帯の増加により、「孤独死」の危険性が高くなり、その予防をどういう形で取り組むことができるのか。また孤立しがちであり引きこもりがちな高齢者と社会との接点やつながりをどうつくっていくことができるのか、の2点が社会的に大きな課題となってきたことである。したがって、予防的な地域福祉政策を含みこんでコミュニティの再組織化がはかられ、社会教育はその渦中に巻き込まれている。

2つには、以上の点と関連して、日本の深刻化する超少子高齢社会の中で社会福祉と社会教育の境界が明確でなくなってきたのではないかという点である。全体として高齢者の数は増大するが、一方で従来の社会教育施設には来館できない層（社会教育活動に参加しない層、あるいはできない層）も増加した。他方では従来の福祉行政の範囲では福祉サービスの対象とならない高齢者が増加したため、福祉でも社会教育でもその対象から見落とされがちな層が多数存在するようになった。このことから、両者の中間的な領域や居場所の発生が考えられるようになったことである。社会教育か社会福祉かの区分が難しく、その両方の対象で

は「ない」とも「ある」ともいえる領域や場が発生しているのではないだろうか。

3つには、その先駆的な取り組みが集合住宅の建て替えの際に、発見されることである。集合住宅は、いずれの団地も日本の平均よりも早く超高齢社会を迎え問題が深刻化している。したがって、建て替えの際に余剰空間を生みだし、そこに社会福祉施設や地域交流施設を設置している。他方で、公民館においても地域の高齢者の引きこもり対策事業のような、福祉的機能をもつような事業形態もみられる。異なっている点は、社会福祉が予防・対策といった目的的な性格をもつのに対し、社会教育は形としてはみえにくい人間の意欲や要求をベースにして組み立てられていることである。いずれにしても、高齢者がその地域に健康で長く住み続けることができ、「生きがい」をもって生活し続けられるように、コミュニティ再生、相談事業、健康・予防活動、社会教育・生涯学習活動が一体的に展開できる空間と事業が生み出されてきていることを発見できる。

注
1) この点については、拙稿「都市近郊団地にみる社会教育とソーシャル・キャピタルの蓄積・展開の関連に関する研究(1)」佐賀大学文化教育学部研究論文集 第18集第2号を参照のこと。
2) 栖田明美「団地にみる地域コミュニティの現状—地域の高齢化とS・Cの関係性について—」『ニッセイ基礎研REPORT September』2009、同「団地におけるコミュニティ醸成に向けた方策の検討—地域を支える活動起こしのための場づくりに向けて—」『NLI Research Institute REPORT』June 2010
3) 団地再生支援協会「第7回団地再生シンポジウム 姿を現した団地再生プロジェクト」報告書 2011
4) 2012年大牟田市「ふらっとコパン」聞き取り、及び大牟田市HP「地域交流施設によるまちづくり」、大牟田市「高齢者のくらしを応援します」2012.4、児玉善郎監修『地域とつながる集合住宅団地の支えあい』特定非営利活動法人全国コミュニティライフサポートセンター 2014 参照
5) 2012年独立行政法人都市再生機構西日本支社 団地マネージャー等聞き取り、及び「武庫川団地の取り組みについて」より。
6) 福岡市博多区美野島公民館については『福岡県公民館職員研修会資料』(2012)、佐賀市循誘公民館については『九州公民館研究大会資料』(2014)を参照した。

第3章

韓国における教育福祉と生涯教育
Educational Welfare and Lifelong Education in Korea

はじめに

　グローバル化や情報化、少子高齢化等のような近年の急激な社会変化がもたらす様々な課題を抱えている韓国政府は、それらの課題に対応する取組みの一つとして教育改革に注目している。1995年5月、当時の大統領の直属機関として設置された教育改革委員会では、「生涯学習社会の具現」を主な指標として掲げる教育改革案を提出する。それを受けて、社会教育法を全面改正して生涯教育法を制定し、生涯教育推進体制づくりに本格的に乗り出すなどの教育改革にもみられるように、世紀転換期の激変に立ち向かう韓国政府は教育に期待する部分が多かったように思われる。

　しかし、韓国は教育大国といわれる評判とは裏腹に、実際は世界一の学歴社会であり、深刻な教育格差問題を抱えている国でもある。その教育格差は近年の経済格差によってより拡大しつつある。とくに、1990年代後半の金融危機は韓国社会にいわゆる「中間層の崩壊」といわれるほどの打撃を与え、貧困や格差問題は韓国社会における最も大きな課題になっていると言っても過言ではない。さらに、韓国は人口の約5分の1が首都圏に居住しているなど一極集中が深刻な水準に達しており、それに伴う所得格差はもちろん、教育や文化における地域間格差も問題となっている。このような格差問題を解決する一方法として、韓国政府は脆弱階層の子どもや青少年に対する教育福祉事業に着目するようになる。教育部の教育福祉事業はその実施にあたって学校を拠点とするが、地域における諸機関や団体、住民との連携・協力も求められている。実際、各地域で活動している市民セクターとの協力・連携によって、地域を基盤とする教育支援ネットワークが形成されはじめており、さらにそれを基にして子どもたちへの教育支援のみな

らず、地域全体に関わる多様な諸課題に取り組む動きも展開されつつある。

本章では、このような近年の動きに着目し、韓国の教育福祉政策について概観するとともに、教育福祉の視点から地域を基盤とする教育支援ネットワークづくりを通じて地域共同体の構築に取り組んでいる事例を紹介したい。最後に、これらの取り組みに生涯教育がどのように関わっており、今後どのような役割が期待されているかについても検討したい。

1.「教育福祉」概念をめぐる論議

韓国における社会教育と福祉との歴史的関連構造は、かつて日本の植民地だったこともあって、日本と類似している点が多い。すなわち、1936年に社会課を内務局に移管して主に社会事業を所管し、学務局に社会教育課を新設して社会教化に関する事務を所管することとなり、社会事業と社会教育を分離して、教育として社会教育（教化）事業を行うまでは、社会事業と社会教育とが融合して取り組まれていたのである[1]。日本植民地からの解放後、行政的には社会教育と社会福祉が分離されるが、実際の事業内容において完全分離はされず、社会教育においては福祉的な支援を、社会福祉においては教育支援を行う等、両者には重なり合う点が多くあった。例えば、初等教育未修了者または中学校に進学できなかった人々に対して識字・基礎教育や中等教育を提供するため、教育法（1949年制定）に社会教育機関としての公民学校及び高等公民学校の設立が定められ、1950-60年代における多くの不就学児童や青年、成人に識字・基礎教育を提供していたのである。一方、韓国の代表的な社会福祉施設の社会福祉館では、地域福祉のために家族福祉サービス、地域社会の保護サービス、地域社会の組織サービス、自活サービス等に加え、教育・文化サービスも提供している[2]。また、心身障がい者福祉法（1981年、現在は障がい者福祉法）や老人福祉法（1989年）、母子福祉法（1989年、現在は一人親家族支援法）、多文化家族支援法（2008年）などが次々と制定される等、社会福祉分野でも社会弱者に対する教育的配慮が具体化されてきているのである。

最近は、韓国を襲った1990年代後半の金融危機がもたらした格差問題への対応策として教育福祉概念が浮かび上がっている。韓国において「教育福祉」とい

う用語がいつから使われはじめたかは定かではないが、教育学分野においては1980年代以後使われはじめたといわれており[3]、教育政策において明示的に使われたのは1995年の5・31教育改革案のビジョンとして提示された時といわれている[4]。しかし、「実際、多くの研究者や実践家は教育福祉を『社会福祉』と混同して使っており、教育現場においても『社会福祉』の概念を無分別に使っている」[5]。教育福祉の概念に関するこれまでの研究も「教育福祉」という概念それ自体に対する研究は少なく、単に政策立案や法制度の整備のための概念として、研究者によってそれぞれ異なる定義を行うことにとどまっており、まだ「教育福祉」概念に対する明確な社会的合意は形成されていないのが現状である。また、それらの定義も主として教育と福祉の関係に注目されており、その関係から教育福祉の政策実現の方向を模索してきただけであるといえる[6]。

5・31教育改革案において教育福祉国家を指す言葉として使われた「Edutopia」は、21世紀のグローバル化や情報化に合わせた強い国家競争力を発揮できる人材育成と自己実現のためのより質の高い教育を提供する教育理想郷として提示されている。ところが、金融危機以降、労働市場の構造変化や雇用不安等の問題が生じ、社会的弱者に対する支援政策が必要とされる中、教育福祉に関する論議は教育格差の解消及び平等な教育機会の保障へと転換されるようになる[7]。その代表的な事業が教育疎外階層の子どもたちへの教育支援のために2003年から実施されている「教育福祉投資優先地域支援事業」(現在、「教育福祉優先支援事業」)である。シン・ヒジョンは、近年教育福祉概念が強調されるようになった理由を、社会福祉の脆弱さを教育福祉によって解決するためだったと述べる。すなわち、「社会福祉は脆弱階層に対する多様な社会保障サービスを提供してきたものの、一度社会的排除階層へ転落してしまえば、社会への再進入が難しいため、教育福祉を通して成長段階から教育の機会・過程・結果に至るまで教育格差・教育疎外等を解消し、社会的排除を根本的に緩和させようとした」[8]という。

一方、一時活発に行われた教育福祉に関する法制化論議においては、教育を福祉の手段としてとらえる視点、あるいは教育福祉を教育とは別次元のものとしてとらえる視点の問題を乗り越えるために、教育福祉の概念を「すべての国民に一定水準の教育を受けることができる機会を提供し、個人及び社会経済的要因に

よって発生する教育疎外・不適応・不平等現象を解消し、すべての国民が各自の教育的要求に合う教育を受けることによって、潜在能力を最大限啓発できるように諸般支援を提供すること」、つまり「教育的価値を具現するために諸般の支援活動を提供すること」として提示している[9]。

以上のように、解放以後、韓国における社会教育と社会福祉は行政的に分離されているものの、内実的に両者は深い関係をもっている。近年拡大しつづけている社会格差によって、1990年代後半からは教育福祉論議が本格化し、実際、2004年3月に教育人的資源部（現在、教育部）に教育福祉審議官と教育福祉政策課が設置されるとともに、同年10月には教育福祉総合計画（2004－2008）が樹立・発表されるなど、教育福祉政策が活発に推進されるようになった。ところが、韓国において「教育福祉」という言葉は、次節で検討する教育部の「教育福祉優先支援事業」によって、主として貧困地域の子どもに対する教育支援としてとらえられる場合が多い。しかし、2007年に生涯教育法に成人非識字者に対する識字・基礎教育の保障を定めた文解教育に関する条項が新設され、2008年3月には近年増加している国際結婚移住女性やその子どもたちを支援するための多文化家族支援法が制定されるなど、教育福祉政策の対象や内容も少しずつ多様化している。

2. 教育福祉政策と地域教育ネットワークづくり

(1) 社会格差の拡大と「教育福祉優先支援事業」

今年の9月、フランスの経済学者トマ・ピケティ（Thomas Piketty）の『21世紀の資本論』（2013）の翻訳版が韓国で出版されたが、出版直後から彼の経済的不平等論、いわゆる格差理論が非常に注目を浴びており、その理論に熱狂する人々も少なくない。一方、韓国統計庁がここ数年発表してきた韓国のジニ係数をめぐっても論争が起こっている。要するに2009年のジニ係数は0.314でOECD加盟国の平均値と同じであり、2011年（0.311）から2012年（0.307）、2013年（0.302）にかけてジニ係数が2年連続下がっていると統計庁が発表してきた内容に対して、それが正確な統計なのか否かをめぐって専門家の間で意見が分かれている[10]。このように韓国社会において経済的不平等や格差に対する

関心が高いのは、それほど韓国社会が格差社会であることを意味することでもある。

とくに、韓国は1990年代後半の金融危機以降、所得格差が悪化し、中間層が崩壊して貧困層が拡大するようになった。その一方では国際結婚移住女性や外国人労働者、北朝鮮からの脱北者等の新しい社会的弱者も増えている。このように格差が拡大される中、所得や学歴によって地域内に居住地の分化現象が発生し、同じ地域内でも特定の学校に社会的弱者層が密集する学校別階層分化現象が起きている。今日、子どもの教育的成就に与える家庭環境の影響はますます大きくなっているが、経済的貧困や家庭機能の弱体化等がもたらす教育格差問題は単に自己責任として済ますものではなく、学校や地域等が一緒に取り組むべき問題なのである。すなわち、生まれ育った家庭環境に関係なく、すべての子どもが教育的経験を通して自身の潜在能力を十分に発揮できるような公的支援が求められているが、そこで韓国の教育部は「教育福祉投資優先地域支援事業」(2010年末より「教育福祉優先支援事業」、以下、「教育福祉事業」という)を立ち上げて教育的に恵まれていない貧困層の子どもたちへの教育支援を進めているのである。

同事業は、2003年に一部地域でのモデル事業からスタートし、漸次全国へ拡大されている。すなわち、2003年にソウル市と釜山市の低所得層地域の79幼児機関、45小・中学校から始まり、2010年10月現在16市・道の297幼児機関、534小・中・高等学校の計831機関へ持続的に増えている。また、2010年末の財源の普通交付金への転換により、支援対象機関(幼稚園、小・中・高校)が大幅拡大され、2010年の831機関から2011年に1,544機関、2012年には2,058機関へ急速に増加している。そのうち、2012年度には小・中・高校の計1,801校が同事業に参加しているが、これは全国小・中・高校数(11,360校)の15.9％に当たるものである[11]。

同事業の推進体制は、中央政府レベルの教育部と広域自治体レベルの市・道教育委員会、基礎自治体レベルの地域教育委員会、そして支援対象の学校となっており、それぞれの教育行政体制内に教育福祉担当部署(チーム)を構成し、教育福祉事業を行うようになっている。また、同事業のための専門スタッフとしては、市・道及び地域教育委員会に「プロジェクト調整者(PC：Project coordinator)」(以下、「PC」という)を採用しており、学校には「地域社会教育専門家」

を配置している。PC とは「地域内の教育脆弱集団の児童・青少年に対する総体的支援のために、教育・福祉・文化等の多次元的領域の機関と人材との連携・協力を図り、対象学校の事業に対する支援や調整業務を通して、当該地域の教育福祉事業の調整及び関連実務を担当するために地域教育委員会（場合によっては市・道教育委員会）に配置される民間専門人材」[12]であり、その資格要件は 4 年以上教育、文化、福祉分野での活動経験のある者、または 2 年以上地域ネットワーク活動経験のある者である[13]。具体的な役割は、「学校や地域社会のニーズを把握し、これを反映する事業推進計画の樹立及び実行、地域内学校間、地域社会機関間及び学校と地域社会の機関との連携、教育福祉事業運営協議会実務運営への支援、地域教育委員会教育福祉担当チーム内の実務担当、当該地域及び学校に対する優秀事例の提供及び広報、地域社会との連携、学校の校長、担当教師、地域社会教育専門家との常設対話窓口役割の遂行」[14]等である。一方、地域社会教育専門家は「学校内の教育福祉プログラムを企画し、家庭－学校－地域社会の連携を通して教育脆弱集団の子どもたちのための支援システムを構築することによって、支援対象児童の学校適応と健全な成長及び発達を図る役割を遂行するために、学校に配置される民間専門人材」[15]であり、その資格要件は 1 年以上教育、文化、福祉分野で活動経験のある者、または 1 年以上地域ネットワーク活動経験のある者である[16]。主な役割は、学校や地域社会のニーズを把握し、学校別支援事業推進計画樹立に参加すること、学校外の地域資源の発掘及び連携、集中支援対象の子どもの発掘及び管理、地域内の学校間、学校と地域社会の諸機関との連携、学校の支援事業の実務運営への支援」[17]等である。PC 及び地域社会教育専門家の採用は、近年、主として教育や福祉等の現場での実績を多く有する民間セクターからの採用が増えているが、その大半が社会福祉学を専攻した人々である。なお、2012 年 4 月現在、地域社会教育専門家の平均年齢は 35.4 歳であり、女性が 93.4%を占めているが[18]、任期制採用という不安定な採用条件がその一要因として考えられる。

そして、この事業では、事業初期に行われる政府支援を通して地域の教育福祉システムの構築を支援しており、それ以降は構築されたシステムが地域の力量によって運営されることが期待されている。すなわち、同事業は学校を中心に事業を展開しつつ、地域社会との連携を通して地域教育共同体の構築を図るものな

のである。学校が中心となる地域教育共同体の構築を通して教育、文化体験、心理・情緒、保健等を統合的に支援し、教育格差の解消に寄与することを目標としている。その実現のために、学校は地域の教育関連機関や団体、さらには地域住民との連携・協力を図っていく必要がある。実際、同事業を基盤として地域教育ネットワークを構築し、または既存の地域教育団体との協働によってより幅広い多様な活動に取り組み、その取組みを通して当該地域の子どものみならず、地域全体を教育・文化的に豊かなコミュニティとして構築しているところが登場しはじめている。

(2) 地域を基盤とする官民協働の教育支援ネットワークづくり

近年の深刻な社会格差への対応は、韓国政府による公的支援だけではなく、民間レベルでも取り組まれている。その代表的な取組みとして挙げられるのが、低所得層の子どもたちが公正な人生をスタートすることができるようにサポートする、市民による We Start 運動である。同運動は、中央日報、社会福祉共同募金会、韓国福祉財団（現在、子ども財団）などの言論社と50以上の民間団体が連携・協力し、貧困の世襲を断ち切り、私たち（We）すべてが一緒に子どもたちの新しい人生のスタートをサポートしようという意味を込めて、2004年5月に「We Start 運動本部」を設立して始まった市民運動である。同運動本部の設立後、We Start は、「地域づくり」事業を核とした韓国型 Start 事業を開発してモデル地域を選定し、貧困層の子どもたちの健康と教育、福祉に関する多様な事業を展開してきている。つまり、民間団体・公共機関・企業・教育機関・地域住民等のネットワークと協力ガバナンスの構築を通して、子どもとその家族、地域住民がともに生きる「We Start 地域共同体」づくりを目指しているのである。その主な支援対象は低所得層の0-12歳児童とその家族であるが、2012年からは18歳までに支援対象を拡大している。また、この We Start 運動はその努力と経験が高く評価され、国策事業化されて2007年に保健福祉部の Dream Start 事業としても発展しており、2010年からは開発途上国の児童のための海外事業へとその活動範囲を拡げている[19]。保健福祉部の主管する Dream Start は基礎自治体の市郡区に児童統合サービス支援機関として設置され、その Dream Start を中心として学校、病院、福祉館、地域児童センター等の多様な諸児童福祉機関の連携体

系を構築し、児童個々人の条件に合わせた統合サービスを提供することを目的としている。Dream Start は、2013年現在211市郡区において実施されている[20]。

以上のように市民セクターの長年の経験やノウハウに行政からの支援が加わり、または市民セクターが行政側に影響を与え、さらには働きかけることによって、地域を基盤として教育や福祉に関する官民協働の支援ネットワークを構築する取り組みは、近年韓国の各地でみられる。近年市民セクター層が厚くなり、なおかつ高い力量を備えるようになってきた背景には、1990年代以降韓国社会に急増した市民団体や市民運動等の存在がある。これらの市民団体や市民運動を牽引しているのは、主に1980年代後半の韓国の民主化を導いた学生運動出身者たち、いわゆる「386世代」[21]である。冷戦の終結後、グローバル化や情報化が進む世界情勢の中、韓国では地方分権が始まる一方、市場原理主義による社会格差が深刻化していくが、このような国内外情勢の急変に伴い、368世代の関心は従来の政治的理念から貧困や格差などの社会不平等問題に移り変わり始め、農村や都市部の貧困地域へとその活動の場を移すようになる[22]。地域に入った彼らは、概ね成人に対する識字教育や市民教育、貧困層の子どもたちへの教育支援活動等を行いながら、地域住民とともに地域運動を展開していく。

一方、同時期に韓国では地方分権が始まり、また地方自治が本格化した2000年代に入ってからは全国の各自治体で多様なまちづくり事業が展開されるようになる。2010年10月には「地方行政体制改編に関する特別法」が制定・公布され、地域における住民自治機能を効果的に強化するための方向が主要課題として台頭し、中央政府の各部局ではまちづくり関連事業に積極的に取り組むようになる。教育部においても2001年から生涯学習都市造成事業等が進められるようになる。実際、多くの自治体は生涯学習都市として指定を受けてから、生涯学習振興条例の制定や協議会の構成、プログラムの支援、生涯学習関連行事の開催、情報インフラの構築、ネットワークの構築、学習者及び学習サークルへの支援など、住民の学習活動や社会参加をサポートする基盤づくりを進めており、それによって住民の自治意識が高まり、まちづくりへの住民の参加も増えている。これらの多様なまちづくりに関する中央政府の支援事業は、地域で活躍する市民団体等の活動領域を広げる契機となり、またそれらの支援を土台にして市民団体も地域活動の充実化を図っていくようになるのである。このような1990年代以降の

草の根の活動は、教育格差を食い止める効果だけではなく、活動を通して積み上げてきた経験やノウハウを基にして行政側と連携・協力することで、官民協働の地域教育ネットワークの構築を牽引している。

3. 教育福祉支援と地域共同体の構築

　韓国における教育福祉は市民セクターによって大きく支えられているといっても過言ではない。上述したように、行政による教育福祉関連事業は、地域を基盤として活動する市民団体や活動家たちが長年蓄積してきた経験と連携・協力することによって、一部局の事業にとどまるのではなく、地域全体を視野に入れた取組みへと展開されている。本節では、その実践事例として清州地域の「共に生きる私たち」とソウル市蘆原地域の「蘆原教育支援センター・ナラニ」の取り組みについて検討したい。

(1) 清州地域における「共に生きる私たち」の取組み

　まず、地域を基盤として教育福祉を実践しており、それを通して地域共同体の構築を試みている事例として、清州市を拠点に活動している市民団体「共に生きる私たち」の取組みに注目したい。「共に生きる私たち」は、その母団体として清州・清原地域において教育と文化、そして仕事への支援・共助を通しての地域共同体の構築を夢見ながら活動する「生活と教育」及び「働く共同体」という市民団体が、貧困層が居住する公営住宅団地で教育や文化を中心とした地域福祉活動を行うために2010年に新たに設立した団体である[23]。同団体は、韓国土地住宅公社に働きかけて公営住宅の住民共用空間を無償で借りて各団地に住民のための「教育文化センター」を設置し、その中に当該団地の子どもたちのための地域児童センターと地域住民のための小さな図書館等を運営している。

　地域児童センターとは、主として貧困世帯や一人親世帯、多文化家庭などの脆弱階層の子どもたちに対して放課後の保護、教育、遊びや文化などの提供とともに、保護者と地域が連携することで子どもの健全な成長を図るという目的から、保健福祉部の教育福祉事業として全国に設置されている施設である。「共に生きる私たち」の設置した教育文化センターでは、この地域児童センター事業を委託

運営しながら、一方では独自に小さな図書館を設置して住民の教育文化空間としても運営している。すなわち、教育文化センターは、貧困層は経済的な面だけではなく、教育や文化的な面においても乏しい環境に置かれがちであるため、生活保護のような経済的な支援のみならず、教育・文化的支援も必要であるという趣旨から設置されたものである。

2009年に設置された「カロスマウル（並木まち）教育文化センター」をはじめとし、その後、聖化公営住宅団地4か所にも教育文化センターもしくは小さな図書館を設置・運営している。教育文化センターや図書館の運営には少しずつではあるが、住民の参加も増えており、団地によってはボランティアとして関わった住民がスタッフとして働くようになったところもある。また、教育文化センターができてから、団地管理所長をはじめ、団地内の保育所、地域児童センター、婦女会、小さな図書館等の代表が集まって、地域自治組織を結成して定期的に地域会議を行うところまで発展している団地もあらわれている。すなわち、貧困地域の子どもや住民のために官民協働で行われた教育福祉事業が、住民の自治意識を高め、住民自らが地域共同体の構築に取り組む契機ともなっているのである。

公営住宅団地は、貧困層が居住するところという悪いイメージのレッテルが貼られており、団地住民の定住意識がかなり低い。そこで、「共に生きる私たち」は今後他の団地にも地域自治組織の設置を進めていくことで、住民自らが暮らしやすい居住環境づくりに参加し、地元に愛着を持って安心して暮らせる地域づくりを計画している。

なお、「共に生きる私たち」は、行政からの委託事業費や民間財団から得たプロジェクト事業費、そして個人及び団体や社会的企業からの後援金などで運営されているが、今後は期限付きの行政及び財団からの委託やプロジェクト事業費に頼るのではなく、「共に生きる私たち」の母団体でもあり、かつ連携・協力団体でもある「働く共同体」が育成した地域内の社会的企業からの基金を通して財政的自立を図り、将来的には持続可能な地域自立循環型教育福祉を目指している。同団体は、これまで後援金の募金活動や社会的企業の育成、コミュニティ・ビジネスの展開など、財政的自立のための様々な取り組みを試みてくる中で、試行錯誤も重ねてきたが、その実現に向けて今日も奮闘している。

(2) ソウル市蘆原地域における「蘆原教育支援センター・ナラニ」の取組み

　ソウル市の中で貧困層が多く居住する地域として知られている蘆原地域には 1980 年代後半から同地域住民のために教育福祉を実践する民間団体が活動してきている。その長年の実績が認められ、蘆原地域は 2003 年から実施された教育部の教育福祉事業の初年度モデル地域として指定された。それを契機に、蘆原地域では放課後教室事業が本格的に始まり、蘆原児童青少年ネットワーク、放課後教室協議会、洞別協議会など、教育、福祉、文化における多様な形態のネットワークが活発に取り組まれている。このような地域ネットワークやインキュベイティング事業などをより効果的に行うために、民間団体の「蘆原教育支援センター・ナラニ」(以下、「ナラニ」という)が 2007 年に設立される。このようなナラニの取り組みは全国的に注目を集め、教育福祉においては他地域の参考モデルとなっており、行政からも高く評価されている。例えば、ソウル市は、2011 年から家庭環境が経済的もしくは文化的に恵まれてない子どもたちへの統合的な支援のために、学校と地域社会機関との連携・協力を通して教育協力ネットワークを構築するための教育福祉の拠点機関として「地域教育福祉センター」を各自治区に設置する事業を始めるが、同事業のインキュベイティングをナラニがソウル市から委託され、行っているのである。

　ナラニは、主に貧困児童への成長を支援するネットワークづくりに重点を置き、家庭・学校・地域をつなぐ地域教育共同体の構築を目指している。そのために、地域内外の人的及び物的資源の発掘をはじめ、地域に必要な事業の企画・開発、地域や機関、資源等の調整・管理を行っている。

　最近は貧困地域の子どもたちへの支援にとどまらず、一般住民向けの教育文化支援にも着目しはじめ、蘆原区の中でも貧困層が多く居住する地域の住民センター(＝支所)の福祉課に住民センターの遊休空間を住民の教育文化空間として開放して活用するように働きかけ、またその空間を住民の手で運営するようにサポートしている。すなわち、2011 年に住民代表をはじめ、住民自治委員会、行政、関係諸団体の代表及び実務者等によって構成される「住民福祉協議会」を発足させ、住民自らが同空間を拠点にして地域の教育や福祉活動に参加し、主体的に進めていくようにしているのである。この取組みに関わっていた当時の福祉課職員は、「ナラニと連携して取り組んでいく中で、福祉は単に経済的支援だけで

はなく、教育的・文化的支援も必要であることに気づき、住民センターの地下にある遊休空間を住民のための教育文化空間としてつくっていくことになった」[24]と、教育文化空間の設置動機について語っている。

以上のように、蘆原地域では教育福祉に関する行政からの財政的支援と民間の実践ノウハウとが結ばれることによって、貧困層の子どもたちの教育支援のみならず、住民自らが地域の教育や福祉に取り組む官民協働の地域教育ネットワークが構築されるようになっている。

おわりに

韓国では教育福祉が、教育部の教育福祉事業のため、貧困児童に対する教育や文化支援としてとらえられる傾向がまだ強いが、実際、その事業が現場において展開される過程では、市民団体や住民が関わり、協力することによって、子どものみならず、その親や地域住民など地域全体に関わる教育福祉へと拡大されていく。つまり、児童支援中心の教育福祉から地域を基盤とする社会教育福祉へと発展しているのである。これは、上記の清州及び蘆原地域の事例からも確認できるように、都市部の貧困地域や農村地域に広がっている厚い市民セクター層の活躍が生み出した効果ともいえる。

韓国は、日本と同様に、福祉と教育の行政管轄部署が分かれているため、相互連携が取りづらかったり、または事業内容や対象が重複したりする場合も多い。それ故、事業実施にあたって事業対象者取り合い競争や部局間の軋轢などが起こることも多々ある。実際、住民の実生活を福祉や教育・文化等の多方面から支援するために、各自治体に設置している様々な諸機関と施設、例えば、住民自治センター（安全行政部）やマウル（まち）づくり支援センター（自治体）、地域児童センター（保健福祉部）、多文化家族支援センター（女性家族部）、社会福祉館（保健福祉部）、生涯学習館（教育部）などが緊密な連携・協力関係を構築しているとは必ずしも言い難いのが現状である。しかし、近年、市民セクターがそれらの事業に積極的に参画し、各地域それぞれの実情に合わせたより有効な取り組みを進めている。また関連事業やその担当機関・施設、人材、資源等のネットワーク化を通して、従来の縦割り行政の弊害を乗り越えようとしているが、このよう

な横のつながりのための市民セクターのパイプ的な役割が韓国の大きな特徴ともいえる。

　一方、社会教育福祉といった時の「福祉」とは何か、そのとらえ方や今後のあり方についても一度検討する必要があると思われるが、今後の福祉のあり方について考えるにあたって清州地域の実践から参考にできるものは多い。第3節でも言及したように、清州地域の「共に生きる私たち」は、将来的には行政からの支援に頼るのではなく、地域内で財政的に自立できる仕組みをつくり、住民自らの力で教育福祉を実現していく、いわゆる地域自立循環型教育福祉を目指している。「共に生きる私たち」は、その母団体の「働く共同体」が清州・清原地域に育成し、定着させた数カ所の社会的企業から利益の一部を地域へ還元させ、地域の教育福祉に充てているが、今後その枠を拡大させて基金化することで財政的自立をよりいっそう図ろうとしている。そのためには、社会的企業や地域構成員間の相互理解と意識形成が求められるが、まさにそこにおいて教育や学び、いわゆる生涯教育の役割が重要となってくるのである。つまり、地域内で教育と福祉、そして仕事（雇用）が円滑に循環するシステムを構築することで、持続可能な自立循環型地域共同体の実現が可能になるという構想なのである。

　清州地域の取り組みは韓国内でも稀なケースではあるが、期限付きの行政委託事業やプロジェクト事業の補助金に依存して地域活動を展開している大半の団体や機関が今後検討しなければならない取り組みかもしれない。また、従来の福祉国家システムがすでに機能不全を起こしはじめており、上からの恩恵的な福祉に対する期待がますます難しくなりつつある日本社会が、今後の福祉のあり方について考える際にも、清州地域の実践から学べる点は多いと思われる。

注
1）李正連『韓国社会教育の起源と展開 ― 大韓帝国末期から植民地時代までを中心に ―』大学教育出版、2008、pp.102-115。
2）李秀貞「韓国における社会福祉館の現状」東京・沖縄・東アジア社会教育研究会『東アジア社会教育研究』No.13、2008、pp.139-144。
3）李時佑「教育福祉의 概念에 관한 教育法的 少考 ― 教育福祉法 制定과 관련하여」서울여자대학교『社会科学論叢』제 15 집, 2008, pp.139-140。
4）류방란『한국사회교육복지지표 개발 및 교육격차분석 : 교육복지지표 개발』한국교육개발

권, 2006, p.20
5) 최원구, 「교육복지 재정에 대한 비판적 고찰」, 공주대학교대학원교육학과석사학위논문, 2010, p.3
6) 同上, p.5
7) 同上, p.16
8) 전윤경, 「교육복지정책 및 쟁점해소를 위한 분석을 통한 교육복지의 법 쟁점화」, 『教育法学研究』 제25권2호, 2013, p.94
9) 한국교육개발원・교육인적자원부, 앞의 주3, 『교육복지정책포럼 운영결과』, 2006, pp.6-7
10) 「책걸상, 문패까지 돈 덜어간다..... 지난해금 2006년이후 최저대비...... 모금 늘였지만 지난해금......」, 『MK News』 2014. 6. 4 (http://news.mk.co.kr/newsRead.php?year=2014&no=847518, アクセス日付：2014. 10. 16), 「김미나교수 지난해금 0.4 %이하 줄장자라는 지난해극이다..... 큰재정 손실해 적도로 개인소득, 전체 연봉 보고등, 지난해금 증진시 사용한해」, 『Mediapen』 2014. 10. 2 (http://www.mediapen.com/news/articleView.html?idxno=49289, アクセス日付：2014. 10. 16).
11) 교육복지우선지원사업 중앙연구지원센터, 『2012년도 교육복지우선지원사업 현황』, 한국교육개발원, 2013, pp.3-6
12) 교육과학기술부・한국교육개발원, 『교육복지우선지원사업 이렇게 합니다』, 2010년, p.24
13) 同上
14) 教育福祉優先支援事業ホームページ（最終アクセス日：2014. 11. 7） (http://eduzone.kedi.re.kr/EZ/Info/Edu/one/E/Info3.php)
15) 교육과학기술부・한국교육개발원, 前掲書, p.36
16) 同上
17) 教育福祉優先支援事業ホームページ（最終アクセス日：2014. 11. 7） (http://eduzone.kedi.re.kr/EZ/Info/Edu/one/E/Info3.php)
18) 교육과학기술부・한국교육개발원, 前掲書, p.66
19) 社団法人 We Start ホームページ（最終アクセス日：2014. 11. 2） (http://www.westart.or.kr)
20) 保健福祉部 Dream Start ホームページ（最終アクセス日：2014. 11. 2） (http://www.dreamstart.go.kr)
21) 李正連「韓国における草の根の地域共同体運動とソーシャル・キャピタル－清州・清原地域の事例を中心に－」、松田武雄編著『社会教育・生涯学習の再編とソーシャル・キャピタル』大学教育出版、2012, pp.146-147を参照
22) 同上
23) 同団体の設立にいたるまでのより詳しい過程については、同上の掲著（2012）を参照
24) 嘉原区下洛2洞住民センターの元福祉課職員へのインタビューより、2012. 10. 12

第4章

生活実感に寄り添う社区教育へ
―― 上海市の社区教育を一例に ――

Community Education (*She-qu jiaoyu*) and Residents' Autonomy in China

序　教育と統治のリアリズム：社区教育への視点

　中国現今の政治体制においては、教育は政治の道具として、統治をその目的とするものと規定されてきた。それはまた、思想・表現の自由と政治体制とのかかわりをめぐる規定であり、教育は常に、教化・動員として機能することが求められてきたといえる。

　しかし、「改革と開放」期の初期、経済発展にとって教育は何をなし得るのかが問われたとき、国家の民衆統制の道具としての教育と経済発展のための人材育成の道具としての教育の矛盾と対立が表面化することとなった。このことは、市場経済の拡大と表裏の関係をなしている。経済発展にともなって、従来の共産党中央委員会を頂点とする上意下達の民衆統治が機能不全を起こしたため、市場における労働力の流動を基本とする個別化に対応した民衆統治へと統治構造を転換しつつ、行政組織の末端において住民自治を組み込まざるを得なくなり、そのための民衆教育が求められることとなったのである。

　統治構造の組み換えに教育が介在することで、経済発展のための人材を育成しつつ、民衆の生活向上を実現する自助的な福祉機能、つまり学習機会の分配が政治に組み込まれて、民衆生活の自立性を高め続けざるを得なくなっているのである。国家的な統治の必要から、政策レベルではなく、むしろ常に実践レベルの要請として、民衆への福祉的な学習機会の分配が求められ、それが民衆生活レベルの自治の強化による統治の安定を導いているのである。これが、中国における教育と統治をめぐるリアリズムである。

　このリアリズムを体現しているのが、社区教育である。以下、主に上海市における社区教育の展開を概観しながら、中国における教育と統治をめぐる関係を考

察したい。

1. 統治と教育：社区教育の二つのアプローチ

(1) 社区教育政策化の背景

　社区教育は、1980年代に中国の経済的に発達した都市において誕生した新しい教育事業だが、それはむしろ、市場経済の展開にともなう新たな社会開発の手法だといった方がよいものである。その背景には、以下のような社会の構造的な変容が存在している。

　旧来の社会主義体制の下では、民衆の政治的な動員と統治、そして人的・物的資源を集権的に管理・分配するための機構として「単位」が組織されていた。それは、民衆が就労を基本として所属する機関・組織であり、就職、教育、福利厚生などのサービスを提供し、かつ民衆を管理することで、政治体制を維持する機構でもあった。しかし、「改革と開放」政策が実施され、就労分配が市場化されることで、民衆そのものが労働力として市場で売買される存在へと転じ、「単位」は民衆の帰属組織ではなくなっていくのである。

　しかも、旧来の「単位」が担っていた民衆の福利厚生と統治・管理の機能は、市場を通した分配には馴染まないものであり、基本的には民衆が居住するコミュニティが引き受けるべき社会的負担として、払い下げられる形となった。この受け皿としての行政機構は「街道」とその下部組織としての「居民委員会」だが、それは民衆統治の機構であり、末端の居民委員会レベルでは相互扶助機能を担っていたとはいえ、福利厚生機能を果たすことは困難であった。ここに新たな概念として「社区」が導入され、「社区服務」（コミュニティ・サービス）つまり生活上の諸問題を解決し、社会的な統合を維持するための行政的なサービス提供の必要が、政策的に指摘されることになる。1984年に民政部（内務行政）が「社区服務」の概念を提起し、街道と居民委員会に重点を置いた「社区」レベルの行政サービス提供の仕組みづくりが進められることとなった。しかし、市場化し、流動化する民衆を行政的な措置で統合しつつ、行政サービスの提供により生活を安定させることは至難の業であった。このとき着目されたのが「社区」と「教育」であった。

(2) 統治志向のアプローチ

「社区教育」の語が行政的に初めて採用されたのは、1980年代半ば、共産党中央委員会の教育行政文書においてであった。そこでは、子どもたちが市場化の中で思想的・道徳的な問題を抱え込まないよう統治的な観点から指導を図ることが求められていた。

1990年代に入ると、社区教育は政策的・行政的に新たな展開を示すようになる。市場経済の発展にともなう人口流動の激化、国営企業改革による倒産の増加など、社会の個別化・分散化が進み、それらに対処するための成人教育の重要性が叫ばれ始めるのである。これに呼応するかのようにして、1991年には民政部長が「社区建設」構想を提唱し、翌92年には全国社区建設理論検討会が浙江省杭州市で開催され、「社区服務」が「社区建設」構想へと拡大された。さらに、社区教育は中央政府の政策文書にも反映され、構想から実践へと政策の軸足を移すことが提唱された。1999年からは「全国社区教育実験区」が設けられ、2010年までに全国に103の実験区が設定された。さらに、各省レベルでも国家の実験に倣った社区教育実験区が設定され、2011年までに約400の実験区が設けられている。

社区教育の展開は、社区建設と深くかかわりつつ、「学習」をキーワードとして、人々の教養の向上および職業生活の安定による社会の安定を目指すところに特徴がある。たとえば、「2003年から2007年の教育振興行動計画」においては、「知識の更新と技能の向上を重点として、学習型企業、学習型組織、学習型社区と学習型都市の創建」が唱えられ、「社区教育の推進」と「開放型の継続教育モデル」の実現が目指されている。なかでも「学習型社会」理念の提起にともなって、地域で、「学習型社区」を建設するために、「社区学院」「社区教育学校」「居民委員会市民学校」という、従来の区―街道―居民委員会という行政系統に対応した社区教育の三層ネットワークの構築が提唱されることとなった。

このような社区教育による社区建設の基本的な考え方は、2007年の中国共産党第17回大会で示された次のような認識と連動している。「党委員会が指導し、政府が責任を持ち、社会が協力し、大衆が参加する社会管理システムを健全化する」[1]。市場化の進展にともなって、流動し、分散化する民衆を、旧来のトップダウン型の統治モデルで管理することが困難となり、社会が不安定要因を抱え込

む中で、政府の機能を民衆管理から行政サービス提供へと切り替えて、職業を基本とした生活の安定を図りつつ、民衆をボトムアップ式に統治の構造へと組み込もうとするのが、社区教育による社区建設という考え方である。

(3) 教育志向のアプローチ

上記のような統治的な社区教育の政策的展開に対して、独自のアプローチをとったのが上海市である。それは、教育志向のアプローチとでも呼ぶべきものである。

上海市における社区教育は、同市で1980年代後半から進められている教育の総体的改革、つまり教育観の「受験教育」から「資質教育」への転換とカリキュラム・教材改革の一環に位置づけられ、それらを実効あるものとするために、学校所在地のコミュニティの教育資源を動員して学校を支援し、また学校もその教育的な力をコミュニティに提供して、コミュニティに貢献する施策として構想された、上海市の教育改革を特徴づける行政施策の一つである。その後、社区教育は、「単位」が学校的な機能を果たして、子どもたちの学習や課外活動を請け負い、学校の諸活動の「基地」としての役割を担うなど、より積極的に教育事業に参与する性格を強めていった。それはまた、社区教育の実質的な担い手である区や街道という行政機構が、独自の教育体系を持つ動きへと連なっていた。

さらに、流動化する民衆の生活を、人々が居住するコミュニティで安定させる必要から、社区教育は、住民相互の軋轢や矛盾を回避する市民教育と住民への就労支援や再就職保障を行う職業教育などをその機能の中に組み込んでいった。社区教育は、普通教育・職業教育・成人教育の実質的な統合態（体）としての機能を果たし、かつ住民生活の保障を進める「教育コミュニティ」へと「社区」を形成していく役割を担うこととなるのである[7]。

その後、市場経済が順調に発展し、労働力市場が形成されて、離転職が常態化すると、人々に自助努力の観念が芽生え、学校卒業後も継続して学び続け、職業生活に必要な知識やスキルを不断に向上させるとともに、市民としての教養を高める必要が叫ばれるようになる。社区教育は学歴教育をも取り込んでリカレント教育・継続教育の機会の平等な保障を進める施策として組み換えられ、さらに生涯学習を担う施策へと展開するのである。

第4章　生活実感に寄り添う社区教育へ —— 上海市の社区教育を一例に ——　71

　このような社区教育の役割の変容と生涯学習への展開の背景には、次のような行政的な認識が存在していた[3]。市場経済のもとで人々の就労を保障し、生活を安定させるためには、個人の市場価値を高めることが求められる。しかし、個人の市場価値を高めることは、人々の間の格差を拡大しやすく、個人資質向上への機会の不平等に対する不満感が蔓延しやすい。それは社会不安を増大するだけでなく、暴動や反抗として社会秩序の動揺をもたらしかねない。この問題に対して、社会保障によって、市民相互の格差を完全に解消することは不可能だが、就労機会へのアクセスの公正が保障される社会を公的に実現することは可能であり、それは行政が市民に学習機会を提供し、保障することでなされ得る。社区教育は、市場主義における個人の競争を前提とした学習機会保障の行政措置である。

　この認識を受けて、上海市では2000年代に入ってから社区教育が市内の区レベルの行政によって重視され、新たな展開を示している。従来、職業教育・成人教育と社区教育とは異なる行政系統に属していたが、区教育行政の再編を行い、それを「成人教育及び社区教育局」として統合し、区に社区学院という中核機関をつくり、街道に社区学校を、さらに居民委員会レベルに社区学習ステーションを配置して、社区教育のネットワーク構築が進められることとなった。個人の競争を前提とした、学習機会への公正なアクセスを保障する、社会的な新たなセーフティネットとしての社区教育であり、「学習型都市」を形成するための基層である「学習型社区」の構築が目指されたのである[4]。

2. 社区教育のジレンマ

(1)「社区」概念の転化

　このような社区教育の役割と性格の展開は、その実践の場である「社区」の概念的な転換を求めないではいない。一般的に、中国語でいう「社区」とは、「一定の地域内で共同生活を営んでいる人々の集合体」であり、「一定の地域における社会関係の構造である」[5]などと定義される。このような「社区」概念が、教育機能を組み込むことで、それは当初、学校を中心にして発想され、学校を取り巻くさまざまな社会的な資源が学校教育の拡充・充実のために機能する体制として解釈され、社区教育はその体制において行われる学校支援事業という性格を強

く持つこととなった。

その後、社区教育が「社区」住民の生活改善と治安維持、さらには学歴補償と就労保障、それにともなう職業教育や訓練を提供する独自の体系をつくりあげる方向に動くことで、社区教育概念も次のように規定され返すこととなる。「社区教育の基本的な内容は、教育と社会との一体化である。社区教育は当該地区において行政施策として行われている教育、つまり基礎教育・職業教育・成人教育及び継続教育を、ある地区では高等教育をも含むことになる。教育の形式では、学校教育・家庭教育そして社会における教育が、教育対象では、幼児・青少年・工場労働者及び各種の有職者、そして住民大衆が含まれる。」

このような概念の変化は、「社区」を教育コミュニティへと構成していく動きと重なっていたが、それはまた「社区」が独自の財源を持ち、一つの教育事業体へと展開していくことを意味していた。事実、上海市内のいくつかの「社区」では、国営企業が所有していた従業員のための職業訓練校の払い下げを受け、それらと既存の職業学校や普通学校との連携をとることで、独自の教育体系を構築し、さらには住民のための学歴教育を行い、またそれらの体系を通して、既存の成人高等教育へのアクセスを可能とすることで、高等教育の学歴をも取得することが可能な体系を構築するところが出現していたのである。社区教育そのものが既存の学校体系に対抗する新たな学歴補償体系を構築することへと向かい始めたのであり、それが民衆の学歴と生活向上への欲求を背景としたものであることで、「社区」が急速に政府の統治・管理から離脱する傾向を示すこととなったのである。

ここにおいて、社区教育は、統治志向的アプローチと教育志向的なアプローチのどちらをも超え出ていこうとする傾向を強めることとなるのである。

(2) 自治志向的アプローチへ

従来の社区教育は、統治志向的アプローチにせよ、教育志向的アプローチにせよ、市場化という新たな時代を迎えて、労働力市場の形成と個人主義的な観念の強まり、それらがもたらす社会の分散化にともなって、旧来の行政的な民衆統治が機能不全を起こすことで、新たに採用された、教育という手段を通した民衆の生活向上と政府の求心力の強化という社会的セーフティネットの構築であったと

いってよい。しかし、その推進過程で、教育を受け、教養を高め、職業技術を身につけ、学歴を取得することが、生活の向上・安定と直結すると民衆に観念されることで、社区教育は住民が利用して、生活の安定を獲得しようとする手段へと転化し、政府の統治から離脱する傾向を強めていった。

　このような事態に至って、社区教育の政治的な再編が進められることとなった。それは、政府のマクロ管理の下で、自助的な福祉的機能を担うものとして社区教育を再編しつつ、民衆の「社区」への参加を促し、「社区」というミクロ単位での自治を認めて、民衆を改めて政治的な統合へと誘導するというものである。この施策の中で、行政的な主役に躍り出たのが、宣伝部系統の社会主義精神文明建設弁公室（中国語で略して「文明弁」）である。この文明弁を中心として、統治志向的アプローチの主体であった民政部および教育志向的アプローチの主体であった教育部の諸機関・組織を再編して、一面で就労保障をしながら、他方で社区事務所が生活サービスを提供しつつ、住民の日常生活におけるさまざまな学習やレジャー活動を組織して、生活の楽しみを増進し、さらに住民自身が「社区」の担い手として、社会の安定に寄与する施策へと社区教育を再編しようとするものであった。

　それはまた、文明弁が社区教育推進の行政的中核組織となることで、社会的には、いわゆる反共産党的な思潮を禁じ、かつ末端行政組織の離反を防ぎつつ、その枠組み内で、人々の「道徳的」（中国語の「文明」の語義の一つ）な行動を奨励し、住民相互の親睦と相互扶助を高めて、行政的な負担を軽減しながら、社会を安定的に形成していくことが目指されたものでもある。社区教育は政府のマクロ管理のもとで、住民による自治を「社区」において認め、その担い手を養成するものとして再定義されることとなったのである。

(3) 統治と自治のせめぎ合い：社区教育行政のジレンマ

　このような社区教育の性格の変化は、社区教育実践の現場においても意識されている。たとえば、上海市では社区教育を展開するために、副市長の下に上海市学習型社会建設推進委員会を設置し、その実務的な行政組織として学習型社会建設推進室を立ち上げ、関係部門との協調の下で、社区教育を推進している。この委員会の中核におかれているのが文明弁で、そこに教育・人的資源・労働保障・

宣伝・民政・民生・衛生・公安などの諸行政部門が協調的に統合されているのである。

　この委員会が組織されたのは、社区教育がすでに狭義の教育の範疇を超えて、市民のより広い生活や職業に関する学習と教育にかかわっており、さらに学習や教育を通して、社会の安定とくに共産党政府が提唱する「和諧社会」つまり調和のとれた安定した社会を実現するという政策的な課題と密接な関係を持ち始めているからである。そのため、社区教育はとくに社会主義的な自覚を持って、互いに協調しながら、国家と社会のために尽くす、教養ある市民像を宣伝し、民衆を教化する役割を担っている文明弁が中心となって、行政的に再編されることとなったのだといえる[7]。

　このような社区教育の行政的な再組織化に対して、実際の実践現場からは、次のような声が上がっている。つまり、国家的な対応、民衆の生活の必要、そして実際の社区教育実践を担う関係者の認識という三者の間で、ズレが生じているというのである。たとえば、社区教育関係者の間では、2007年の金融危機以降、中国政府の社区教育への政治的・行政的な介入が厳しくなったとの認識が一般的である。金融危機以降、急速に増大する失業や離転職問題、さらには出稼ぎ労働者の生活の困窮と都市部でのスラムの拡大などに対処し、社会の安定を取り戻すために、社区教育が「動員」されることとなったのだという。

　しかし現実には、このような手法はすでに社会で通用しなくなっている。民衆が求めているのは、政治的な動員ではなく、生活の向上と安定であり、それが社会を「和諧社会」へと建設する最も基本的な条件となっている。政府の動員型の社区教育ではこの民衆の要求に応えられないことは明らかであり、ここに社区教育の実践現場の苦悩がある。

　本来、社区教育は、民衆生活の向上と社会の安定のために、行政が学習機会を生涯にわたって保障し、市民自身が自らの生活向上に努めることが期待されて実践されてきたものであった。ところが、社会問題解決と社会の安定のための政策へとそれが組み換えられたとき、中国の一党独裁体制の下では、それは容易に、民衆動員の手段へと転化してしまう。たとえば、教育内容についても、関係者は次のように語っている[8]。「民衆の生活上の必要に応える形でカリキュラムを編成すれば、民衆生活の実際に即した学習機会を提供することができる。しかし政

府の教化・動員政策として社区教育がとらえられることで、カリキュラムはあらかじめ決められたものとなってしまい、それが社区教育の特色を殺ぎ、既存の継続教育や成人教育との違いが見えなくなっている。しかし反面で、現今の政治体制では、政府による政治主導型の手法をとらなければ、社区教育を発展させることは困難であることも確かである。ここに社区教育のジレンマがある[9]。

3. 市民が迫り出す社区教育の現場

(1) 社区教育の二重の三層構造

　このジレンマを体現しているのが、社区教育の要として、区レベルの行政単位に設置されている社区学院である。上海市を一例に考察したい。上海市の場合、市―区―街道―居民委員会という民衆管理・統治及びサービス提供の行政機構に対応する形で、社区教育の行政機構が整備されている。市には教育委員会に学習型社会建設推進室が置かれ、この推進室が学習型社会建設サービス指導センターを管轄しており、その核となるのが宣伝部である。このセンターが、市下18の区に設置されている社区学院を指導し、さらに社区学院が区下の街道に設置されている社区学校を、そして社区学校が各居民委員会レベルに置かれている学習ステーションを指導することとなっている。行政的な組織としては、社区学校までが対象となる。これが行政的な指導系統としての三層構造である。

　これに対して、いわゆる業務系統としての三層構造が存在する。市の学習型社会建設サービス指導センターの業務は教育行政の範疇を超えるため、市政府の宣伝部が中心となって民政・衛生・公安その他の部門と連携をとることとなっている。そして、社区学院にも宣伝部の文明弁が拠点を置き、社区学院の業務にかかわる区レベルの各行政部門を協調的に組織し、さらにそれが街道レベルの社区学校を指導するために、社区学校にも文明弁の組織が置かれるという構造をとっている。

　社区教育は形式上、教育行政の範疇に入るため、上海市では、市政府内部では教育委員会が形式的に最高の管轄権を持つことになっているが、業務系統の必要上、実質的には宣伝部が指導系統を担う形が採用されているのである。それは、社区教育が民衆生活の向上と安定のために寄与することが求められている以上、

学習した後の就労保障や生活の安定、さらには社区建設につながる行政部門との連携が必要となるためで、それが結果的には、政策的な社区教育の性格の転回、つまり「和諧社会」建設のための民衆教化と動員という社区教育の政策的手段化と表裏の関係を形成しながら、宣伝部主導の社区教育行政の展開を導いているのである[10]。上海市が、それでも最終的な管轄権を教育部門においているのは、上海市の社区教育が、既述のように教育行政の一環に位置づけられ、市民の生活保障を第一義的に重要視して展開してきたからである[11]。

これらの意味では、社区教育は民衆教化・動員による社会の安定を図るための政策的な手段だという性格を否定し難く持っており、それが民衆の生活向上と自治への要求を背景に持つ教育的措置と離齬を生じているのである。しかし、目を社区教育の実践現場、とくに街道レベルの社区教育の展開に移してみると、少しく異なった情景を見ることができる。

(2) 行政サービス提供から福祉の創造へ

上記のような二重の重層構造を持つ社区教育行政の系統の形成によって、上海市内では各街道に社区学校ではなく、社区学校を組み込んだ形での社区文化センターが設置される動きが活発化している。それはまた、街道が住民管理の機構から住民サービス提供の機構へと性格を変え、社区事務室が置かれて、さまざまなコミュニティ・サービスを実施していることとかかわっている。住民が行政サービスを享受するためのワンストップサービスの施設として社区文化センターが設置され、その中に行政サービス部門、社区学校、文明弁が設置するインターネット・サービスセンター、さらに図書館や喫茶室などが配置され、社区住民が自らの学習と活動の拠点として活用できるような施設として機能しているのである。このような社区文化センターの設置を主導しているのが、宣伝部と民政部であり、そこに社区学校が設置されることで、教育部門が教化・動員による住民管理の行政機構に組み込まれているように見える。

しかし現実には、社区住民の生活上のニーズは各種多様であり、それらのニーズに応えて行政サービスを提供することはほぼ困難である。このため、関係者の話では、どの社区文化センターも、社区学校における多様な講座の開設による住民への学習機会の提供の他は、学習設備を整えて、住民の自由な使用に任せるこ

第 4 章　生活実感に寄り添う社区教育へ ―― 上海市の社区教育を一例に ――　77

とを基本に運営されざるを得ないのだという。その上、社区文化センターでのさまざまな活動に参加した住民たちは、「社区」への思いを強め、「社区」の主人公として多彩なボランティア活動を行うことを求め、そのための講座開設を求めてくるという [12]。文明弁は、住民が要求するさまざまな講座開設のために、関係行政部門と折衝し、講師派遣や学習内容の編成などを、住民サービスとして行わなければならない状況におかれ、教化・動員という政府の方針とは逆のベクトルが、社区教育の実践現場では作用しているのである。

　しかも、ある社区文化センターの責任者は、市場経済の進展にともなって、市民意識は、旧来のように共産党や政府によって保護されるべき民衆という観念から、自己責任でこの社会を生きる自立した個人という観念へと確実に転換しており、それは農村部においても起こっている、すでに後戻りできない現象だという。そのため、市民は政府による教化や動員という手法では動かされなくなっており、実際の「社区」の現場では、住民の就労保障や学歴補償のための学習機会の提供とそのためのカリキュラム編成以外は、学習や活動の場などの条件を提供することが、行政にできることであり、それ以上のことは、住民自身が決め、行動するという要求が強まっているのである。これらの学習活動を通して、住民自身が「社区」を自治的に治めるさまざまなボランティア活動や居民委員会レベルの「社区」活動への参加が促されており、社区教育の展開によって、住民の相互扶助関係が強まり、地域コミュニティは確実に安定の度を強めているという [13]。

　ある社区学校関係者は、こういっている [14]。「政府が民衆を指導するのではなく、民衆はすでに自分が住む「社区」を、お互いの扶助関係を強めることで、自律的に安定させることができるのです。住民はそこでお互いに学び、交流することで、生活の質を高めることを楽しみ、それが自分一人ではなく、皆と一緒になされていることに、喜びを感じているのです。講座で学んでから、住民の間でサークルができたり、もっとこんなことを学びたいからこういう講座をつくってくれ、という要求が、社区文化センターや文明弁に寄せられています。私たちはそのような住民の要求を好ましいもの、この社会をよりよくしていくものだと受けとめています。民衆は、自分が社会の主人公として役に立つと思えれば、自分の生きている社会を安定させていくものです。」

　この言葉に、同席していた関係者全員がうなずいていたことが、これが少数

の関係者の実感ではなく、広く共有されたものであることを物語っている。そして、この言葉に続けて、ある関係者が次のように語った[5]ことが印象的であった。「これから必要なのは、住民が自分の力で学び続けるように支援することです。それは、教育でもなければ、管理でも、動員でもなくて、福祉なのではないでしょうか。住民生活が安定するためには、最低限の生活の保障とともに、学び続けることが保障されなければなりません。学び続けるというのは、学校のように、政府が決めたカリキュラムを学ぶということではなくて、住民が近隣の住民とともに、生活を向上させ、楽しい生活を送るために、学ぶということでしょう。それが実現することで、この社会は政府のいう「和偕社会」へと、住民自身がつくっていくものとなるのです。私たちがやっているのは、行政サービスの提供ではなくて、福祉をつくっているのだと考えています。」

図 4-1 は筆者が訪問した文化センターの一つ、上海市楊浦区五角場社区文化センターの入り口に掲げられた表札である。文化センターが社区学校を含めて、住民生活にかかわるさまざまなサービスの提供と住民の集いの場となっていることがわかる。図 4-2 は施設の外観である。ここが行政サービス提供の場であり、住民たちの学びと交流・親睦の場であり、ボランティア活動の拠点なのである。この場では、文明弁もインターネット交流サービスを提供し、また住民の学習要求に応えるために関係行政部門と連絡を取り合う行政サービスの一部門として機能している。

図 4-3 は五角場文化センターの学習講座の場面、図 4-4 は別の訪問先

図 4-1　社区文化センターの表札

図 4-2　五角場社区文化センター外観

第 4 章　生活実感に寄り添う社区教育へ —— 上海市の社区教育を一例に ——　　79

であった閔行区七宝鎮文化センターの図書館、図4-5は徐匯区徐家匯文化センターの歌劇サークルの練習風景である。図4-6は文明弁が経営しているインターネット交流サービス、さらに各文化センターには住民が自由に使える図4-7のようなフィットネスセンターも併設されている。

図4-3　絵画クラスの場面 　　　　図4-4　文化センター内の閲覧室

図4-5　歌劇サークル練習風景 　　　図4-6　インターネットサービス

図4-7　フィットネスセンター

(3) 福祉から社区自治へ

さらに興味深いのは、社区教育の新たな展開として、社区文化センターをNPO等の民間組織に委託する動きが出始めていることである。これは既述のような行政的ジレンマを超えて、社区教育とは住民へのコミュニティ・サービスであると規定し返して、その担い手の多様化を進めることによって、「社区」そのものの経営を住民本位のものに切り換えようとする動きとして注目される。この場合、行政は文明弁によるマクロ管理を基本として、それ以上の細かなことについては、口出しをしないことになっているという。

筆者が訪問したNPOが管理運営する文化センターの名称は「社区睦隣文化センター」で、近隣住民が相睦まじく助け合って、新しいコミュニティをつくりあげることが理念とされている。対象は、主にこのセンター所在地の団地住民である。関係者の話では、行政が管理しないだけ住民の細かな要求に応えることができ、さらに資金的な理由から住民ボランティアに支えられることで、住民自身が自らこの「社区」の主人公であるという意識を高めていて、NPOと住民とが相互に支援しあう関係を構築することで、住民自身が「社区」経営に携わるよう、NPOが住民を育成するような形で「社区睦隣文化センター」を経営しているのが特徴なのだという[16]。

NPOへの評価は、行政的な管理指標によるものではなく、住民の満足度にあり、住民が自らこのNPOにかかわり、「社区」を経営するために、さまざまな要求を持ち込み、それを実現することがこのNPOに課せられた役割である。こうであることで、このセンターが「社区」住民の生活向上のためにさまざまな事業を展開することが可能となり、それが収益増につながって、NPOの経営を安定させ、そのことがさらに「社区」の自立性を高めるように作用するという循環ができあがっているのである。事実、このセンターでは、「社区」の子どもたちのための学習講座にも力を入れており、成年住民の文化活動を支援するだけでなく、子どもたちの課外活動や文化・科学の学習機会の提供にも貢献することで、「社区」住民の生活向上に役立とうとし、さらに高齢住民のための在宅介護サービスや日常生活用品の購買部も設け、生活の利便性向上にも一役買っているのである。教育事業が福祉事業と融合しながら、自律的な「社区」形成へと展開しているのである。

図4-8-aは社区睦隣文化センターの外観、ここに図書室・パソコン室や卓球室それに映写室などの施設が置かれている。図4-8-b、図4-8-cはダンス教室と子どもたちの学習成果展示、さらに図4-9は併設されている社区ボランティアセンター、そして図4-10は在宅介護サービスの一覧である。

センターの管理者は次のように述べている[17]。「私たちは、社区教育は住民が自分の力で社区を経営するための福祉的な措置だと考えています。政府としては、住民を管理したいという思いに駆られるのでしょうが、それは逆効果です。私たちが行政を通してできるのは、住民が自分の力で社区を経営して、生活を安定させる学習の条件を提供することだけです。そこに、市民がつくる新しい和偕社会の姿があると考えています。」

このような社区睦隣文化センターは、住民からの評価も高く、2012年現在で3か所設置されているが、このNPOでは5か所まで増設する計画があるという。

図4-8-a　社区睦隣文化センター外観

図4-8-b　ダンス教室

図4-8-c　子どもの学習成果展

図4-9　併設のボランティアセンター　　　図4-10　在宅介護サービス一覧

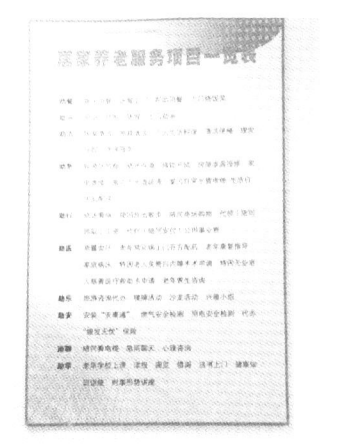

結び　生活実感に寄り添う社区教育へ

　中国の社区教育の展開から見られるのは、教育と統治のせめぎ合いが、住民の生活レベルで福祉へと組み換えられ、その福祉が民衆の生活レベルの自治を強化しつつ、統治を安定させるという政治のリアリズムである。そこでは、国家の経済発展の必要と民衆の生活向上の欲望とが重なることで、国家の教育制度は民衆の欲望に沿う形で組み換えられ、それは社会構造を分散化・流動化させる方向へと作用するが、それに対処するために国家が民衆教化・動員を強化すればするほど、民衆はその生活レベルのコミュニティにおいて、国家から離反する傾向を強め、それが教育と統治の関係を、民衆生活の向上をもたらす福祉を通した自治へと組み換えないではいないという構造がとらえられることとなる。

　このような中国社会における教育と統治そして福祉の関係は、個人の尊厳と価値実現の自由をめぐる権利としての教育という形ではないが、民衆の経済生活を基盤としたより生々しい、そして自由の権利の根底にあるはずの、民衆の今そこで生きていることへの具体的な欲望を基盤とした資源の分配の問題として、人々の眼前に立ち上がってくるものである。中国社会は常に、こうした民衆のより肉感的な生活実感にもとづく欲求によって組み換えられつつ、民衆生活の論理によ

第 4 章　生活実感に寄り添う社区教育へ —— 上海市の社区教育を一例に ——　　83

る自治へとその底辺を構成し続けているのである。

注
1) 2007 年の共産党第 17 回代表大会の報告による。
2) 筆者の上海市教育委員会職業教育及び成人教育処処長・ZC 氏、上海市教育科学研究院職業教育及び成人教育研究所副所長・LY 氏、および上海市教育科学研究院民営教育研究所所長・HW 氏へのインタビュー（2002 年 3 月 30 日、上海市教育科学研究院民営教育研究所にて）による。
3) 筆者の ZC 氏、LY 氏、HW 氏および上海市閘北区行健職業学院・YY 氏、そして上海市閘北区行健社区教育学院・W 院長へのインタビュー（2002 年 3 月 30 日、行健職業学院にて）による。
4) 同前。
5) 梁春涛・張秀岩編著『社区教育面面観』、北京師範大学出版社、1991 年、p.1。
6) 張雲間・張秀岩・王暁明「関於社区教育若干基本問題的思考」、天津社区教育研究課題組『天津社区教育』、天津人民出版社、1996 年、p.2。
7) 筆者の上海市学習型社会サービス推進指導センター主任・XW 氏へのインタビュー（2009 年 10 月 24 日、上海市学習型社会サービス推進指導センターにて）による。
8) 同上。
9) 筆者の上海市徐匯区社区学院院長・ZD 氏、盧湾区社区学院院長・ZW 氏、普陀区社区学院院長・LZ 氏へのインタビュー（2009 年 10 月 23 日、上海遠程教育集団にて）による。
10) 同上。
11) 筆者の XW 氏へのインタビューによる。
12) 筆者の上海市楊浦区五角場文化センター、徐匯区徐家匯文化センター、閔行区七宝鎮文化センター訪問時の関係者へのインタビュー（2012 年 5 月 24 日）による。
13) 同上。
14) 同上。
15) 同上。
16) 以上、楊浦区延吉社区睦隣センター関係者へのインタビュー（2012 年 5 月 24 日）による。
17) 楊浦区延吉社区睦隣センター管理者・W 女史へのインタビュー（2012 年 5 月 24 日）による。

第5章

香港の社会福祉と生涯教育

Social Welfare and Lifelong Education in Hong Kong

はじめに

香港は、「旧植民地」であり、「移民社会」であると特徴づけられている。100年間以上にわたり植民地支配下にあった香港は、中国ともイギリスとも異なる社会的文脈のなかで、第二次世界大戦後の1950年代からの貧困問題、1960年代からの青年問題、1970、80年代の高齢人口の増加、1990年代からの失業問題、2000年代からの新移民問題等々、様々な社会問題を抱えてきた。これらの問題の解決は社会福祉領域において対応されてきた一方、香港は植民地であったため、福祉サービスにおいて政府が果たす役割が大きくなく、主として民間団体が活躍してきた。自由放任主義と市場競争に基づく社会政策のなかで、全国民の就労と経済発展が最優先されてきた。したがって、香港の社会福祉モデルは、経済発展が主となり、社会政策が補となる形で現れると考えられている[1]。このような社会福祉政策の展開には、市民個々人の能力を向上させ、市場競争力を高めることに根本的な目的があるといえる。ここでいう、個々人の生涯にわたる能力の開発は、必然的に教育と密接不可分な関係になる。本稿は、香港における社会福祉サービスの展開を概観したうえで、社会福祉と生涯教育の関連構造を解明していく。特に香港の社会政策の実行において大きな役割を果たしてきた非政府組織に主眼を置く。

1. 香港の社会政策と社会福祉事業の展開

　香港の社会福祉は、民間の慈善活動や社会救済活動からはじまった。第二次世界大戦後、難民等の新移民の急激な増加によって、貧困、就労、住宅、犯罪など様々な社会問題が噴出した。植民地政府が不関与の立場を取っていたため、これらの問題への対応は主に華人のボランティア団体や宗教団体が行っていた。これらの民間団体は長い間、国内外の募金によって活動を維持していた。当時の福祉サービスは主に救済活動であった。例えば、1870 年代に成立した華人団体の「東華三院」や「保良局」が医療活動や婦人と子どもたちの保護活動を行っていた。また、18 世紀以降に海外から渡ってきた「聖公会」や「明愛」などのキリスト教の宗教団体も大きな役割を果たし、現在でも香港の社会福祉サービスの主な提供者として活躍している。

　1960 年代に入ってから、急速な経済成長が政府の福祉事業への関与を可能とし、香港政府が社会福祉事業に関与し始めた。その背景には、①人口の急増や市民の生活環境の改善と福祉サービスへの要望、②経済成長による貧富格差の増大に起因する貧困層の暴動の発生、③海外の募金がベトナムなどの戦争地に流入し、民間団体が経費不足のため維持が困難であったことが挙げられる [2]。社会秩序を維持するために、1965 年に香港政府が初めて社会福祉政策を制定した。『香港の社会福祉の目標と政策（香港社会福利工作之目標与政策）』という白書の発表によって政府による社会福祉事業が発足した。その主要な責任部門が 1958 年に設立された社会福利署とされたほか、医務衛生署、教育署、労工処などの部門も社会福祉サービスに関わっていた。この時期の福祉活動の性格は救済活動からフォーマルな社会サービスへと変わっていった。

　1966 年と 1967 年には香港で暴動が起きており、政府の調査報告書によれば、その参加者の多くは 25 歳以下で、低学歴、低賃金、居住環境が悪い青年であった。社会の安定を維持し、青少年の犯罪を減少させるために、政府が青少年の問題を重視し始め、青少年の活動の場を提供するための青少年センターやコミュニティ・センターなどを次々と設立した。つまり、この時期に政府によって制度化された福祉サービスは青少年サービスを中心に発足したといえる。このよう

なユース・ワークは現在でも続いており、様々な青少年のための活動施設が200か所以上に及んでいる。一方で、香港のような経済発展や国際化を遂げた大都市では、青少年問題は依然として大きな社会問題であるといえる。特に近年の中国大陸地区や東南アジアからの新移民の子どもの増加など、新たな問題も現れている。それについては、本稿の後半で詳述する。

政策の制定以外に政府が民間団体への財政支援も行うようになった。1970年代以降、経済のさらなる成長により、市民生活水準が高まり、社会サービスへの要望が多様化してきた。青少年や高齢者の人口の増加等の背景の下、1973年から1991年の間、政府が3つの社会福祉サービスに関する白書[3]を発表し、政府による福祉事業が青少年サービス（アウトリーチ・サービスとスクールソーシャルワーク・サービスを含む）、高齢者サービス、家庭サービス、コミュニティ・サービスなどへ拡がってきた。特に、当時の政府がコミュニティ建設を重視し始め、「関わり合う」「助け合う」社会を作ろうとする方針が非政府組織（民間団体）による福祉サービスの方針と一致したため、政府が非政府組織と連携関係を持つようになった。このような連携関係は現在までも続いており、香港の社会福祉体制の基本となっている。つまり、政府が福祉政策の基本方針を制定したうえで、非政府組織に財源を提供し、実際のサービスを担うのは非政府組織となる。

現在、香港における社会福利署の管轄の下で制度化されている社会福祉は大きく2つに分けることができる。一つは、社会保障制度であり、総合社会保障援助制度（日本の生活保護制度に相当するものである）や公共福利金、緊急救済などの現金の支給による経済的な救済制度である。もう一つは、非政府組織によるソーシャル・サービスである。具体的には、家庭と児童福祉サービス、臨床心理サービス、医務社会サービス、リハビリ・サービス、高齢者サービス、青少年サービス、違法者サービス、コミュニティ発展サービス等がある。

香港の社会学者の周永新によれば、香港という植民地経験を有する独特な性格により、香港の社会福祉は一般的な福祉国家の社会福祉と異なる性格を有しているという。香港の社会福祉政策の目標は、社会福祉サービスを通して個人の問題対応能力、いわゆる自助の能力を高めることにある。したがって、非政府組織が行う福祉サービスも、被支援者の尊厳や自信を重視し、彼らの持続可能な能力の生涯にわたった開発に重点を置いた支援を行っている。このような基本的な姿勢

から看取できるのは、香港の社会福祉サービスが教育の領域と密接な関連を持っているということである。ここでいう教育の領域は、個々人の生涯にわたる学習に関わるため、学校教育のみならず、生涯教育との関連がより強い。したがって、香港の社会福祉を構造的に理解するために、香港の生涯教育についての検討は欠かせない。また、香港政府は社会政策においても経済発展政策と同じように「積極的不関与」の立場を取っており、財政的な支援を行うが、事業の実施を基本的には民間団体に委ねる方針である。社会福利署だけでなく、生涯教育の実施に関わる教育局や民政事務局、再雇用訓練局などの行政部門も同じような形式で市民に社会サービスを提供している。次節では、香港の生涯教育の展開と非政府組織の取り組みについて考察していく。

2. 香港の生涯教育と非政府組織の取り組み

　近年の世界中の生涯学習思潮の高まりにつれ、返還後の香港においても1999年以降に教育改革が進んでおり、生涯学習体系の構築が検討され始めた。2000年に、香港教育局が『生涯学習と全人発展に関する報告書（終身学習与全人発展的報告書）』を公布し、生涯学習システムの構築を中心とする教育改革を進める方針を打ち出した。この教育改革は、小中学校などの学制改革についても検討していたが、生涯学習に関しては特に高等教育、継続教育と在職学習を重視すると強調した。本報告書によれば、香港の生涯教育体制の基本的な方針は、市民の個々人が人生のあらゆる段階で継続的な学習を通して知識を習得し、個人の競争力を高めることである。つまり、香港の生涯教育体制は、成人の継続教育、特に高等学歴教育に重点を置き、市民の就職など働く場での自立と成長を重視している。市民の継続教育や研修に明確な目標と方向性を提供するために、多元的な教育機関や教育形式に共通する学歴認定体制が構築されており、2008年から学歴と職業技能に関する職業資格システム（資歴架構）が策定された。

　このような香港の生涯教育の展開は、イギリス型の成人教育の特徴を継承してきたといえる。一方で、市民の生涯学習を推進するために、1999年以降、政府が経済的困窮者に様々な優遇政策を出している。学校中退者や失業者等が改めて学歴や職業資格を取得し、生活水準を改善できるように、政府が資金援助を行っ

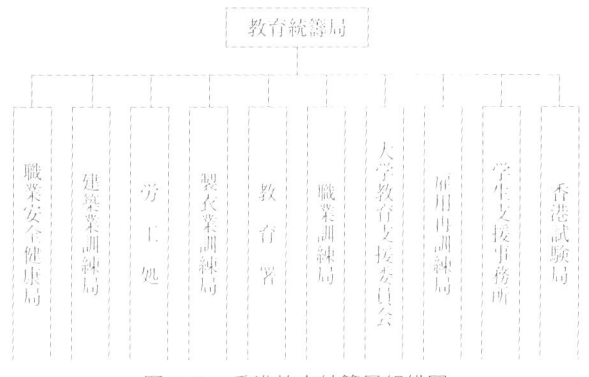

図5-1　香港教育統籌局組織図

組織図の各部門（右から左）：香港試験局、学生支援事務所、雇用再訓練局、大学教育支援委員会、職業訓練局、教育署、製衣業訓練局、労工処、建築業訓練局、職業安全健康局

ている。特に、香港返還後、教育行政の名称が「教育署」から「教育統籌局」に変えられ、元々の学校教育だけでなく、就労に関わる職業訓練等の教育も教育統籌局の管轄の下に統合されるようになった（図5-1）。このような行政体制の変化からも、香港の生涯学習システムの構築を中心とする教育改革が目指すことは、主に2点あることがわかる。一つは、学校教育と学校外教育とを統合した生涯教育体制の構築であり、もう一つは、市民の職業的自立である。

　教育行政部門が政策方針を制定するが、実際に教育活動を行っているのはやはり非政府組織である。非政府組織が運営する生涯教育機関が様々な政府部門と関わりながら、市民に教育の機会を提供している。ここでは、香港明愛の「社区と高等教育サービス」を例に、香港の生涯教育の実際を紹介する。

　明愛「社区と高等教育サービス」（旧称：「成人と高等教育サービス」）は1963年に設立された、香港における教育サービスを提供する最も大きな機関の一つである。設立当初は、主な教育内容は家政や秘書等に関する職業訓練であった。1966年に初めての成人教育センターを設立し、全日制の成人教育課程や非識字者のための成人基礎教育課程などを設けていた。2000年の教育改革で打ち出された生涯学習や学習社会の理念が公共政策として実行されていく過程で、明愛が積極的に協力し、推進に貢献してきた。市民にはさらに開放的な学習のルート、及び多種多様な学習内容を提供してきた。表5-1は現在、明愛「社区と高等教育サービス」が行っている教育プログラムである。

　明愛「社区と高等教育サービス」は、長年の間に様々な発展を遂げ、国内外

第5章　香港の社会福祉と生涯教育　89

表 5-1 「明愛社区と高等教育サービス」のプログラム一覧

プログラム	概　　要
高等学歴課程	高等教育の学歴を取得できる。
副学士課程	副学士の学歴を取得できる。
「毅進」学歴課程	新学制*の下で高校3年の中退者と満21歳の成人を対象とし、就職に必要な学歴を取得できる。
2年制高等教育学歴課程	2011年9月より新学制の下での高校中退者や、旧学制における中学4、5年目の中退者、「毅進」学歴課程を修了した者を対象とする。専門知識の伝授と職業訓練を重視し、進学や就職のための基礎知識の習得を目的とする。
専科証書と学歴課程	旧学制での中学校5年目を修了した者を対象とし、専門的な知識や訓練を提供する。
高校教育課程	中学校4年から7年までの各種高校レベルの正規教育課程を提供する。学生の人間的発達、生涯学習の持続や就職の準備を目的とする。フォーマルとノンフォーマルな学習両方を提供し、学生の独学能力、潜在力の発揮や自信がつくことを重視する。
応用学習課程	2010年から高校教育課程の一環となった選択科目である。中学5、6年生が個人の趣味や志望により応用学習課程を選択することができる。職業に関する能力を獲得し、実践の中から基礎理論と概念を学ぶことを目的とする。
継続研修基金認定課程	香港政府が2002年に継続研修基金を設立し、新たな産業経済に適格な人材を養成するために、成人の継続学習に支援金を提供する。当基金の支援課程として、旅行、物流、金融サービス、ビジネス・サービス、設計、国文、クリエイティブ産業とコミュニケーションの8つの領域が設けられている。
アウトリーチ課程	個別の団体や機関のニーズに応じて、職場に出かけ、職員の職業技能やポテンシャルの啓発のための教育を行うことである。
雇用再訓練局「人材発展計画」	香港の経済産業構造の転換に応じた新たな人材の養成のための再訓練プログラムである。企業と雇用ネットワークを形成し、就職ネットワークや就職のための教育指導も行っている。
技能向上課程	労働者の技術水準を高め、産業転換に適応する労働者を養成すること、また、「生涯学習」「自己増値」の価値観の伝達を目的とする。飲食、物業管理、保険と不動産の専門分野が中心である。
「展翅」青年見習計画	労工処が主導する青年のための支援プログラムであり、青少年に職業訓練と就職指導を行い、自己認識と職業志向を明確にし、就職の競争力を高めることを目的とする。15-24歳で副学士及びそれ以下の学歴を持つ青少年を対象とする。具体的には、職業選択に関する支援を含めた個別の就職指導、就職前訓練、職場と職場以外の場における在職訓練などを行う。

プログラム	概　要
校本課程	教育局が小中学校の教育水準を高めるための『学校管理新措置』のドで始まった。最初は学生の多様な学習ニーズに応じた補習クラスを開設した。現在は各小中学校と連携し、フォーマルやノンフォーマルな教育活動を提供している
夏休み学習課程	小中学生を対象とし、一般的な学校教育科目のほか、イギリスでの英語学習や中国大陸地区での標準語学習等を行う。趣味教養に関する課外活動も行われている。
『博雅』課程	早期学校中退者を対象に、生活の質的向上のための職業教育や余暇教育活動である。
労工・福利局『成人教育資助計画』	15歳以上の成人で早期学校中退者、労働者、新移民者、保護者、退職者や転職者を対象とする。教育内容は広範であり、基礎教育、新移民者適応教育、就職や生活技能教育、夜間中学教育等がある
長青学院	明愛の高齢者サービスと連携して行う高齢者を対象とする生涯学習プログラムである。
マイノリティー言語課程	民政事務局の計画と支援のドで、香港に移住している者を対象に、香港の生活に適応するための中国語、英語教育である。

出所：明愛社区と高等教育サービスHPより筆者作成
　　　http://www.cches.edu.hk/chi/main_page/index.aspx（2014年12月2日アクセス）
注）＊香港は植民地時代にはイギリスの教育制度に従い、[三二二三制]（中学3年、高校2年、大学予備科2年と大学3年制）を採っていた。中国に返還された後、教育改革が進められ、教育機会を保障し進学率をあげるために2009年から[三三四制]（中学3年、高校3年と大学4年制）になった

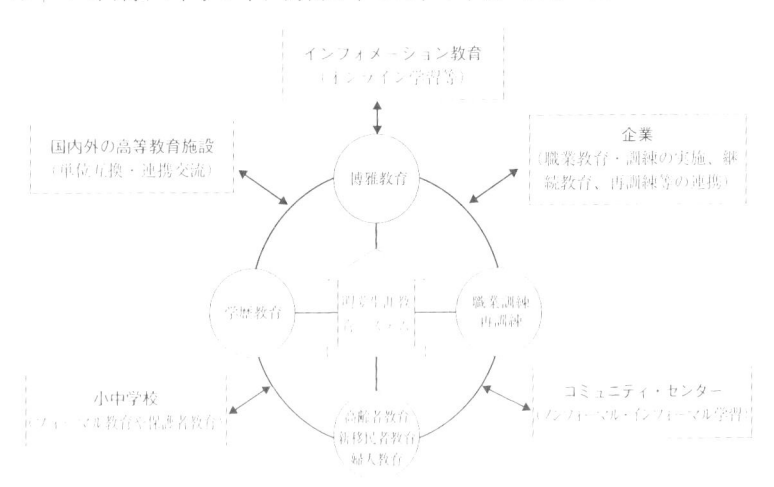

図5.2　明愛の生涯教育システム構図

の学校、大学、成人教育協会などの教育関係機関や企業と連携関係を作り、あらゆる市民を対象に、非学歴教育や学歴教育などの様々な教育を行ってきた（図5-2）。学歴教育の場合は、各段階の単位互換制度がなされており、国内外の高校、副学士から博士学位まで取得することができる。小中学校とも連携しながら、学生の健全な発達や職業生活への準備など、課外活動や、応用学習、言語学習などの学習プログラムを実施している。また、非学歴教育に関しても多様な教育活動を展開しており、高齢者や新移民の文化教養教育、公民教育のほか、教育、民政、労働等の行政部門と連携しながら、新移民者、低学歴者、女性、失業者など特定の対象者に、職業資格を取得するための教育を提供している。例えば、雇用再訓練局と連携し、産業転換により転職者が新たな技能を習得するための職業訓練を行い始めた。教育局と連携して「毅進計画」「博雅課程」を進め、学校中退者を対象に彼らの就職や自立、豊かな生活のための継続教育の機会を提供している。

　明愛「社区と高等教育サービス」の内容からもうかがえるように、香港の生涯教育のほとんどは学歴や職業資格の取得のための教育であり、いわゆる働くための教育として理解することができる。そこには失業者の職業訓練や再教育なども当然含まれ、社会的弱者への福祉的な支援の側面がうかがえる。

　以上、香港における社会福祉事業と生涯教育の関係性について、非政府組織の活動と関連づけながら組織体制の構造について考察してきた。このような社会政策の方針からは、福祉サービスに教育的な側面があり、生涯教育に福祉的な要素が組み込まれていることがわかり、つまり香港では教育と福祉が密接不可分な関係にあり、一体的な関係となっているといえる。一方で、社会的弱者への生涯教育に福祉的な要素が見いだされるが、社会福祉サービスの対象者の能力開発という教育的な側面が明瞭な福祉サービスには具体的にどのようなものがあるのだろうか。次節では、未来の担い手としての青少年に着目し、教育的な側面が最も顕著に現れる青少年サービスの事例について考察していく。

3. 非政府組織による青少年支援事業とソーシャルワーカーの役割

本節ではまず香港の青少年問題を概観し、なぜ青少年支援が必要とされたのかを解明したうえで、前節の同じ非政府組織「明愛」の青少年総合サービスを事例に、実際に行われている青少年サービスとそこに組み込まれる教育的な要素を考察する。

(1) 香港の青少年問題
1) 青少年犯罪

香港は都市化、工業化、西欧化の過程のなかで1960年代から社会の崩壊が急速に進み、青少年にも影響を与えたと言われている。「暴力犯罪、徒党を組む行動、麻薬の常用、逃亡、売春および自殺がふえていて、その数はおそらく青少年人口の自然増を上まわる」[5] と考えられていた。特に、香港が世界で最悪の麻薬問題を抱えている国の一つだと言われるほど、麻薬常用者が多かった[6]。このような青少年の非行は今日においても多く見られる。下記の図5-3に示されるのは近年の非行によって逮捕された青少年の人数である。一見して近年の青少年犯罪の件数は減少傾向にあるように読みとれるが、ここでは近年の香港の少子化の進展を考慮せねばならない。

1970年代初頭に、香港について論じた黒川の指摘によれば、青少年の犯罪行

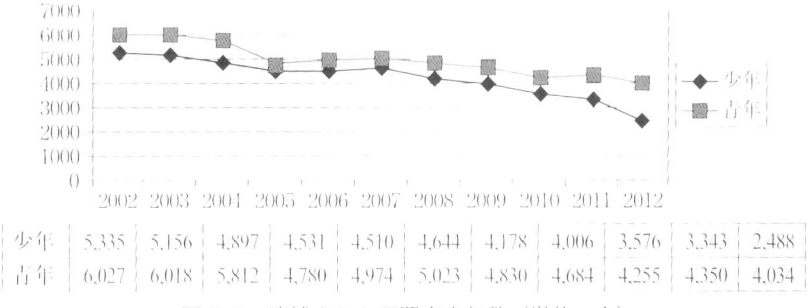

	2002	2003	2004	2005	2006	2007	2008	2009	2010	2011	2012
少年	5,335	5,156	4,897	4,531	4,510	4,644	4,178	4,006	3,576	3,343	2,488
青年	6,027	6,018	5,812	4,780	4,974	5,023	4,830	4,684	4,255	4,350	4,034

図5-3 逮捕された犯罪青少年数（単位：人）
出所：香港小童群益会『香港児童統計数字2013』2013年11月
注）香港では、15歳以下が少年、15～24歳が青年と規定される。

為は難民の再定住地に著しいという。それは、「一定の地域特に再定住地域では、地域社会の結合力と伝統的な統制とが弱まっているため」と考えられていた。そこで、大規模地域社会開発計画が必要となり、特別警察とソーシャル・ワークあるいはユース・ワークの観点に立った取り組み方が要請されるのだと指摘されていた[7]。1970年代以降、非行青少年の訓育学校など以外に、社会福利署も青少年施策を策定し、非政府組織と連携しながら青少年問題について取り組んできた。特に、青少年犯罪の増加を背景に始まったのは青少年アウトリーチ・サービスであった。

2) 就労問題

1990年代から、特に1997年のアジア金融危機の後、香港において失業問題が深刻化した。2013年に香港全体の失業率は3.5%と高くなかったが、そのうち15～24歳の青年失業率は9.1%（29,100人）、さらに15～19歳の青年失業率は16.7%というように[8]、青年の失業問題は非常に深刻な状況にある。このような高い数値でさえ近年改善された結果であり、2003年のピーク時において15～19歳の失業率は37.6%（28,200人）であった。一般的に19歳に高校を卒業することを考えると、これらの失業青年は中卒、または高卒であり、いわゆる低学歴青年であることがわかる。

2002年に香港天主教労工事務委員会と香港理工大学とが青少年の学校から仕事への移行に関する共同研究を行い、低学歴青年が就職する際の困難な状況について解明している。学校から離れた15～19歳の無業青少年20名に対するインタビュー調査によると、①学歴が低いこと、②仕事経験がないこと、③家庭の経済的なプレッシャーがないことによる就職動機のなさ、④コミュニケーション能力のなさ、⑤研修費用が高いことの5点が彼らの雇用可能性（employability）が低い要因として挙げられていた。また、彼らが就職する手段としては、主に友人の紹介に頼ることが多く、正式のルートで職に就けることはほとんどなかった。本調査では、就職できた場合でも、パートタイムの仕事が多く、収入が低く社会福祉保障がないため、彼らは働くことの意義を感じられず、将来が見えないことが明らかにされた。また、長期の無業・失業、または低階層での仕事に限定されることは、彼らの生活困窮をもたらすほか、自己評価が低いことの原因にもなっており、それは、青少年の非行、犯罪、自殺などにもつながるという点も指摘さ

れた。1970年代初頭の報告によれば、青少年自殺の要因は主に生活費が高すぎること、仕事を見つけるのが難しいこと、及び生活の目的が欠如していることにあったという[9]。それは今日的な状況にも共通しているといえるだろう。2002年の調査で特に指摘されるのは、これらの青年は学校から仕事への移行においてキャリアプランがなく、学校からでも家庭からでも何らかの就職に関する支援を受けていないことである。学校教育の知識偏重、就職指導の不足が青少年の就職困難の要因として考えられる。つまり、彼らに対して就職に関わる再教育が必要であるといえよう。

3）移民青年・新来港児童

香港の都市化及び少子高齢化の進展により、1990年代から中国大陸地区や東南アジアから移民労働者が著しく増加し、その子どもの数も急増している。1991年に香港の移民児童人口は106,081人であり、2001年のピーク（183,026人）を経て、その後年々減少する傾向にあるが、依然として非常に多い状況にある。2011年に移民児童は107,273人になり、児童人口の全体（1,072,000人）の10分の1を占めている[10]。移民家庭の子どもの多くは貧困地域に居住し、親はほとんど社会的に底辺労働に従事しているため、彼らの面倒を見る余裕がない状況にある。また、親の教育レベルが低いため、家庭内で子どもに十分な教育を行うこともできない。このような状況のなかで、移民家庭の子どもたちの学校への適応問題や非行、犯罪などに巻き込まれるリスクが高く、彼らの教育問題は近年香港の新たな課題となっている。

また、1997年に香港が中国に返還された後、植民地時代に厳しく規制された中国大陸地区から香港への移動が緩和され、一時期に「香港出産ブーム」が起こった。それは、大陸地区（特に深圳地域）の人々を中心に、子どもが将来香港の福祉サービスを受けられるように、なんらかの手段で香港に移動して出産することである。その後、子どもとともに大陸に戻って生活するが、子どもが入学年齢に達すると、香港の学校に入学することになる。これらの児童は「新来港児童」と呼ばれている。したがって、2004年前後、大陸から香港の学校に入学する子どもが急増し、現在の増加率は2006年のピークより穏やかになっている（図5-4）が、未だその数は年々増加傾向にある（図5-5）。これらの子どもたちの両親は大陸で働いて生活しており、生活基盤が基本的に大陸にあるため、子ど

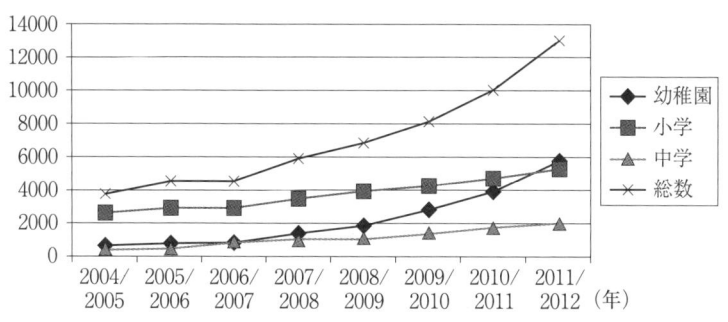

幼稚園	733	962	797	1,456	1,780	2,681	3,786	5,708
小学	2,589	2,998	2,878	3,466	3,910	4,090	4,575	5,276
中学	481	538	799	937	1,078	1,267	1,538	1,881
総数	3,803	4,498	4,474	5,859	6,768	8,038	9,899	12,865

図5-4 「新来港児童」数(単位:人)
出所:香港小童群益会『香港児童統計数字2013』2013年11月

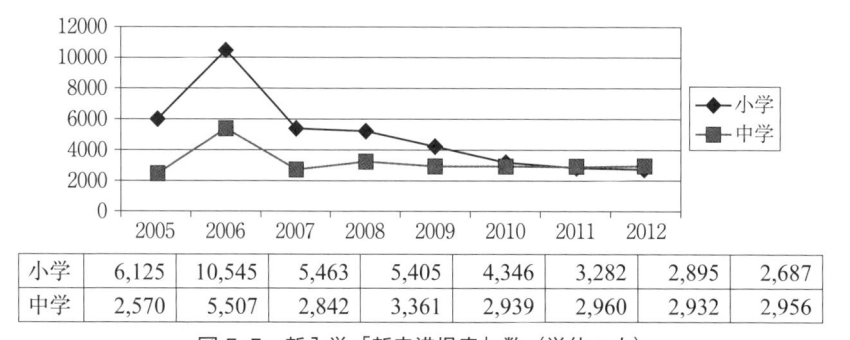

小学	6,125	10,545	5,463	5,405	4,346	3,282	2,895	2,687
中学	2,570	5,507	2,842	3,361	2,939	2,960	2,932	2,956

図5-5 新入学「新来港児童」数(単位:人)
出所:香港小童群益会『香港児童統計数字2013』2013年11月

もたちが深圳—香港間を毎日通学しており、片道約1〜2時間の通学時間が必要である。通学時間が長いことにより、これらの子どもたちは放課後、すぐに家に帰らなければならないため、ほかの子どもたちと交流する機会がなく、課外活動にも参加しにくい状況にある。2014年に出版された香港青年協会の研究によると、「新来港児童」が抱えている最大の問題は、「英語の授業についていけない」「疲労」「宿題をやる時間が足りない」という3つである[11]。

近年、こうした新移民の子どもの問題について、様々な新たな対策が出され、

学校ではこれらの子どもに特別のカリキュラムを設けて特別指導を行っている。また、学校外の青年サービスセンターも子ども向けの放課後クラスを設けている。言語をはじめとする様々な学習指導や子どもたちと一緒にゲームやグループ活動をしたり、料理をつくるなど、子どもの家庭教育と学校教育を補完する役割を果たしている。しかし、「新来港児童」の場合は、青年サービスセンターの活動への参加が難しい現状にある。前述の2014年の同調査によると、「新来港児童」が民間、あるいは非政府機構の補習クラスや趣味クラスに参加している割合はわずか16.8%であり、そのうちの約半数は「家に帰るのに時間がかかるため、参加する時間がない」ことが原因としている。このような状況では、スクールソーシャルワーカーが果たす役割が大きくなると考えられる。学校への適応、ほかの子どもとの交流が少ないなどの困難な状況を抱えるなか、スクールソーシャルワーカーがこれらの子どもの問題を早期に発見し、対応することが求められてくるといえよう。

(2) 明愛長洲青少年総合サービス

以上のとおり、青少年の非行、失業、新移民などは、近年の香港において典型的に現れる青少年問題である。1990年代以降、青少年問題の多様化と複雑化の背景の下で、社会福利署がそれまでの青少年のサービスを統合し、青年期を通した様々な問題を総合的に支援できるように方針を転換した。新たな総合青少年サービスは、それまでの非政府組織との連携関係を継続しながら、児童・青年センターの余暇活動、放課後学習指導、スクールソーシャルワーク、アウトリーチ・サービス及び家庭サービスなどを総合的に行っている。

以下、考察する事例として取り上げる青少年総合サービスセンターの所在地である長洲は、香港島から約10km離れた離島地区である。人口約2.5万人のうち、24歳以下の青少年は約7,000人で、比較的に居住者の構成年齢が若いコミュニティである。香港の伝統的なコミュニティで存在する青少年問題がこの地域において顕著に現れているといえるため、本稿に事例として取り上げ、香港の青少年総合サービスに関する一考察を行う。

長洲島の学校は小学校が3校、また、中高一貫制の学校が1つある。離島の地域的な特性により、若者をめぐる課題は大きく2つあり、一つは、若年失業

者が多いことである。長洲は漁業と観光が主要産業となるため、地域内で若者に提供できる就職機会が少なく、また、観光に関わるサービス業の仕事は季節によって変化しやすい状況にあるからである。若者たちは安定した仕事を求めるには島を出て市内に行くしかない。また、離島地域であることから、船便で市内中心地までは30〜60分を要し、そこから職場に移動することになるため、通勤時間が長いことが影響して交通費も必然的に高くなる。さらに、島から出る若者はほとんど中卒であるため、島外に就職しても収入が少ないため、時間と金銭面の支出を考えると、島外に就職に行く人が非常に少ない。もう一つの課題は、青少年の性経験の低年齢化と薬物問題である。地域の半分以上は漁師家庭であり、親の教育レベルが低いことによって、家庭内で子どもを十分に教育してこなかった状況が存在する。また、親が出漁すると長期間不在のため、子どもたちが環境の影響を受けやすくなり、薬物問題、非行、犯罪が増加することは容易に想像できる。つまり、地区の独特な産業形態や文化環境により、香港における青少年問題がこの地区において顕著な形で現れており、特に青少年支援が必要な地域となっているといえる。したがって、長洲の青少年総合サービスセンターは、一般的な青少年活動を行うのみならず、青少年に特有の典型的な生活課題に特化して取り組んでいるという特徴を有する。以下では、筆者が長洲青少年総合サービスセンターの責任者とそこで働いているソーシャルワーカーに行った半構造化インタビュー調査の結果の検討を通して、センター全体の活動を概観し、当センターがコミュニティの青少年問題についてどのように取り組んでいるのかを考察する。

当センターは、ほかの青少年支援センターと同じく、6〜24歳の青少年とその保護者をサービスの対象とする。活動内容は、主に補導サービス、アウトリーチ・サービス、危機介入サービス、職業指導サービス、保護者サービスの5つの分野である。

補導サービスには、小学生の放課後活動、例えば、学習指導やゲームなど一般的な活動のほか、学習困難や発達障害を抱える子どもを対象とする支援もある。それらの活動には個人指導とグループ指導がある。センターには特設の「児童遊戯治療室」が設置され、心理カウンセラーとソーシャルワーカーがゲームを通じて治療活動を行ったり、学習困難についての講座を開いたりしている。当セン

ターの職員の話によると、学習困難を抱える子どもに対して、学校においても特別な支援が行われたりしているが、センターの支援の主な目的は、学習効果を上げるよりも、児童や青少年が自らの問題を認識し、ポジティブな姿勢でその事実を認めることにより、情緒のコントロール、ソーシャル・コミュニケーションスキルなどの特別の訓練を受け、自らが問題解決できる能力を身に付けさせるところにある。

職業指導サービスは大きく就職指導と職業技能訓練という2つに分かれている。職業技能訓練は地域の産業構造に応じて、調理、ドリンクバー・サービス、美容、理容、応用コンピューター等のクラスが開設されている。センターにはキッチンや美容室など、訓練のための設備が整備されているが、職業訓練学校と異なり、センター内の資源が限られているため、系統的な訓練を行うことが難しい。しかし、センターで職業訓練を行う目的は、技能の修得というより、若者たちに体験させることであるという。その職業について興味を持つことで、それをきっかけにしてさらに学習を深めていくことを目指している。講師はセンターが外部から招聘している場合が多く、できるだけ多様な分野の講師を招聘するように工夫している。それは島から離れたことのない若者たちに、島にあるような漁業やレストランに関わる仕事以外にも様々な職業があることを知ってもらうためである。

一方で、就職指導に関しては、進路指導、見習い、面接スキル、就職斡旋等が行われている。それに関する典型的な活動は「就職遠征路」とソーシャルスキル・トレーニングである。「就職遠征路」は、若者を組織してグループとして就職活動をさせることである。ソーシャル・ワーカーが職業の選択から、服装や面接スキルなどを支援し、センターが面接のための交通費や通話料などを支払っている。長洲の若者は島から離れたことがないため、外部に赴くモチベーションが低く、出ていく自信もない。グループとして集団で活動することによって、自信がつくため、センターがこのような活動を行っている。グループの中で就職できた人がいれば、みんなのモチベーションも上がる。また、面接が終わった後に反省会を行い、次の面接に向けグループ内で討論する。このような繰り返しの学習を通して、就職に関する知識や経験を積み重ね、彼らの就職の意識やモチベーションなどの内面的な変化が促されると期待されている。

センターの職員によれば、これらの若者が就職することはそれほど難しいことではない。課題はいかに仕事を長期的に続けることができるかである。その要因として仕事がきついことや給料が少ないことも挙げられるが、職場の環境に慣れないことが大きな要因として考えられている。そのためにセンターではソーシャルスキル・トレーニングが行われている。仕事に対する責任感を持たせ、同じ職場で働いている上司や同僚とどのように円滑に付き合っていくのか等のトレーニングやサポートをソーシャルワーカーが行っている。一方で、仮に彼らが長く就労を続けられず、短期間の就職であったとしても、彼らにとって意味があるものであると考えられている。つまり、就職するモチベーションを向上させることが最も基本的なねらいなのである。短期間の就職であっても、収入があることによって、自ら好きなことができて、それをきっかけにより高い目標を目指すようになるのである。「以前ある人が1月目の給料を全部美容のために使っちゃいました。自分の生活にプランを立てることも大事ですし、それについて私たちソーシャルワーカーも後でフォローはするのですが、最初に労働の成果を享受できたらその後にももっとがんばるようになります。彼女が働いていたところは運が悪くて3か月後につぶれたけど、彼女は自分からセンターに来て、ほかに仕事がないかって聞きにきたのです」とセンターのソーシャルワーカーは述べていた。

　危機介入サービスとは、青少年の薬物問題、性、タバコ、飲酒等に関わる教育及び徒党問題[12]への介入・支援である。青少年の薬物濫用を予防するための講座、青少年が麻薬をやめるための介入指導などの支援を行っている。その際、ソーシャル・ワーカーが学校に入って学校と連携して行う活動が多い。保護者や教師を対象に、家庭や学校内における青少年指導のための講座も行っている。

　また、薬物問題や徒党問題への介入・支援はアウトリーチ・サービスとも関わっている。アウトリーチ・サービスとは、ソーシャルワーカーが青少年の集まる地域に出かけ、問題を抱えている対象を発見し、個別の支援を行うサービスである。一般的にアウトリーチの対象となる者は自分自身に問題があると思わないため、自ら支援を求める場合が非常に少ない。したがって、ソーシャルワーカーが対象者にとって安心できる環境に出向くことによって、彼らとの信頼関係を比較的容易に築くこともできる。信頼関係が築かれたことによって、彼らが自分自身について語り始め、ソーシャルワーカーが問題を把握することができる。アウ

トリーチ・サービスは欧米のユース・ワークでは一般的なアプローチとして取り入れられているが、それはアジア地域のなかでは必ずしも一般的ではない。しかし、イギリスの影響を受けた香港では、ユース・ワークにおいて長年の間アウトリーチ活動を行ってきた歴史がある。

薬物問題であれ、徒党問題であれ、若者の生活目標の欠如にその根本的な原因があると考えられている。そのため、ソーシャルワーカーがこれらの問題を抱える青少年に直接関わって、彼らに代替的な活動を提供し、同じ趣味を持つ若者グループを結成させ、音楽、ダンス、料理教室などのサークル活動を組織する。また、ソーシャルワーカーはグループのリーダーではなく、彼ら自ら継続的に活動を続けられるように支援する役割を果たしている。

一方で、長洲は小さい島であるため、センターの内と外の境界線はあまり明確でない。それゆえ、日常的に地域の青少年の問題を発見し、支援することが可能であると職員は認識している。ここで役割を果たすのは、センターのソーシャルワーカーのみにとどまらず、学校に常駐するスクールソーシャルワーカーの役割も大きい。スクールソーシャルワーカーが学校で日常的に学生たちと関わり、問題を抱える学生を早期に発見し支援する体制が整っている。それに加え、ソーシャルワーカーとスクールソーシャルワーカーが情報交換・連携をし、多側面から子どもの状況を把握し、支援することが可能となっている。

さらに注目すべきは、青少年を対象に直接的な支援を行うほか、青少年の親を対象とするサービスも行われている点である。親たちが語り合うためのグループ・ワーク、子どもを理解するための心理講座やストレス軽減のための健康ダンス教室などがある。

以上、長洲島における青少年問題には、地区の独特な産業構造や地域性による、若者の生活目標の欠如にその根本的な要因があると考えられる。家庭内では職業に関するロールモデルが少なく、また、家庭内でも学校内でも、コミュニケーション等のソーシャル・スキルを学ぶ機会が少ないため、彼らの社会生活が円滑に進まないということが起きている。このような状況のもと、青少年総合サービスセンターのソーシャルワーカーが青少年に積極的に関わって、学校教育や家庭教育の不十分なところを補完する役割を果たしているといえる。すなわち、非政府組織が主体となって、学校内における問題を抱える生徒を支援するた

めのスクールソーシャルワーカーを配置するとともに、学校外の青少年活動を展開しているのである。非政府組織が取り組む主体となることによって、学校内と学校外のソーシャルワーカー同士の連絡調整が可能となり、青少年が学校を通じて学校外活動に参加することが可能となる。また、スクールソーシャルワーカーは子どもたちが離脱しないように早い段階から学校内で支援を行っているが、学校外でのセーフティネットも同時に構築されている。特に、学校からドロップアウトした青少年を支援する重要な取り組みとして就労支援、アウトリーチなどの活動も行われている。このような非政府組織による青少年サービスは青少年の居場所を学校に限定せず、さらに別のキャリアパスを描くように支援しており、青少年の発達環境が複合的に整備されているといえる。青少年サービスは社会福利署が主導する福祉的な取り組みでありながら、課外学習指導、職業訓練、キャリア・自立支援などの教育的な要素が含まれており、その支援の中核的な要素ともなっているのである。

おわりに

　本稿では、香港の社会福祉と生涯教育について、教育のなかの福祉と福祉のなかの教育という両側面から考察を進めてきた。香港の市場競争主義化のなか、個人の能力開発が最も重視され、社会的弱者への支援において福祉と教育の要素が同時に埋め込まれ、互いに密接不可分な関係になっている。そこでは、非政府組織が媒介項としての役割を果たし、福祉行政部門と教育行政部門とに同時に関わりながら、市民への支援サービスを拡充してきた。日本においても NPO 組織や市民団体が活躍している状況があるが、香港のような実践の在り方は、日本における教育領域と福祉領域の縦割り行政の課題を解決する可能性を提示しているといえるだろう。また、香港の非政府組織が活動を行うなかで、実際に現場で働いているソーシャルワーカーが果たす役割には、教育者としての役割も大きいことがわかった。それは日本の社会教育福祉を考えるうえで、それを担いうる社会教育職員の養成にも示唆を与える点であろう。本稿はソーシャルワーカーの養成実態や養成構造について考察を深めることができなかったが、今後の課題としたい。

参考文献

単文経、鄭勝耀、曹常仁著『亜洲教育系列：香港教育』、商鼎文化出版社、2000年

陳錦華、王志錚編『香港社会政策評論』、中文大学出版社、2004年

梁祖彬「香港的社会政策：社会保護與就業促進の平衡」『二十一世紀双月刊』、2007年6月号

黄京釵「両岸四地終身教育法規比較」『継続教育』、2009年第11号

社会福利諮詢委員会「香港社会福利的長遠規劃（諮詢文件）、2010年4月

山田美香『公教育と子どもの生活をつなぐ香港・台湾の教育改革』風媒社、2011年

周永新、陳沃聡編『社会工作新論（増訂版）』、商務印書館（香港）、2013年

Daniel T. L. Shek, Lam Mong Chow, Au Chor Fai, J.J. Lee. *Advances in Social Welfare in Hong Kong*. The Chinese University Press. New Asia College. CUHK. 2002.

Mark Bray, Ramsey Koo. *Education and Society in Hong Kong and Macao (Second Edition)*. Comparative Education Research Centre, The University of Hong Kong. 2004.

Sharlene B.C.L. Furuto. *Social Welfare in East Asia and the Pacific*. Columbia University Press. New York. 2013.

注

1) 黄哲「香港社会工作発展与歴程」『雲南民族大学学報（哲学社会科学版）』第26巻第6期、2009年11月、p.17

2) 呂大楽『凝聚力量：香港非政府機構発展軌跡』、三聯書店（香港）、2010年

3) それぞれは1973年の「香港の福祉の将来に関する発展計画（香港福利未来発展計画）」、1979年の「80年代以降の社会福祉白書（進入八十年代的社会福利白皮書）」と1991年の「90年代にわたる香港の社会福祉白書（跨越九十年代香港社会福利白皮書）」である

4) 「統合」は中国語で統括の意味である。

5) 黒用晃「香港社会の崩壊と青少年」国立国会図書館調査及び立法考査局『レファレンス』第23号、1973年11月、p.89

6) 黒用によれば、1960年代に香港の麻薬常用者は8万人、すなわち人口50人につき1人の割合であった。アメリカ合衆国における1000人に1人の割合に比べ、はるかに悪い状態にあるとされた（同上、p.91）

7) 同上、p.90

8) 人民日報「做香港青年就業的促進者（香港就業掃描）」2013年6月6日（08版：社会）http://wangguochun000.blog.163.com/blog/static/1356356252013564593688 3/（2014年8月23日アクセス）

9) 同注5、p.91

10) 香港小童群益会『香港児童統計数字 2013』、2013年11月、p.5

11) 香港青年協会『青少年問題研究系列：穿梭両地——跨境学生的学習與成長需要研究』香港青年協会、青年研究中心、2014年2月、p.43

12) 不良少年が徒党を組んで、不登校、暴力や犯罪を起こすことを指す

第6章

東南アジア諸国におけるノンフォーマル教育と地域福祉の融合
—— カンボジア、ラオスの事例 ——

Fusion of Non-formal Education and Community Welfare in Southeast Asia Countries
— Cases in Cambodia and Laos —

1. アジア太平洋地域諸国の現状と人びとの学習活動

　ユネスコの推計（2010年）によると、世界には、就学年齢にありながら学校に通えない児童（6～11歳の子ども）が約7,200万人存在し、自国・自文化の文字の読み書きができない大人（成人非識字者）が約7億5,900万人いるとされている[1]。こうした非識字者の多くは、生活の糧のために子どもの時から働かなければならなかった貧しい人びとや女性、少数民族、さらには戦争や紛争の犠牲になった難民の人たちである[2]。また、成人非識字者のうち約3分の2は女性であるといわれ、とくに、アジア太平洋地域の非識字人口は、世界の非識字人口の約70％に達するとされる[3]。

　こうした中、1990年3月、タイのジョムティエンで、ユネスコ・ユニセフ・世界銀行などが主催する「万人のための教育世界会議」が開催され、「万人のための教育（Education for All：EFA）」をスローガンとして、全ての人びとに、「生きるために必要な知識・技能を獲得するための教育活動」としての「基礎教育」を提供することを世界共通の目標とするという国際的コンセンサスが形成された[4]。教育は基本的人権のひとつであり、すべての人びとが「生きる」ために必要な知識・技能を学ぶ機会を得てさまざまな問題に対処するために、基礎教育の拡充こそが重要であると確認されたのである[5]。

　EFAについては、ユネスコが取りまとめの国際機関となり、ユニセフ、世界銀行などの他の国際機関や、各国政府機関、NGOが協力しながら、国際連合のミレニアム開発目標（Millennium Development Goals：MDGs）に基づき、2015年までに世界中の全ての人たちが初等教育を受けられる、字が読めるよう

になる（識字）環境を整備することとされた[6]。また、国際連合は、ユネスコの主導により「国連識字の10年」（2003年から2012年）を定め、すべての子どもたちが学校に通えるようになることやとりわけ成人女性の識字率を向上させることを目的とする活動を推進してきた[7]。

こうした取り組みが国際的に進められる中、日本ユネスコ協会連盟は、1989年から、公教育を受けられずにいる子どもや受けられずにきた大人に対して、多種多様な学習・活動の方法によって識字教育を中心としたノンフォーマル教育の機会を提供する拠点として、日本の公民館をモデルとした「寺子屋」、すなわちコミュニティ学習センター（Community Learning Center（CLC））をアジア太平洋地域の発展途上国に整備する「ユネスコ世界寺子屋運動」を展開してきた[8]。CLCでは、文字の読み書きを学ぶ機会が提供されるだけでなく、非識字者を含む全ての人びとが継続的に生活の質を向上できるように、生活に役立つ知識習得のための教育や、収入向上につながる職業技術訓練、生産活動（農産物増収のため）の技術学習、地域の文化行事の準備・練習、小口融資事業などが行われ、ノンフォーマル教育と地域福祉を融合した活動が推進されている。

本章は、カンボジア王国及びラオス人民民主共和国のCLCを事例として取り上げ、東南アジア地域の発展途上国のCLCにおける学習活動の現状、実態、成果について検証することを目的としている[9]。

2. カンボジアにおけるノンフォーマル教育とCLC

(1) カンボジアの概要とCLCの設立

カンボジアは、インドシナ半島に位置する東南アジアの立憲君主制国家である。東にベトナム、西にタイ、北にラオスと国境を接し、南は南シナ海に接する。首都はプノンペンで、面積18万1,035km²、首都・州の数は24、市・郡・区の数は193である。人口は約1,339万人であり、うち女性は約687万人である（人口の51.3％）。15歳以上の成人識字率は75.1％（2007年）であり、15～24歳の識字率は87.8％（2007年）である。国民の90％以上がクメール語（カンボジア語）を話し、仏教を奉ずるクメール人（カンボジア人）である。2009年のGDPは約108億ドルである[10]。2010年9月現在のデータによれば、カン

ボジア国内には 242 の CLC が存在する。このうち 215 施設はカンボジア政府の支援を受けて運営されており、27 施設は非政府組織（NGO）を含む様々な運営主体の支援を受けて運営されている[11]。

(2) カンボジアにおける CLC の設立過程

　カンボジアにおいては、1994 年に、ユネスコと日本ユネスコ協会連盟の支援を受け、シェムリアップ、バッタンバン、カンダールの 3 州で CLC 活動が開始された。その後 1999 年に、ユネスコ・プノンペン事務所を通じてユネスコ・バンコク事務所が実施する「アジア太平洋地域万人のための教育事業（Asia-Pacific Programme of Education for All：APPEAL）」の支援を受け、教育・青年・スポーツ省のノンフォーマル教育局が、タケオ、コンポンスプー、コンポントムの 3 州で CLC パイロットプロジェクトに着手した。地域住民が CLC を所有し、運営を行っており、CLC は地域住民の学習・教育の場であるとともにコミュニティ開発のための場として機能している。

　カンボジア政府は、「貧困削減と人間開発」を国家政策の最優先課題として位置づけ、「公教育を受ける手段や機会がない人びと」に対する支援に、とくに力を入れている。例えば、政府文書の中に、次のような文言がみられる[12]。

　　「万人のための教育」国家委員会及びその他の関連機関に属する省庁や公共機関は、ノンフォーマル教育の支援に関与する責任を負っている。ノンフォーマル教育政策の成果を上げるため、関係各省庁・各公共機関は、責任の精神に基づいてノンフォーマル教育政策を実施・促進し、かつ、関連する公共機関・あらゆるレベルの地方当局・行政機関・寺院及び民間部門や産業界の人びとが、既存のリソースを活用してノンフォーマル教育の発展に貢献し、村落に CLC を設置するよう助言し奨励するため、協力しなければならない。
　　カンボジア文化芸術省及び宗教省は、仏教指導者、僧侶・尼僧が地域で行う説教活動や祭礼時に、知識の有用性を地域住民に啓蒙するよう働きかけ、地域に図書館・読書室・教室・CLC を設置することを支援し、自らの都合と能力に応じて教育や職業技術訓練の担い手として参加することを支援するために、協力しなければならない。
　　カンボジア教育・青年・スポーツ省は、識字教室、補習教室、職業技術訓練教

室、CLC、読書室・図書館などの設置に地域住民が参加する機会を設けなければならない

「公教育を受ける手段や機会がない人びと」に対する支援の最重要施策のひとつとして、CLC の設置及びその運営支援があげられているのである。

1999 年にユネスコの支援で、上記 3 州に 3 つの CLC が設立された後、カンボジア教育・青年・スポーツ省のノンフォーマル教育局が、独自にその他の州に CLC を設立するようになった。ユネスコの支援で設立された CLC は、後に郡教育局に移管され、これを機に、ノンフォーマル教育局は州教育局及び郡教育局と連携しながら独自の CLC 活動に取り組むこととなった。

CLC のすべての運営・活動に責任を負っているのが、地域住民で構成される CLC 運営委員会である。運営委員会は、高僧や僧侶を中心にして地域にインフォーマルな形ですでにできあがっている人びととの関係性を基盤として、名誉委員長（高僧、僧侶、地域の人びとに尊敬されている人など）、実行委員長、副実行委員長、実行委員で構成されている。ノンフォーマル教育局、州教育局及び郡教育局は、国家、州、郡レベルの調整委員会として、CLC 活動の運営・実施状況を監督、調整する。CLC 活動を実施・拡充するための予算は、原則として政府予算から支出され、CLC 施設の建設や改修・整備工事費や学習活動費などに充てられる。地域住民が CLC 設立のための用地や建物を提供しているケースもある。CLC の学習活動を直接指導する技能訓練員や教員は、運営委員会によって選定される。

CLC の設置・運営は、おおよそ、次のようなプロセスを経て進められる。州教育局は郡教育局と協力しながら CLC 設置対象地を選定し、次に学習プログラムの内容の検討を行う。その際、学習者（地域住民）のニーズ調査が実施される。CLC の建物建設・改修整備完了後、CLC の概念・役割・業務、CLC への参加、CLC の所有・運営、CLC 活動の立案、地域にとっての CLC の重要性と有効性について関係者の理解を得、意識を高めるため、3 日間のオリエンテーション・研修・ワークショップが行われる。この会合には地域の長老や地域の人びとに尊敬されている人、僧侶などが参加し、ワークショップ終了後に運営委員会が組織される。運営委員会は、CLC で実施される学習プログラムの具体的な立案を行う

とともに、その情報を地域住民に周知する。多くの学習プログラムにおいては、学習終了後に修了試験が実施され、学習者・訓練者の能力が評価される。

職業技術訓練プログラムについては、訓練プログラムの有効性、活動計画、学習計画などを評価するため、中央から郡に至る各レベルで、モニタリング評価が実施される。ノンフォーマル教育局、州教育局及び郡教育局は、1年に2〜4回モニタリング評価を行い、地域レベルでは毎月関係者の会合が開催される。また、CLC運営委員会も月例会議で内部モニタリングを行っている。

(3) CLCの学習・活動実践

カンボジアにおいては、識字教育、「識字後教育」（基礎的識字能力を習得した後、再び非識字者に戻ってしまうことを防ぐ教育）、収入向上プログラム、保健・衛生教育、地域の相互扶助促進事業などの学習・活動が、CLCで展開されている。

カンボジアの非識字率は依然高く、識字プログラムの推進は、現在でもCLCの重点課題とされている。また、CLCでは、識字能力を維持するための教材、冊子、ライフスキルに関連した教材を配布し、「識字後教育」を推進している。教材の内容としては、環境、農業、ジェンダー、健康衛生、HIV／AIDS、自己決定などに関するものが取り上げられている。

さらに、CLCでは、地域住民、特に青少年と成人を対象とした収入向上を目指す職業技術訓練プログラムが実施されており、学習内容は地域住民のニーズにより決定される。訓練科目としては、クメール伝統音楽、機織り、美容・理容、オートバイ修理、縫製、マッシュルーム栽培、養鶏・養豚トレーニングなどがあり、訓練期間は、3〜6か月である。また、土地利用や雇用についてなど、収入を向上させるために習得しておくことが必須とされる知識や権利に関する学習活動も進められている。

その他にも、CLCにおいては、新生児・妊産婦の栄養・健康・疾病などに関する保健・衛生教育、HIV／AIDS予防教育、女性による共同貯蓄、小口貸し出し事業、地域住民が米を拠出し、収穫前に米が足りなくなったときに地域住民に貸し出す「ライスバンク（米銀行）」事業なども推進されている。

(4) シェムリアップ州チョンクニア村のCLC活動

　農村地域であるシェムリアップ州チョンクニア村（人口6,866人、2010年9月現在）には、トンレサップ湖に浮かぶ水上CLCが設置されている。チョンクニア村の子ども・若者の就学率は約56%、成人識字率は約47%にとどまり、就学率及び識字率の向上を目的として、CLCでは基礎教育・識字教育が積極的に進められている。また、トンレサップ湖に繁茂するホテイアオイ（水草）を加工して手工芸品を製作する技術訓練講習やレース編み訓練プログラムが実施され、そこで製作されたバックやスリッパは地域内外に販売され、地域住民の貴重な副業（農外）収入のひとつとなっている。ちなみに、手工芸品の売り上げ収入の8割が製作者個人に分配され、2割がCLC運営費に充てられる[13]。また、地域の伝統であるクメール音楽を学習するプログラムで学んだ学習者たちが楽隊を結成し、伝統行事や近隣住民の結婚式で演奏を披露している。演奏料の7割が楽隊メンバーに、3割がCLC運営のための資金として分配され、楽隊メンバーにとっては貴重な副業収入のひとつとなっている[14]。

　また、チョンクニア村のCLCには、就学年齢1年前の5歳児を対象とした「コミュニティ幼稚園」が併設され、2010年現在で155人の園児が通学している[15]。カンボジアでは、初等教育の中途退学が深刻な問題となっているが、その主な要因は、貧困、親の教育に対する理解不足、児童に学習習慣がないため授業を理解できない、多数の人びとが集まる学校の環境に児童が適応できないなどの点であるといわれている。このような子どもの教育をめぐる状況の中で、コミュニティ幼稚園は、親が子どもの教育の重要性を早い段階で理解すること、また、子どもが小学校での学習の土台を形成することを目的に設置されている。

3. ラオスにおけるノンフォーマル教育とCLC

(1) ラオスの概要

　ラオスは、東南アジアに位置する共和制国家である。内陸国であり、北に中華人民共和国、西にミャンマー、東にベトナム、南にカンボジア、タイと国境を接する。首都はビエンチャンで、面積は23万6,800km^2、人口は約562万人、うち女性は約282万人（50.2%）である。82の言語、49の民族からなる多民族国

家であり、地方行政単位の数は、特別市 1、県 16、郡 141、村 10,552 である。人口の大半が農業に従事し、約 75％が自給自足農業を営む。国民の約 34％が一日 1.25 ドル未満で生活している。15 歳以上の成人識字率は、2005 年の資料によると 73％（女性は 48％）、2010 年の資料によると 78％（女性は 65％）である[16]。

(2) CLC の設立過程

1990 年、ユネスコ・パリ本部の支援を受け、ルアンナムター県、ビエンチャン市において、少数民族の女性とその子どもを対象とした識字教育及び職業技術訓練のプロジェクトが開始された[17]。1992 年、ユネスコ・アジア太平洋地域中央事務所の支援を受け、ケオコー村、ナノックム村に CLC を設立するプロジェクトが着手され、基礎的職業技術訓練と識字教室を組み合わせたプログラムが実施されるようになった。2010 年度の教育省のノンフォーマル教育年次報告書によると、国内には 320 の CLC があり、CLC はラオス全土に普及しつつあるといえる。

(3) CLC の学習・活動実践

ラオスの CLC における主な学習活動は、識字教室・同等性（同等化）プログラム（CLC におけるノンフォーマル教育プログラムを修了することにより、正規の小学校卒業の資格と同等の資格が得られる）、基礎的職業技術訓練及び収入向上プログラムなどである。祖先から受け継がれてきた織物技術の復興（ポンサイ郡の綿織物の製作、販売）や、農業従事者の副業としての養牛・養豚・養鶏・養ヤギなど畜産業への支援、ライスバンク（米銀行）事業、農産物増産（農業技術）、農業経営（資金管理、サービス、マーケティングに関する知識など）、機織り、縫製、簡易水道施設の設置、トイレ・キッチンの改善、調理、保健・衛生、算数、法律、民法、地域社会の慣習などにかかる学習活動や事業が CLC において進められている。

ラオスの CLC で幅広く開催されている夜間・週末の女性対象の識字教室は、レベル 1（修了すると小学校 2 年生程度）、レベル 2（修了すると小学校 3 年生程度）、レベル 3（修了すると小学校 5 年生程度）に分かれて実施されてい

る[18]。それだけでなく、初等教育修了に相当する知識や技能をCLCで学び、修了後、中等教育学校に進学することも可能とするいわゆる「同等性（同等化）プログラム」が実施されており、毎年約20人程度の学習者が進学する。

タイとの国境に近い地域では、性産業従事者向けの健康診断や女性の体の仕組みに関する学習プログラム、血液検査なども実施されている[19]。

また、ラオスにおいて蔓延しているマラリア、腸チフス、デング熱、重症下痢、コレラ、肝炎、新生児破傷風、ポリオ、麻疹、ジフテリア、髄膜炎、HIV／AIDSなどの疾患や感染症についての予防教育も実施されている。それだけでなく、農業従事者を対象とした健康教育のひとつとして、腰痛・生活習慣病の予防・改善のための健康管理プログラムも幅広く実施されている[20]。

さらに、ラオスでは、妊産婦死亡率が人口10万対530、乳児死亡率が出生1,000対82、5歳未満児死亡率が出生1,000対97と非常に高いため、妊産婦及び乳幼児を対象とした健康ケアプログラムもさかんに実施されている[21]。例えば、栄養学的にバランスのとれた食事に関する基本的な知識及び調理技術習得のための講習、家庭菜園の推進、離乳食改善、妊産婦の健康改善（妊娠中の生活や栄養に関する教育、妊産婦検診受診の奨励）、乳幼児の死亡・疾病の低減につながる学習活動（乳幼児ケアの普及、清潔の確保、下痢症などの対処）、望まない妊娠の低減につながる家族計画の教育・情報提供などが進められるとともに、予防接種の有効性に関する知識の普及を通じた予防接種率の向上を目指した取り組み、ワクチンの必要性と摂取後の注意事項などの啓発活動が進められた。

また、安全な水と衛生環境に関わる保健・衛生教育を通じた衛生習慣の改善と、一人ひとりの清潔観念の増進や手洗いの励行、水やトイレ・キッチン、ごみ処理の改善及びそのことによって予防可能な疾病についての知識の普及といった人びとの生活改善運動、小規模水道施設の建設や家屋とその周辺の清潔・清掃活動（ごみ拾い、水溜りを埋める作業）も進められた。さらに「農業を実践していく上で、固定的に考えられてきた男女の役割を見直し、慣習に縛られず意思決定に共に参画していくという意味でのジェンダーのあり方を理解する」ための学習プログラムや、女性の地位向上に向けて、織物、洋裁、染色の技術習得のための訓練を実施する学習プログラムなども推進されている。

各CLCには、運営委員会が設置されている。運営委員会は、地元の長老組

織、女性団体、青年団体、文化団体など地域社会を代表する人びとで構成されている。CLC の学習プログラムの指導には、教員やボランティアがあたる。運営委員会が毎月開催され、CLC 活動の実施計画、資金援助、外部からの資金調達などについて審議される。

4．CLC の学習活動に参画した学習者の声

カンボジア及びラオスの CLC における学習活動に参画した学習者からは、次のような声が寄せられている[22]。

　　私は小学校 2 年で学校を辞めました。家が貧しくて両親と物売りをしていました。もう文字や数字を忘れてしまいました。教室に行く前は、勉強することが自分に大切ではないと考えていました。でも勉強したことが商売に役立つので、今では勉強して知識をもつことが大切だと思います。（カンボジア・20 歳・女性）

　　家庭が貧しく、小さい頃から牛追いをしていたため、僕は小学校を 3 年生で中退してしまいました。でも、CLC の教室では、読み書き計算のほかに、天然肥料の作り方、エイズやマラリア、デング熱、礼儀作法などたくさんのことが学べました。（ラオス・17 歳・男性）

　　私は農家で働いています。貧しいために小学校 2 年生までの教育しか受けられませんでした。今、CLC の識字教室に通っています。読み書き、計算を身に付け、今学期の修了試験にも合格しました。私と私の村の人びとを助けてくださっているみなさんにお礼を申し上げます。みなさんの助けがなければ、私も村の人びとも字の読み書きをまた忘れてしまうかもしれません。これからも支援が続けられるように願っています。（カンボジア・28 歳・女性）

　　機織りの技術があれば、私たちの家計の助けになる収入ができ、貧しさから抜け出すことが可能になります。また、森林伐採を防ぐこともできます。みなさまにお礼を申し上げる以外、何もできない私たちですが、みなさまのことをいつも忘れずに機織りに励みたいと思います。（ラオス・30 歳・女性）

5. カンボジア・ラオスのCLCにおける学習・活動実践の類型化の試み

以上、カンボジア、ラオスを事例として、CLCの設立過程、運営組織及び学習・活動実践について概観してきた。そこでは、「学習権」保障に加え、いわば「生存権」保障の一環として、生産・医療・福祉・保健・生活改善など地域福祉に関わる多彩な学習・教育活動が展開されていた。カンボジア及びラオスのCLCで進められている学習・活動実践については、おおよそ次のように類型化することができよう。

第1に、識字教育を中心とした「基礎教育の拡充」である。発展途上国では、学校がない・家計に余裕がない・子どもが働いている → 教育を受けられない（非識字）、読み書きができない（生活の基礎知識が不足）→ 安定した職業に就けず、収入が少ない → 教育を受けさせられないといった「貧困のサイクル」から人びとを抜け出せなくさせる社会構造（社会的格差）が存在するとされ、この悪循環を断ち切る方法のひとつが識字教育であるといわれる[23]。この「貧困のサイクル」を断ち切るために、基礎教育へのアクセスや学校（フォーマル）教育への就学率の向上を目的とした学習活動が展開されている。例えば、CLCにおけるノンフォーマル教育プログラムを修了することにより、正規の小学校卒業の資格と同等の資格が得られるといった「同等性（同等化）プログラム」が実施されている。また、成人の識字率の向上を目指した取り組みとして、学校未経験者のための識字教育プログラムや、基礎的識字能力を習得した後、再び非識字者に戻ってしまうことを防ぐための「識字後教育」プログラムも実施されていた。

第2に、「生計の向上」である。生計の向上とは、「家族の収入が向上・安定化すること、かつ得た収入が個人の能力あるいは家族の属する地域社会における社会関係資本の構築・強化によって適正に管理、保護されることによって、持続的に生活が改善されている状態」と定義することができる。したがって、その内容は、単に一時的な収入の増加や食糧・農産物の増産を指すのではなく、こうした状態を生み出すための能力の開発とその活用戦略、及び、これらに影響を与える構造（制度・組織・政策）の構築とその改善までをも含む[24]。例えば、「収入の向上・安定・保護」を目的とした学習活動として、生産活動（農産物増収）の

技術学習や、職業技術訓練による職業能力向上を目的とした学習プログラムが推進されている。また、副業（農外）収入の確保を目的とした技術教育（手工業、裁縫などの家内工業）、収入向上のために習得しておくことが必須とされるサービスやマーケティングに関する知識のスキルアップや土地利用などに関する法的知識・権利に関する知識習得、地域内・世帯内のジェンダー役割の分担や意思決定の方法にかかる学習活動である。

　第3に、「保健・衛生環境の改善」である。保健・衛生は人びとの生命に深く関わり、また、社会や国の発展のためにも欠かせないものである。しかし、高い乳幼児死亡率や妊産婦死亡率、HIV／AIDSをはじめとする感染症の蔓延、安全な水へのアクセスの欠如が、発展途上国では問題になっている[25]。CLCでは、健康に関する基礎知識及び情報の提供を通じた健康状態の改善活動や、主に乳幼児・妊産婦に対する栄養教育、トイレ・キッチンやごみ処理法の改善などの生活改善運動が推進されていた。

　第4に、CLCが「自治的活動の拠点」とされていることである。CLCの運営自体が地域住民で構成されるCLC運営委員会によってなされ、地域における生活上、生産上の諸課題と関連づけられながら学習課題化された実践が展開されることによって、CLCが人びとの暮らしの協同や相互扶助、自治の基盤として張り巡らされたセーフティネットとして機能しているということである。また、CLCの自治的活動を通じて「ライスバンク（米銀行）」や幼稚園が設置されるなど、相互扶助組織が地域に張り巡らされることによって、地域社会の住民の間に「社会的信頼」・「互酬性の規範」の共有と「市民的参加のネットワーク」の構築といった社会関係資本としての「ソーシャル・キャピタル」が新たに構築されたり、すでにできあがっているそれが強化されているといえる。そして、そうした「ソーシャル・キャピタル」が、「突発的なリスク」[26]（農産物の不作など）に対応する力を住民に備えさせることとなっている。

　こうしたカンボジア・ラオスのCLCにおける各種の学習活動は、社会における格差（ソーシャル・ギャップ（社会的格差））の是正と社会における公正性の担保を求めようとするものであるといえるであろう。ソーシャル・ギャップ[27]とは、第1に「社会的力関係の格差」、第2に「資源アクセスの格差」、第3に「活動（役割、責任）の格差」の3つを指すとされる。「社会的力関係」は、個

人の属性としての年齢、ジェンダー、階級、民族、宗教、身体能力などの要因が複合的に作用して決定される部分である。このような要因によって決定された力関係の第1の格差（強弱）は、次に社会内部の各メンバーの資源へのアクセスに作用し、第2の格差が生じる。そして、社会の各メンバーは、アクセスできる資源を元手として生計を維持するための活動を行うが、そこに個人の属性に付随する自他の認識、価値観、行動規範も作用して、各メンバーの活動は固定化されるようになる。この活動の固定化は、個人が負う役割や責任の分担へとつながり、第3の格差を生んでいく。CLCにおける学習活動を通して、人びとは、容認しうる生活水準を維持するために必要な収入、生計、職業、資産を確保する「経済的能力」、健康で衣食住が十分に保障され、安全な水へのアクセスができる「人間的能力」、飢餓、疾病などの各種「ショック」に対して自らを守ることができる「保護的能力」を習得し、ソーシャル・ギャップの是正を目指すことになるのである。[28]

CLCにおける学習・活動実践は、自己を取り巻く問題状況に対して、どのように行動すれば、そうした状況を切り拓くことができるかという可能性を見出し、その実現のための方策（知識や技能）を内面化する主体的な行為であるといえよう。それは、人間と歴史の再生を「学習」に求めた「学習権宣言」（1985年3月、第4回ユネスコ国際成人教育会議において採択）によれば、「人びとを、なりゆきまかせの客体から、自らの歴史をつくる主体にかえていくものである」といえる。「学習」という主体的行為によって、人びとは、「孤独」や「疎外」、「排除」から抜けだし、「共同的な人間関係」の中で、自らの自尊心や自信を育み、自己決定力を高め、自らの「生きる」意味を確認することができるのである。

こうしたCLCにおける学習活動は、社会が示す画一的な、かつ、単一の価値観（例えば、「国民」という単一の集団や「国語」など）への「適応」を目指すものではなく、また、「功利主義」的な、つまり自らの豊かな生・財の獲得のために、「自己利益最大化」の方向に行為を選択することでもない。それは、「人が善い生活や善い人生を生きるために、どのような状態（being）にありたいのか、そしてどのような行動（doing）をとりたいのかを結びつけることから生じる機能（functionings）の集合」、つまり、「よい栄養状態であること」「健康な状態を保つこと」「幸せであること」「自分を誇りに思うこと」など、人びとが望まし

いと思う状態を生み出し得る「機能の集合」体としての「潜在能力」[29]発揮のためのアクセスと捉えるべきであろう。

注
1 ）「世界が抱える教育問題」（ユネスコ統計局：EFA グローバルモニタリングレポートによる推計）財団法人日本ユネスコ協会連盟 web ページ：http://www.unesco.or.jp/terakoya/issue/、2011 年 6 月 14 日最終確認日。
2 ）同前。
3 ）同前。
4 ）「教育分野をめぐる国際潮流」外務省 web ページ：http://www.mofa.go.jp/mofaj/gaiko/oda/bunya/education/index.html、2011 年 6 月 14 日最終確認日。
5 ）「万人のための教育」文部科学省 web ページ：http://www.mext.go.jp/unesco/004/003.htm、2011 年 6 月 14 日最終確認日。
6 ）「世界寺子屋運動　活動内容」財団法人日本ユネスコ協会連盟 web ページ：http://www.unesco.or.jp/terakoya/activities/、2011 年 6 月 14 日最終確認日。
7 ）同前。
8 ）『海外のコミュニティ学習センターの動向にかかる総合調査研究報告書』ユネスコ・アジア文化センター、2009 年。
9 ）筆者は、2007 年 3 月 3 日から 9 日までタイ・カンボジア、2009 年 2 月 1 日から 6 日までカンボジア、2010 年 9 月 22 日から 26 日までラオス、2011 年 8 月 21 日から 30 日までカンボジア・ラオスの CLC 関係者を訪問し、ヒヤリングを実施した。以下、その際の提供資料及び関係者へのインタビュー調査をふまえて構成されている。
10）「アジア　カンボジア王国」外務省 web ページ：http://www.mofa.go.jp/mofaj/area/cambodia/index.html、2011 年 6 月 14 日確認。
11）国際シンポジウム「公民館とアジアの CLC の協力」（2010 年 12 月 13 日　於：日本出版クラブ会館）の際に配布された資料、及び、「寺子屋運動プロジェクト報告　カンボジア」財団法人日本ユネスコ協会連盟 web ページ（http://www.unesco.or.jp/terakoya/result/pj/khn/、2011 年 6 月 14 日確認）に基づく。以下、カンボジアの CLC に関する記述は、とくに注を付しているもの以外、本資料及び注 9 ）に基づく。
12）国際シンポジウム「公民館とアジアの CLC の協力」（2010 年 12 月 13 日　於：日本出版クラブ会館）の際に配布された資料より。
13）Kominkan-Community Learning Centers (CLC) of Japan- 文部科学省・財団法人ユネスコ・アジア文化センター、2009 年。
14）注 9 ）に加え、前掲、「寺子屋運動プロジェクト報告　カンボジア」。
15）以下、幼稚園の設置については、前掲、「寺子屋運動プロジェクト報告　カンボジア」。
16）「アジア　ラオス人民民主共和国」外務省 web ページ：http://www.mofa.go.jp/mofaj/area/

laos/、2011年6月14日確認
17) 国際シンポジウム「公民館とアジアのCLCの協力」（2010年12月13日、於：日本出版クラブ会館）の際に配布された資料、及び、「寺子屋運動プロジェクト報告　ラオス」財団法人日本ユネスコ協会連盟webページ（http://www.unesco.or.jp/terakoya/result/pj/lao/、2011年6月14日確認）に基づく。以下、ラオスのCLCに関する記述は、とくに注を付しているもの以外、本資料及び注9) に基づく。
18) 注9) に加え、前掲、「寺子屋運動プロジェクト報告　ラオス」。
19)「医療事情　ラオス」財団法人海外邦人医療基金webページ：http://www.jomf.or.jp/jyouhou/health_care/vietnam.html、2011年6月14日確認
20) 注9) に加え、前掲、「医療事情　ラオス」、及び、前掲、「寺子屋運動プロジェクト報告　ラオス」。
21) 同前
22) 注9) を参照
23)「世界が抱える教育問題」、財団法人日本ユネスコ協会連盟webページ：http://www.unesco.or.jp/terakoya/issue/、2011年6月14日確認。
24) JICA『ノンフォーマル教育支援の拡充に向けて』(2005年)、p.39.
25) 同前、p.60.
26) 同前、pp.45-46.
27) 同前、pp.15-16.
28) 同前、pp.38-39.
29) アマルティア・セン　大石りら訳『貧困の克服――アジア的発展の鍵は何か――』(集英社新書、2002年)、pp.167-168.

〔追記〕本稿は、拙稿「アジア太平洋地域のコミュニティ学習センター (Community Learning Center：CLC) における学習活動」(『中部教育学会紀要』第13号、2013年) に加筆・修正を施して構成されている。

第7章

ウズベキスタンにおける社会教育と社会福祉

Social Education and Social Welfare in Uzbekistan

はじめに

　1990年代初頭、ソ連崩壊に伴う独立後の中央アジア諸国は旧体制から脱却し、新たな国家建設を目指している。教育や社会福祉における改革も独立後に急ピッチで行われ、各国政府は独自の政策に基づいた改革を推し進めている。中央アジア諸国の独立からは20年余りの時が経過しているが、ソビエト連邦という共通の経験を有する中央アジア諸国は、ソ連という共通の歴史的基盤や体制をもとにした国づくりを進めるのではなく、彼らの民族や歴史、社会的背景、経済状況に根ざすような個々の新国家形成を推進している。

　例えば、ウズベキスタンではアカデミックリセと職業カレッジにみられるような後期中等教育改革が教育改革の中核として行われている[1]一方で、トルクメニスタンでは強固な独裁政権を基盤とした愛国心教育が進められている。独立以降、各国で推進されている教育改革は、就学前教育から高等教育、成人教育、そして地域内の教育まで、様々な段階や場で始められているのである。

　このように多様な場での教育改革が行われ、それぞれの場における教育とは一体何かについての議論がなされている現在、中央アジアにおける社会教育の概念を新たに検討する必要がある。そこで本稿では、ウズベキスタンにおける「社会」「社会的」「教育」の言葉の概念を踏まえながら、社会教育と親和性が高い社会福祉という観点を交えつつ、ウズベキスタンの地域共同体における実践を検討することで、現在のウズベキスタンにおける社会教育の現代的・実践的概念の再考と課題の考察を行う。

1. ウズベキスタンにおける「社会」「社会的」「教育」の意味

ヨーロッパ諸国とアジア諸国における Social Pedagogy と Social Education について比較検討することは非常に重要である。ことにウズベキスタンは、地理や民族の上ではアジアでありながら、ソ連やロシアというヨーロッパの影響を多大に受け現在にいたるという国である。ヨーロッパ諸国とアジア諸国の比較は、アジア的視点あるいはヨーロッパ的視点に偏重しない、双方の影響を受けるウズベキスタンの社会教育の多面性を描くことができるといえる。

多様な国々を比較検討する場合、各国には幅広い社会的、政治的、経済的背景があることを前提とし議論をする必要がある。さらに、様々な国々は彼ら独自の伝統や宗教、歴史、その他の側面によって特徴づけられる。多くの国の Social Pedagogy と Social Education というキー概念を再検討することは、世界全体の Social Pedagogy と Social Education の解釈にもつながるといえよう。

このような Social Pedagogy と Social Education の解釈においては、「社会」や「社会的」、そして「教育」がキーとなる要素であると考えられる。日本における社会教育は、「『社会』と『教育』を合成してつくった造語であり、社会を意識し、社会を対象とし、社会に関わる教育として成立した概念」[2]とされる。ウズベキスタンにおける社会教育も共通する概念を有していると考えられるが、ソ連期は一般教育学を構成する一部としてみなされていた社会教育（*Sotsial'naya Pedagogika, Социальная Педагогика*）が、独立後、主にヨーロッパの影響を受け、教育学における一つの独立した学問領域として存在するようになっているという[3]。

「社会」という言葉は、ロシア語では「オブシェストヴァ (*Obshchestvo, Общество*)」であり、ウズベク語では「ジャミアト (*Jamiat*)」である[3]。オブシェストヴァという言葉に焦点を当てて検討してみると、社会や会社、協会、コミュニティ、世界、人生、生活等の多くの意味を含む言葉とされる。

一方、ドイツの文脈では、「社会」は3つに分けられるとハンブルガーの研究で明示されている[4]。その3つとは、*Sozial, Gesellschaft, Gemeinschaft* である。これらの言葉を概観すると、特に *Gesellschaft* は包括的な社会のようなコミュニ

ティの要素を有するものとして表現できるという。このような観点からすると、前出のように多様な意味を含むロシア語の文脈における「社会」も「包括的な社会」と捉えていいのではないかと考えられる。

　しかし、興味深いことにロシア語の「社会的」の意味は「社会」とは若干異なる。ロシア語では、「社会的」という意味を含む言葉は「ソツィアーリニー（*Sotsial'nyi*、Социальный）」と「オプシェストヴェンニー（*Obshchestvennyi*、Общественный）」の２つに大別される。「ソツィアーリニー」は「社会的」「社会の」といった意味であるが、一方、「オプシェストヴェンニー」という言葉は「公共」や「社会的」「コミュニティ」「コミュニティの」「共通の」「社会の」等、より多くの意味を持つ。また管見の限り、ロシア語で書かれた社会教育の論文には「ソツィアーリニー」よりも「オプシェストヴェンニー」の言葉が多く使用されているように思われる。「オプシェストヴェンニー」という言葉の持つ要素は、コミュニティや人々の日常生活により密接なものであるといえるのではないか。そのため、関連の研究は「オプシェストヴェンニー」の意味に焦点を当てていると考えられる。

　さらに、「教育」という言葉についても大まかには２つの言葉、「アブラザヴァーニエ（*Obrazovanie*、Образование）」と「ヴァスピターニエ（*Vospitanie*、Воспитание）」に分けられる。ウズベキスタンの文脈では、アブラザヴァーニエは一般的な教育（例えば、フォーマル教育や学校教育）を指す。一方、ヴァスピターニエは子どものしつけや家庭教育を意味することが多い。このことから、地域社会における教育はヴァスピターニエの要素が強いといえる。

　しかし、注意が必要な点は、ウズベキスタンの地域における社会教育はアブラザヴァーニエとヴァスピターニエの両側面を含むものではないかと考えられる点である。例えば、地域共同体の運営委員会が地域の事務所で計画的・組織的に職業教育や職業訓練を若者や成人に対して行う場合はアブラザヴァーニエであると考えられるが、その一方で、日常生活のなかで行われる地域住民による子どものしつけや支援はヴァスピターニエであると理解できる。

　以下では、このようなウズベキスタンの「社会」「社会的」「教育」の概念を踏まえ、ソ連期の社会教育の諸相を示しつつ、独立後の地域共同体における社会教育と社会福祉の実践の観点から、ウズベキスタンにおける社会教育の現代的・実

践的概念を検討していく。

2．ソ連期およびソビエト後のウズベキスタンにおける社会教育

(1) ソビエト期のウズベキスタンにおける社会教育

　ソ連期のウズベキスタンにおける社会教育は、成人教育や青年教育、子どもの学校外教育から成り立っており、学校外教育を充実させるという理念の下、多数の関連組織や教育機関が創設された。それは非常に体系的なもので、例えば、青少年や子どもを対象とした組織は10歳までの児童のためのアクチャブリャータ（Oktyabryata、Октябрята、10月の子の意）、10歳から15歳までの子どもたちのためのピオネール、15歳から28歳までの青年のためのコムソモールから構成されていた。

　ペレストロイカ期の1989年3月には、「生涯教育の基本概念」がソ連邦国民教育国家委員会と全ソ連邦国民教育会議の合同会議で承認され、学校教育とともに成人教育や青年教育、子どもの学校外教育が生涯教育のなかに組み込まれ、さらなる体系化が進められることとなった。この「生涯教育の基本概念」では、生涯教育の根幹となる理念として、「人格としての人間の発達、生涯にわたる活動と交流の主体としての発達」が挙げられ、「教育のあらゆる段階と水準での全面発達の前提をつくりだす」ことが生涯教育であると規定されている[5]。

　関によると、前出の「生涯教育の基本概念」は生涯教育体系の基本構造として多様な段階の学校を位置付けるものであり、同時にそれら学校から独立した機関を生涯教育の並行的機関とし、さらにインフォーマルな補足的機関がある、といった重層的な構造を有していたという。実際には、例えば初等および中等教育ではピオネールの家、スポーツ・クラブ等が学校とは独立した補足機関であり、職業教育であれば基本構造が職業・技術機関となり、平行的構造が企業内教育というような構造が想定されていた[6]。

　では、生涯教育体系のなかで補足機関とされた場で活動を行っていた様々な団体は、具体的にどのような活動を行っていたのだろうか。活動を行っていた中心的団体の一つであるアクチャブリャータは、学校ごとに活動しているピオネールの各グループに付属したものであり、初等学年の子どもたちが加入することが

できた。アクチャブリャータの第一の任務は、小さな子どもたちに対し、「ピオネールに参加したい」という強い気持ちや憧れを醸成することであり、またそれと同時に「アクチャブリャータは学校を愛します、目上の人を尊敬します、一生懸命働きます」といった行動の一般的規則を認識し、遵守させることであった。アクチャブリャータに加入している子どもたちは、学校の制服の上にレーニンの肖像が描かれた小さな赤い星のバッジを付け郊外に出かけたり、遠足に行ったりした際にはアクチャブリャータのグループは小さな赤旗をかざしたという。アクチャブリャータの各グループの責任者はコムソモールのメンバーもしくは年長のピオネールであった[7]。補足機関においても、年少のグループを年長のグループが統率するという体系的な活動があったことが理解できる。

　ピオネールはアクチャブリャータよりも歳が上の子どもたちが加入し、正式名称は全ソ連邦・レーニン名称ピオネール組織といった。このピオネールでは、「ソビエトの子どもたちがソ連邦共産党の指導のもとで国家と社会のにない手として必要な準備教育を受ける大衆的な組織」[8]として、ソ連共産党の全般的な指導下において様々な活動が行われていた。ピオネールの目的には、「祖国にたいする愛と献身の精神、諸国民間の友好、プロレタリア国際主義の精神で児童を育成すること、学習にたいする自覚的な態度、労働愛、探究心をかれらの中に発達させること、自覚的で、健康で、勇敢で、生活のよろこびにみち、困難をおそれない、全面的に発達した個人として、また共産主義の将来の建設者として、児童を育成すること」[9]が謳われている。

　ピオネール創設の発端は、ロシア共産青年同盟が1920年の第3回大会で採択した決議「子どもたちの間でのロシア共産青年同盟の活動について」と、1922年5月19日ロシア共産青年同盟第2回全ロシア協議会による、全ピオネール組織を単一のシステムとして確立することを目指した決定であった[10]。ピオネールは当初約4,000人の成員から始まったが、1924年に17万人、1931年に437万人、1949年に1,300万人、1960年に1,500万人、1970年には2,400万人の巨大組織に飛躍的に成長したが、このピオネールを理論的にその創設期から指導したのがエヌ・カ・クルプスカヤであった[11]。

　具体的なピオネール活動には、趣味のクラブやサークルでの活動、スポーツ、ゲーム、各種競技、祭典、展覧会、行事への参加、夏休みに行われる約3週間

のピオネール・キャンプへの参加、旅行や遠足への参加、子どもたち自身による演劇や音楽会の開催があり、子どもたちは様々な活動に参加することで学校教育と補足機関での教育・学習活動を通し全面発達を目指した。その他、高齢者や病人への支援、学校や市、地域社会のための労役等にも積極的な参加が促進された。これらの活動は、主に学校内や補足機関としてのピオネール宮殿、ピオネールの家、少年技師ステーション、少年自然科学者ステーション、遠足・旅行ステーションで実施され、その数は次第に拡大していった[12]。

以上のように、ソ連期における子どもたちの学校外活動は大きくアクチャブリャータからピオネール、そしてコムソモールと体系的に編成されていた。トミアクは、ソ連邦における青少年組織について、「学校における課外活動とひじょうに密接にむすびついており、その組織の活動は青少年の一般教育とともに統一され一体をなすものである」[13]とみなしている。換言すれば、青少年の教育は学校のなかだけで行われるのではなく、社会のなかにおける組織活動においてもなされなければならないと主張するのである。学校とその補足機関としての青少年組織の関係がトミアクの主張のなかにも表れている。

一方、ソ連期の成人の教育については、成人に多様な教育の機会を提供する様々な教育機関が整備されていた。その代表的なものとして、中等専門教育および高等教育における夜間制コースと通信制コース、父母大学、教養大学、図書館があった。例えば、父母大学はソ連期に子どもの教育としつけについての知識を高める目的で創設され、その内容は父母のために学校や労働者クラブで行われる多様な講義から構成されている。出席は任意で、講義の多くは父母が学校の父母と教師の会や父母委員会で積極的に活動したり、課外活動等、学校で展開されている多様なサークルにおける有能な指導者となれるよう指導すること、父母のリーダーシップを涵養することに主眼を置いたものであった[14]。

また、教養大学は文化の家や文化宮殿、労働者クラブ、工場クラブが整備されることに伴い設置された公教育の一形態で、コース内容や実施期間は教養大学に通う学生たち自身が決定したという。まず補足的機関が設置され、その後にそこでの教育が整備されるという流れであるが、通常は文学や美術、演劇、映画、音楽、科学、そして教育に関する講義や討議が行われていた。講義終了後は、実際に劇場や音楽会、博物館、美術館に行ったり、作家や詩人、作曲家、俳優、映

画製作者の講演も開催されていた。教養大学では試験が課せられておらず、参加者は若干の授業料を支払うだけで講義に参加することができた[15]。

トミアクの研究では、「成人にたいする教育的・文化的活動の一般的な目標は、住民大衆のなかに共産主義的意識と政治的積極性をつよめること、一般的な文化と教育の水準をたかめること、および集団主義と労働愛の精神をうながすこと」[16]が指摘されている。つまり、ソ連期の成人教育は成人に対するソビエト共産主義イデオロギー伝達の場・機会であるとともに、一般民衆の教育水準を学校外の場で底上げする意義を有していたと考えられる。

また、ウズベキスタンに伝統的に存在するマハッラという地域共同体では、地域における教育の場として「赤いチャイハナ（赤いお茶の部屋）」や「赤い図書館」が設置され、マハッラの住民はそれらの施設において講座や講義、地域活動に参加していた。「赤いチャイハナ」や「赤い図書館」にはソ連の共産主義イデオロギーに関わる書籍や新聞、雑誌が数多く整備されており、住民は自身の住む地域という日常世界でソ連の国家イデオロギーに接した。それは自身の居住地である地域というリアルな場所で、ソ連という国家やイデオロギーというバーチャルな存在に触れる機会を意味するものであった。

以上のことから、ソ連期のウズベキスタンにおける社会教育の根幹となっていた子どもの学校外教育と成人教育、ペレストロイカ期に登場した生涯教育の眼目は多様な教育の補足的な場を創造しつつ、ソ連国家のイデオロギーを理解しソ連という国民意識を有する人間を育成するものであったといえる。

(2) ソビエト後のウズベキスタンにおける社会教育

1991年にウズベキスタンが独立して以降、マハッラと呼ばれる伝統的な地域共同体が社会教育の機会を提供し、その機能を果たすようになった。マハッラはアラビア語を起源とする「近所」型のコミュニティ、イスラム都市の街区、中央アジア地域に古くから存在する共同体で行政の末端組織となるものなど多様な定義がなされている。本稿では、マハッラは中央アジアのムスリム社会に存在する人々の生活に密接な地域コミュニティで、人々の生活を支える地域基盤と位置づけ、現ウズベキスタンにおける社会教育を考察する。

ソ連解体後の現在は社会主義のイデオロギーや体制が崩壊し、民族固有の伝統

的な価値への回帰が活発に行われているが、それと同時に、政府はマハッラへの支援を増大し、行政組織の末端として活用しようとしている。どのマハッラも行政組織としての様々な事業を行う運営委員会を持ち、その下には下部組織が存在する。下部組織には、「しつけと教育」や「女性」「宗教」「自警団」等の委員会がある。

近年では、マハッラと学校の連携活動が政府の政策によって推奨されており、例えば、ウズベキスタンの首都タシケント市のある学校では、マハッラの運営委員会の代表が「国家独立の基礎」週間の期間、学校行事に参加し、ゲストティーチャーとして関連の授業を行うといった活動が行われている。

ソビエト政権下ではマハッラの存在や機能は軽んじられていたが、ウズベキスタン独立後は新国家建設の基盤として復興され、子どもや若者、成人の教育と地域の教育において重要な役割を果たすと考えられている。ソ連期には、社会教育活動はアクチャブリャータやピオネール、コムソモールとその関連施設において、また父母大学等で行われていたが、現在はこれらの機能がマハッラへとシフトしつつあり、マハッラのなかで運営委員会によって旧ソ連のイデオロギーの代替として「新たな国家としてのウズベキスタン」という理念と職業技術が人々に教えられている。ソビエト後のウズベキスタンにおける社会教育の実践については次節で詳述する。

3. ウズベキスタンにおける社会教育と社会福祉

(1) 現在のウズベキスタンにおける教育行政と福祉行政

現在のウズベキスタンでは、教育は国民教育省と高等中等専門教育省が管轄している。国民教育省は初等教育と成人教育、生涯学習を所管し、高等中等専門教育省は中等教育、特に後期中等教育段階のアカデミックリセと職業カレッジ、大学等の高等教育を主管している。

一方、福祉行政に関しては労働社会保障省が主務官庁となっている。同省は年金や高齢者支援、貧困家庭や障がい者の支援、失業者支援、若者の就業訓練等を管轄している。近年では特に、1出稼ぎ労働に関わる国外移住対策、2地方都市、農村における集合住宅整備、3若年層の就職支援、4一人暮らしの高齢者支

援、⑤ソーシャルワーカー制度の整備に注力している[17]。

このうち、③の若年層の就職支援の背景にはウズベキスタン特有の課題が存在する。現在、ウズベキスタンの高校卒業者は毎年約50万人であるが、そのうち大学進学者は50万人の約7-8%程度で、残りの卒業者は就職という道を選択する。しかし、卒業後の就職先を見つけることができない若者が多く、若年層の失業が大きな社会問題となっている[18]。

また、⑤のソーシャルワーカー制度の整備も大きな課題となっている。ウズベキスタンではソ連期からソーシャルワーカー制度が存在したが、資格とサービスの基準はなく、それは現在にも通じる問題となっている。ソーシャルワーカーの仕事は一例を挙げると、一人暮らしの高齢者の食事や掃除、買い物が中心となってしまっており、低賃金で自身の仕事の成果を分析しない等、仕事に対するモチベーションは高くない。このため、現在は国連開発計画（UNDP）との共同プロジェクトでソーシャルワーカーの資格やサービス基準の整備を進めている。

労働社会保障省も、若年層対象の職業技術訓練やソーシャルワーカー対象のセミナー等の事業を行っているが、それらは国民教育省が管轄する成人教育の枠組みで行われているわけではなく、あくまで労働社会保障省の事業として実施されている。このような状況から鑑みて、現在のウズベキスタンでは行政上では教育と福祉が明確に区分されており、政策上でも社会教育は福祉の部分を包含するものではなく、教育行政の一つとしてみなされているといえる。

2014年12月の憲法制定記念のスピーチの場で、カリモフ現大統領は2015年を「高齢者への思いやりの年」と定めた[19]。これにより、2015年は同スローガンに則った様々な政策が打ち出される予定であるが、このなかでも高齢者を対象とした学びの場は国民教育省が、高齢者福祉に関わる支援は労働社会保障省の所管となることが推測できる。このように、現在のウズベキスタンの行政上では教育と福祉が明確に分離されているのである。

(2) 人々の生活空間における教育と福祉

それでは、人々の生活の場に目を移すと、そこでは教育と福祉はどのように展開されているのであろうか。行政と同様、人々が実際に生きる場でも教育と福祉は明確に分割されているのだろうか。ここでは、独立後のウズベキスタンにおい

て国家づくりの基盤とみなされ、人々の生活を支える末端の組織として独立後そ の存在感が急速に増したマハッラを例に、ウズベキスタンの人々の生活空間にお ける教育と福祉の関係について探っていきたい。

新国家の基盤としてのマハッラは現在、政策上でも人々の実生活においても、 地域住民に対する社会教育と社会福祉双方の中心となっている。したがって、マ ハッラにおける様々な取組みにおいて教育と福祉の両側面が見受けられる事例が 少なくない。次に述べるマハッラの女性委員会による女性支援の活動において も、教育と福祉が合わさった事例を見いだすことができる。

マハッラの女性委員会はマハッラ運営委員会の下部組織にあたり、ほぼすべて のマハッラに設置されている。女性委員会が日々取り組んでいるのは、問題行動 のある子どもの世話や無職の女性に対する職業コース、離婚やドメスティック・ バイオレンスによる家庭内不和解決のための仲介等多岐にわたる。女性委員会の 活動は2004年の大統領令によって様々な措置が取られているように、国からの 支援も手厚い。

具体的事例を挙げると、タシケント市内のあるマハッラの事務所には住民向け の新聞や雑誌、書籍、卓球台が置かれており、マハッラの住民に常時開放されて いる。女性委員会委員長の執務室はこのマハッラの事務所内に設置されており、 その委員長の部屋にも『ウズベキスタンの歴史』や『法律とビジネス』、『家族と 子育て』等の本が並べられている。女性たちは事務所に来て、自由にそれらの本 を読むことができる。女性たちはマハッラ事務所にある書籍を通し、様々な知識 や教養、娯楽や生活に必要な情報を得ることができる。それだけでなく、女性委 員会スタッフは女性たちが事務所に来る機会を利用し、子育てやしつけ、子ども の問題に対し母親や保護者の相談を受けたり、アドバイスを行っている。

マハッラの女性たちにとって、「マハッラ事務所に行く」という行為が学習の 機会でもあり、また福祉サービスを受けることのできる機会でもあるのである。

このマハッラでは、女性委員会委員長のアイデアでユニークな女性の就業促 進の取組みも行われていた。委員長の女性は自ら商品のラベルや包装紙を使って 作ったポスターを事務所内に掲示していた。「ここに貼られている商品の企業や 工場はこのマハッラ内にあり、頑張ればこのような企業に就職する機会に恵まれ るかもしれない」といった女性の就業を促す啓発活動がこのポスターの眼目であ

る。ポスターを通じ、委員長はマハッラ住民の女性たちの就業支援を行っていたのであった[20]。

　女性たちはポスターや委員長のアドバイスを通じ、自身の住むマハッラにどんな企業や工場があるのか、そこに就職するためにはどんな知識や技術が必要なのか、もし就職できたならば自身の生活はどう変化するのか等を知ることができる。それは自身のマハッラについて学ぶことや自身の現在のスキル、就職の可能性と就職した後の仕事と家庭の両立の仕方について学習することに直結している。マハッラの女性委員会は、女性たちの日常世界において地域や自身について学ぶという社会教育と就労支援という社会福祉双方が融合した場を創造しているといえる。

　また、別の事例ではマハッラ内のCLC（Community Learning Center）を通した社会教育と社会福祉の活動も展開されている。ウズベキスタンにおけるCLC事業はユネスコ支援のもと1998年より開始されており、事業の中心はEFA（Education for All）の発展とノンフォーマル教育を中心とした生涯教育システムの振興である。2009年にブラジル・ベレンで開催された第6回ユネスコ国際成人教育会議（CONFINTEA VI）で提出されたウズベキスタンのナショナル・レポートによれば、10のCLCが国内に設置され、子どもや成人女性に対し多様な活動を提供している[21]。

　タシケントには国内10のCLCを支援するためのCLCリソースセンターが開設され、全国的なCLC配置の制度化、整備を図る取組みが進められている。CLCリソースセンターでは、学習支援のためにマハッラの住民情報をデータベース化したものを活用することも議論している。その一方で、既存の10のCLCでは各地域課題に根差した活動も実施されている。

　例えば、キルギスとの国境沿いに位置し、子どもの貧困が多い地域であるイズボスカン地区では学校の一教室にCLCが開かれており、「親の教育とECD（Early Childhood Development）」や女性向けの裁縫教室等が展開されている[22]。また、アンディジャン地方のある村のCLCでは、「Child Care Development」「ヘルスケア」「HIV/AIDS予防教育」「語学コース」「ICTプログラム」「収入源をつくりだすプログラム」等、多様な事業が実施されている。

　CLCの役割や重要性について、このCLCを紹介する動画では、CLCの長は

「私たちの地域の人々のために、職業や健康、ICT のような多くのプログラムが実施されており、CLC はコミュニティメンバーのニーズや関心をつきとめる上で重要な役割を果たしている」と述べている。地域住民の男性は、「CLC で私の妻は服の仕立てのコースに参加しており、息子はコンピュータスキルを学んでいる。これらのコースは、日常生活に必要なスキルを得るものであるため、とても人気がある」と話す。また、CLC ファシリテーターの女性は、「女性や女児対象の伝統的な織物クラスの今日の主な目的は、資格のあるスキルと付加的な収入を獲得することだ。クラスは女性たちが社会的・経済的地位を向上させ、家族のなかでより重要な立場になることを援助する」と強調している。[28]

以上のように、人々はマハッラの事務所や CLC に集まり、そこで自由に時間を過ごし、時には様々なプログラムや講座、訓練に参加している。彼・彼女らは、多様なライフスキルや就業、生活向上のための技術についてマハッラを通して学び、日常生活における課題の解決方法を模索する。また、自身の住む地域や自分自身の生き方についても考え学ぶ重要な機会や、必要な福祉サービスを得る。マハッラ運営委員会やマハッラの CLC スタッフは、人々がどう生き、何に関心があり、何を必要としているのかについて、活動を通じて彼らの声を拾い上げ検討し、個々の要望に対する支援ができるよう努めている。

マハッラでは、マハッラ運営委員会や CLC が中心となり、マハッラの人々に職業教育や健康教育等の教育の機会を提供するとともに、本を準備する等人々の学習の場が創造されている。また、貧困家庭や障がい者、高齢者、子どもを持つ若い家族等の支援や学習プログラムもその多くがマハッラを介して住民に提供されている。これは行政上の区分とは異なり、人々の生活の場では教育と福祉の区分はあまり意識されず、双方の活動がなされていることを意味している。同時に、これまで検討してきた事例が示すように、マハッラにおける社会教育は教育、学習と社会福祉が融合している、教育と福祉の両面を含み込んでいるという点を示唆している。

(3) マハッラにおける社会教育と社会福祉の課題

　その一方で、様々な課題も見受けられる。1点目は、マハッラを通した教育事業や社会的弱者支援の方法について一貫した事業を行うことが難しい点である。マハッラの事業はマハッラの代表やマハッラ活動家の専門性、考え方に左右されることがあり、このような場合、マハッラの代表や活動家が交代するたびに事業の変更を余儀なくされる。これまでの調査では、以前は若者向けのコンピュータ教室をやっていたが、代表が交代して廃止になったという例も聞かれた。

　また、政府は1994年からマハッラ運営委員会を媒介とした社会的弱者支援を開始しているが、これにはGDPの0.6％の予算が当てられており、各地方のマハッラ運営委員会へは中央政府ではなく地方行政府によって社会的弱者支援の予算が支給される。貧困層を特定するには、1世帯の子どもの数・身障者の有無・住居の状況・健康状態・年金者の所得等の基準が適用される。とりわけ特徴的であるのが、マハッラ運営委員会の担当者自らが労働社会保障省の定めた公的な評価基準とともに、伝統的な知識や地域ネットワークによって被支援者のターゲッティングを行う点である。低予算で効率的に社会的弱者支援を行うことができるというメリットや、マハッラの外部には見えない社会的弱者の掘り起し、住民組織による社会的支援の実施という住民自治の可能性を生み出すものであるともいえるが、地域や民族構成、職業構成等は各マハッラによって様々であり、全国的に一貫したモニタリングが困難であるというデメリットも内包している[24]。また、社会的弱者支援の担当者が代わるごとにモニタリングの内容や結果も変化する恐れもある。

　2点目の課題としては、マハッラにおけるネットワークの問題を挙げたい。マハッラ運営委員会による社会的弱者支援を支えているものは、マハッラにおける人的ネットワークである。このネットワークは地域における人と人との関係性に根ざすものであり、伝統的なチャイハナやマハッラ事務所等での住民間の交流によって培われてきたものである。問題となるのは、マハッラ内の支援活動や住民の学習参加の基盤に人的ネットワークが存在するということは、支援や参加についても地域内のコネクションが大きな影響力を持つことがある点である。それはマハッラという地域のなかで一度人間関係をこじらせてしまう、あるいは人間関係を構築することができない場合は、地域のなかで生きづらくなる可能性も起

こりうるということを提起している。

　地域における人的ネットワークは地域住民を支え、エンパワーしていく重要な基盤となりうるもので、住民相互の関係性や信頼性を高め、地域のなかのソーシャル・キャピタルの醸成にも連結していると考えられる。しかし、ウズベキスタンのマハッラでの人的ネットワークを核とした社会教育と社会福祉の活動を考察すると、そこには住民個々の成長を促し、相互の結びつきを育みソーシャル・キャピタルの構築につながる場合と、地域の人的ネットワークの固定化、人的ネットワークが社会的弱者支援や生活の上で融通を利かせる重要なツールとなっている場合の両義性が垣間見える。ウズベキスタンのマハッラにおける社会教育と社会福祉は、人的基盤の重要性と脆弱性を示唆している。

おわりに

　本稿では、ウズベキスタンの社会教育に連なる「社会」「社会的」「教育」の言葉の概念を整理し、社会教育と社会福祉という視点からウズベキスタンのマハッラにおける実践を検討した。現在のウズベキスタンでは、教育と福祉は行政上明確に分離されているが、マハッラを中心とした人々の生活空間では、人々は多様なライフスキルや就業、生活向上のための技術、自身の住む地域や自分の生き方について考え学び、必要な福祉サービスを得るという姿が認められた。これは行政上の区分とは違い、人々の生活の場では教育と福祉の区別はそれほど意識されず、ときには教育活動のなかで福祉的内容が学ばれ、またときには福祉活動のなかで教育的事業が展開される等、相互を包摂し合う活動がなされていることを意味していた。マハッラにおける社会教育は、教育と福祉双方を含蓄し、成り立っているのである。

　マハッラにおける社会教育と社会福祉の課題としては、マハッラを通した教育事業や社会的弱者支援の方法について一貫した事業を行うことが困難な点と、

　人的ネットワークによって教育、学習への参画や社会的弱者支援に関する様々な便益の供与が地域の人的コネクションによって左右されるという2点が指摘できる。

　これまでの調査において、あるマハッラでは女性委員会の活動のなかで住

民自らが自発的に学びを要求するという住民参画の一端が見られることがあったが、今後は住民の学ぶ権利を確保した、より地域に根差す地域社会教育と地域福祉の展開が望まれ、またそのなかでマハッラは重要な役割を果たしていくことが期待されているといえよう。

注

1) 詳しくは、拙著『教育する共同体——ウズベキスタンにおける国民形成と地域社会教育』九州大学出版会、2010年を参照。
2) 松田武雄「現代の社会教育と生涯学習」松田武雄編著『現代の社会教育と生涯学習』九州大学出版会、2013年、p.6。
3) 本稿では、ウズベキスタンの社会教育概念を探求するにあたって、いまだ中央アジア諸国や旧ソ連圏で広く使用されており、特に学術分野で多用されるロシア語の文脈における「社会」「社会的」「教育」の概念に着目した。しかしながら、周知の通り、ウズベキスタンは多民族・多文化国家であるため、社会教育に関する概念の個々の認識は、それぞれの民族性や地域性に影響を受けるのではないかと推測される。換言すると、民族や地域によって人々の持つ「社会」「教育」の概念が同一ではないことが予測できるのである。今回提示した社会教育概念以外にも、豊かな民族性、地域性を孕んだ別の社会教育概念のもと、社会教育と社会福祉活動がそれぞれの地で展開されていることが予想される。
4) フランツ・ハンブルガー著、大串隆吉訳『社会福祉国家の中の社会教育——ドイツ社会教育入門』有信堂、2013年、p.5。
5) 関啓子「ソヴェト・ロシアにおける生涯学習」黒沢惟昭、佐久間孝正編著『苦悩する先進国の生涯学習 増補改訂版』社会評論社、2000年、p.188。関によると、旧ソ連において生涯教育が大きく注目されるようになったのは、統一的生涯教育体系の創造の必要を謳ったソ連邦共産党第27回大会で行われたゴルバチョフ演説によるという。関啓子、前掲、2000年、p.187。
6) 関啓子、前掲、2000年、p.189。
7) J.J.トミアク著『ソビエトの学校』明治図書、1976年、pp.98-99。
8) 村山士郎著『夏休み生活学校——ピオネール・キャンプの1カ月』民衆社、1979年、p.152。
9) J.J.トミアク、前掲、p.100。
10) 村山士郎、前掲、p.152。
11) クルプスカヤは、子どもの全面発達をいかに保障するかといった観点から、学校教育だけでなく学校外教育の重要性も強調した（村山士郎、前掲、p.154.）。
12) J.J.トミアク、前掲、p.101。具体的には、1960年にはピオネール宮殿、ピオネールの家、学童の家が3,148、少年技師ステーションが348、少年自然科学者ステーションが272あった。その後、1969年にはピオネール宮殿、ピオネールの家、学童の家が3,781、少年技師ステーションが553、少年自然科学者ステーションが327と増加した（J.J.トミアク、前掲、

p.101.）．
13) J.J.トミアク、前掲、p.98
14) J.J.トミアク、前掲、pp.122-123
15) J.J.トミアク、前掲、p.123.
16) J.J.トミアク、前掲、p.122.
17) ウズベキスタン共和国労働社会保障省職員に対する電話インタビューによる（2015年2月12日実施）．
18) ウズベキスタン共和国労働社会保障省職員に対する電話インタビューによる（2015年2月12日実施）．
19) 2015 год - Год внимания и заботы о старшем поколении
http://www.gov.uz/ru/year/28822　2015年2月13日閲覧．
20) タシケント市Аマハッラ女性委員会委員長へのインタビューによる（2007年10月4日実施）．
21) National Report of the Republic of Uzbekistan, 2008, CONFINTEA VI.　詳細は、拙稿「ウズベキスタンの社会教育施設」『月刊社会教育』No.707「特集 住民と生きる社会教育施設」、2014年9月、pp.44-45を参照のこと．
22) UNESCO Institute for Lifelong Learning
サイト http://www.unesco.org/uil/litbase/?menu=14&programme=119 2015年2月14日閲覧．その他、「生殖と家族計画、薬物乱用、HIV/AIDSについての健康教育」「環境教育」「文化遺産プログラム」「ICTスキル開発」「就業スキル」「スポーツ競技」等の取組みが推進されているCLCもある．
23) Uzbekistan-Community Learning Centre 紹介動画による
http://lifeacademybkk.pbworks.com/w/page/32123823/FrontPage
2015年2月13日視聴．
24)「中央アジア（ウズベキスタン、カザフスタン、キルギス）援助研究会報告書」国際協力事業団（現国際協力機構、JICA）、2001年、p.102、p.108

第8章

Social Pedagogy とコミュニティ教育
Social Pedagogy and Community Education

はじめに

1990年代から社会的排除概念が先進各国へ浸透したが、それは同時にWorkfare 政策としての福祉改革をもたらす契機にもなった。日本も例外ではなく、それは種々の自立支援政策として具体化されている。しかし、就労が自立と等置されるにつれて、支援実践の現場からは種々の疑問の声が噴出した。社会的排除という現象は、単に職業的世界において周辺化されていることを意味するのではなく、学校や家庭での種々の困難の累積の帰結であることを多くの実践者は既に見ていた。場合によっては、社会的な障害に直面する可能性が高い発達上の特性や精神疾患を伴う場合もある。つまり、社会的排除問題に取り組む実践者は、当事者が直面している困難の背後にある問題の連鎖に気づき、キャリア教育・訓練のような直線的な支援モデルを超える総体的な支援モデルの樹立の必要性を強く意識し始めた。それはまた、自立のゴールが一方的に設定されることに伴う支援の権力性を意識化するが故に、当事者を主体とした実践モデルとして探究された。

そのような実践的な模索を通して、新たな支援モデルが備えるべき特質に関わって、「寄り添い型」「伴走型」「参加型」「場づくり」などのキーワードが浮上してきているのは周知のとおりである。これらのキーワードは、当事者が問題解決の主体となりゆく過程、およびそれを通した人格的な発達を支援するという教育的支援機能を福祉実践が含まねばならないことを示唆している。それでは、そこで求められている教育機能とはいかなるものであろうか？　この問いに答えるための試みの一つが近年における Social Pedagogy としての理論化とみてよいであろう。他方、社会的排除への挑戦は、Social Pedagogy のみならず地域に基盤

を置く教育実践としてのCommunity Educationの側でもなされてきた。とりわけ地域づくりを志向するCommunity Educationは、包摂的な社会を構築する学習に焦点を当てるため、先のキーワードを共有している。

そこで本節では、Social PedagogyとCommunity Educationの理論化動向を一瞥した上で、両者の比較を通して、自立支援実践が要請している教育機能の基本的特質の抽出を試みる。その際、主にはSocial Pedagogyの非伝統国であったイギリスでの受容動向に着目する。それはイギリスでは、社会的排除問題への対抗的実践としての自らの経験を尺度としてヨーロッパ諸国のSocial Pedagogy概念を解釈する傾向があるからであり、その対比的な解釈に着目することで、Social Pedagogyの本質に接近できる可能性があるからである。ただし、Social Pedagogyをめぐるイギリスの議論では、ソーシャルワークやソーシャルケアとの関連性には留意されているものの、Community Educationは未だ視野に入っていない。というよりも、それは別系統の概念として理解されているように思われる。それに対し、本節ではCommunity Educationを一方の対比の極に置くことによって、社会的排除に抗する教育的支援としての両者の共通性を導出し、Social Pedagogy概念の本質をさらに深めるための手がかりを得ることを試みる。

1. イギリスにおけるSocial Pedagogyの受容動向

(1) Social Pedagogyへの関心の高まり

イギリスの政策文書の中でSocial Pedagogyへの言及が見られるのは、2003年の「どの子どもも大切」(Every Child Matters)、2005年の「子どもに関わる従事者戦略」(Children's Workforce Strategy) からであるが (Petrie & Cameron, 2009)、周知のようにこれらの文書の背景には、児童虐待問題（例えば2000年に起きた「ヴィクトリア事件」）を契機に子ども・家庭に関わる専門職の在り方が見直されたことがある。いくつかの事件を契機にして、多様な専門職の間での"working together"や"joined up"という協働が強調されるようになったが、これらは専門職が個々の専門性や制度的区分に枠づけられて子どもを部分的に見ることへの批判と全人 (whole Person) として子どもを見る必要性の理解に

立脚している。後述するように、Social Pedagogy もこのような視点を強調するため、イギリス側から見れば大陸ヨーロッパにおける子どもに関わる社会的な専門職の経験と理論は先行経験として映じたと思われる。

このような社会的な関心に対応して、イギリスの高等教育機関では、2000 年代に入って Social Pedagogy に関するコースや科目が設けられるようになった。例えば、ロンドン大学教育研究所には、Centre for Understanding Social Pedagogy（CUSP）が設置され、修士課程も開設されている。このほかにもいくつかの大学で Social Pedagogy のコースが開設され、ソーシャルワーカーやユースワーカーの養成コースのカリキュラムの中に科目として Social Pedagogy が位置づけられている場合も少なくない（Hatton, 2013）。

この動向の背景には EU における高等教育課程の共通化（ERASMUS/SOCRATES）の取り組みもある。ソーシャルワーカーやコミュニティ教育に携わる専門職の養成に関わるカリキュラムをヨーロッパ次元で開発する試みや社会領域における専門職の国際的ネットワークを構築する動きは 1980 年代半ばから生まれているが、その背景の一つには社会的排除に対抗する社会的領域の専門職の役割や機能の解明が EU では急務となっていることがある（Freisenhahn et al）。

さらに、イギリスでは Social Pedagogy を普及するための民間の教育組織も既に誕生している。その一つの ThemPra（= Theory meets Practice）は、社会的企業形態をとった Social Pedagogy の普及機関であるが、この組織はデンマークやドイツで学んだ 2 人の実践者（Gabriel Eichsteller & Sylvia Holthoff）が中心になって 2007 年に設立された。ThemPra は、2009 年には Social Pedagogy Development Network を、ロンドン大学教育研究所内の Thomas Coram Research Unit (TCRU), the National Centre for Excellence in Residential Child Care などと共に設立し、各種のセミナーやイベントを開催しながら草の根レベルでの Social Pedagogy の普及・定着を図っている。このネットワーク組織では、社会的養護に携わる養護者の Social Pedagogy に関する学習プログラム[1]をまとめることを目的としたコンソーシアムも設立しているが、このような取り組みは、イギリスにおける Social Pedagogy の受容が、実践の理論化と理論の実践化という往還構造を形成しつつ展開していることの一つの証左である。

(2) イギリスにおける Social Pedagogy の位置と意味

　Social Pedagogy の統一的な定義はまだなされていない。本書の他の章でも言及しているように、大陸ヨーロッパにおいても各国においてその理解は異なるし、同一国内においても理論的な基盤が異なればその意味もまた異なる。したがって、ここで言及する「Social Pedagogy の意味」も、あくまでも数ある理解の一つに過ぎない。このような状況に加えて英語圏の場合は、大陸ヨーロッパでの Pedagogy 概念が英語に置き換えられないという問題があり、これが議論を前進させる上での制約要因の一つとなっている。TCRU のリーダーであるキャメロンとモスは、pedagogy は英語圏においては教室における教授・学習に関わる科学として理解されるため、もっとも狭い意味での education、つまり認知的個人的な接近方法に関連した用語になるという（Cameron and Moss, 2011）。しかし彼らは、pedagogy には upbringing（しつけ）という要素が含まれるというハンガリーの研究者（コリンタス）の指摘を紹介し、通常は家庭の機能とされる要素を含んで pedagogy 概念が成立することを示唆している。またペトリエとキャメロンは、TCRU の共同研究者であるトーマス・ガブリエルが、pedagogy 概念に密接に関連するドイツ語の erziehung を "personal, social and moral education" と翻訳し、その概念の包括性を表現しようとしているにもかかわらず、フォーマル教育を連想させる education という用語を使用することによって意味が混乱するという（Petrie, P & Cameron, C, 2009）。学校教育のみならず人格の修養や向上という意味を持つドイツ語の Bildung についても同様である。つまり、pedagogy は本来 education と等置できず、pedagogue も teacher とは等置できない。

　しかし、Social Pedagogy 概念の理解の難しさは、言語上の差異だけに起因するものではない。英語文化圏では、伝統的に education は個人を単位として理解されてきたが、さらに新自由主義政策の下での脱文脈化された個体主義モデルがそのような理解を強化するに至っている（Cameron and Moss, 2011、Smith and White, 2008）。スミス＆ホワイトは、英米系のソーシャルワークが「問題家族」のケースワークに焦点化し、貧困や分断化されたコミュニティといった構造的問題をソーシャルワーク実践の周辺に追いやってしまったと指摘する。このような傾向が、Social Pedagogy 概念が前提としている文化的社会的フレームの理解を

難しくしている。

　しかし、この差異が逆に、近年のイギリスにおいて埋没していた社会的・革新的な教育や福祉に関する概念を掘り起こす契機になった。例えば、いち早く社会的養護に取り組み TCRU の名称にもなっているトマス・コラムや広義の教育によって貧困問題の解決を目指したロバート・オーウェンはその例である（Petrie & Cameron, 2009）。そのような拡張された視点からみれば、現在展開されている子育て・家族支援事業としての Sure Start 事業も、Social Pedagogy に関する実践の一つと言える（同上）。これらの実践を Social Pedagogy の視点から再評価することによって、新自由主義に基づく個体主義的な実践への抵抗と批判の論理が模索されているといって良いであろう。

　その傾向がより強く現れているのがスコットランドである。周知のようにスコットランドは労働党の影響が強い地域であり、最近では独立政策を掲げたスコットランド国民党が主導権を握っている。新自由主義政策への批判も強いこの地域では、Social Pedagogy をソーシャルワークの地域的伝統と連続的に把握することも可能である。スミス＆ホワイトはハマライネンに依りながら（Hämäläinen, 2003）、Social Pedagogy 概念はドイツの産業化の過程で平等主義的な運動として生成したと述べ、その生誕の契機を資本主義社会の成立に伴う貧困問題を教育的対応によって解決する試みに求めている（Smith and White 2008）。そのような視点からみれば、スコットランドのソーシャルワークも同様の接近を示すと言えることから、彼らは Social Pedagogy はソーシャルワークの新たな形態とみてよいという。すなわち、ヨーロッパとスコットランドの子ども若者支援への接近には、社会的文脈に焦点を当てるという類似性があり、それは、人間は自分が住むコミュニティに責任を持ち、コミュニティはその構成員に責任を有するというものである。彼らによれば、共通善や共通の福利が、社会福祉（well-being）の基盤をなすという考え方は、1968 年のソーシャルワーク法に反映している。その前段に提出された The Kilbrandon Report（1964）では、少年非行への対応をめぐって、子ども・若者は、その成長過程での失敗から生ずる要求に効果的に対応する統合的教育システムの内部で扱われるべきという提起が行なわれた。彼らは、この提起に Social Pedagogy と共通する視点を見出している[2]。

(3) イギリスから見た Social Pedagogy の特質

それでは Social Pedagogy の新しさはどのような点にあったのであろうか。ここでもその理解の多様性の故に全体像を描くことはできないが、特徴的と思われる整理のいくつかを確認しておきたい。

1) TCRU による特徴づけ

イギリスにおける Social Pedagogy の実践と政策に大きな影響を与えてきたのが、この研究ユニットである。1973年に設立されて以来、主に子ども・若者を対象とする種々の政策的課題に関わった調査を実施してきたが、近年では Social Pedagogy も主要な柱の一つとなっている。2000年には大陸ヨーロッパにおいて Pedagogy 概念によって理解されているものを明らかにする調査が行われ、その後、児童養護施設や里親制度における支援者の役割や専門性に関する調査、そしてイギリス国内の大学での Social Pedagogy の採用動向についての調査が実施された。2009年には報告書「Pedagogy – a holistic, personal approach to work with children and young people, across services」が刊行されたが、その中で実践としての Pedagogy の特徴について、以下のようにまとめられている (Hatton2013)。これはこの時点でのイギリスから見た大陸ヨーロッパの Social Pedagogy モデルといってよいであろう。

- 全人 (whole person) としての子どもとその総合的な発達への支援に焦点
- 実践者は子ども・若者との関係においては一人の人として自分自身を見る
- 子どもとスタッフは、共に居る間は、既存の分離的階層的な領域とは異なって、同じ生活空間に存在する者として了解される
- Pedagogue は専門職として実践の不断の省察を奨励され、そして理論的理解と自己の知識を仕事と彼らが直面するところの時に挑戦的な要求に応用することを奨励される
- Pedagogue は実際的でありまた創造的である。すなわちその養成にあたっては、食事やおやつの準備あるいは音楽を作り、凧を作るというような子どもの日々の生活の多くの側面を彼らが共有できるように訓練が提供される
- 集団的状況では、子どもたちの協同的生活が重要な資源とみなされる：ワーカーはグループの効果を生み出し育てるべきである
- Pedagogy は手続き問題や正当化の資格に限定されない子どもの権利の理解

に立脚する
- 子どもを育てる中での、チームワークと他者 ― 家族・他の専門職・地域の人々 ― の寄与の重視の強調

2） 頭・心・手（Head・Heart・Hand）

　以上の特徴づけは、Social Pedagogy が知育にのみ関わるような教育とは異なり、人間存在の全体を対象としてその発達を把握することの必然的な帰結である。子どもや若者と世界を共有し、人と人のパーソナルな関係という対等性・対話性を保持しながら同時に省察的に実践を把握し、その質を多くの人々と共に高めていくことが支援者としての実践者には求められている。

　ハットンによれば、このような実践を支える原理はドイツ語の Haltung として総括されているという。この語は他者に対する情動的なつながりと人間の尊厳に対する敬意を意味し、Social Pedagogy の文脈では平等性や当事者主体、生活の熟達者としての子ども理解、当事者の歴史の尊重などを含むとされる（Hatton 2013）。この理解が、社会的包摂やエンパワメントと親和的であることはいうまでもない。その際に実践者にとって重要であるのは、「頭と心と手」を使うことであるという。「頭」とは介入の論理を分析することを意味し、「心」は他者や集団への感情移入を、そして「手」は介入の際に用いる方法の実際性と創造を意味する。ステファンは「頭」を合理性、「心」を道徳性の指針として理解し、効果的であるのみならず社会正義に立脚する実践として Social Pedagogy が成り立つ要件をこれらに見ている（Stephens.P, 2013）。

3） CRISP モデル

　ハットンによれば、イギリスの支援者の間では、Social Pedagogy は単なる実践のテクニックではなく、人々の生活を強化し包摂を進める手段として理解され、そのような視点から Social Pedagogy の実践モデルを構築することが試みられてきた。その一つが CRISP（Creation, Inclusion, and Social Pedagogy）モデルである。このモデルは包摂機能と創造機能を Social Pedagogy の構成要素として明示することを意図したものであるが、創造性はヴィゴツキーに基づいて想像力を原動力とするものとして理解されており、同時に想像力は変革の契機としても位置づけられるが故に、エンパワメント機能と連続し包摂機能と結びつく。具体的にはアート活動の持つ解放機能が重視されており、ホームレス支援において

も自己肯定感の向上や動機づけに有効であることが確認されているという（Hatton 2013）。

この図はハットンの著書にある図（p.40）を元に描いたものであるが、その中の「共有の第三のもの（Common Third）」とは、デンマークにおいて重視されている用語である。アートやスポーツのような創造的活動に専門職と当事者が共に取り組む時に、両者の関係は「主体―主体」の対等な関係となる。

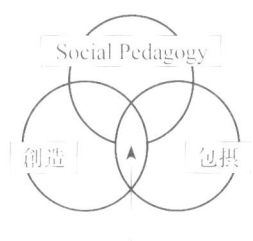

図8-1　CRISPモデル

「共有の第三のもの」とは専門職と当事者を媒介し協働を引き起こす対象と言ってよいであろう。専門職の側からすれば自らに与えられた社会的規定性を超えた対等な一個人として、当事者と共有する目的や対象（common third）に向かって、活動の過程そのものに関心を集中することになる。逆に言えば、そのような共有される活動を創造し、当事者を取り巻く関係性を組み替え、エンパワメントを進めることにSocial Pedagogyにおける支援者の専門性があるといってよい。このような理解はヴィゴツキーの発達の最近接領域論とも連続性をもっている。

4）多職種協働の核としてのSocial Pedagogy

Social Pedagogyは子ども・若者に関わる援助職のみならず対人援助に関わる実践者に共通の理論的枠組みを提供する可能性を持っている。イアン・ミリガンは、ThemPraによって児童養護施設のスタッフを対象に行われたSocial Pedagogyに関する研修の成果に関する報告書の中で、多くの参加者がSocial Pedagogyは彼らがすでに行っている実践を支える理論を提供すると感じたこと、および他のスタッフにもこの研修を受講してもらうことによって共通理解が持てるようになるという期待を述べたことを紹介している（Ian Milligan 2009）。この研修には少なくとも児童養護施設職員、教育支援職員、家族支援職員が参加しているが、以上の報告に基づけば、これらの多職種の間の共通の実践理論としてSocial Pedagogyが位置づく可能性が伺える。

本書の他の諸論稿で言及されているように、大陸ヨーロッパではSocial Pedagogyが広範な対人援助職の共通基礎として位置づけられているが、イギリスにおいてもそのような模索が始まりつつあると見てよいように思われる。特に、政策的に求められている多職種協働を進める上で、協働の基盤を形成する理

論枠組みとして位置づけられる可能性を見てよいであろう。

(4) 小 括

　以上のように、Social Pedagogy は teaching により成り立つ education を超えて、子ども・若者、さらには困難に直面する人々の人格的自立を支える広義の教育理論としてイギリスでは理解されている。そのレリバンスは教育専門職以外の対人援助専門職が担うケアワークにまで及んでいる。この側面から見れば、それは教科教育を中心とした学校を前提にした教育概念を拡張し転換する可能性をもった教育理論といってよく、遊びやアートの持つ創造機能という視点から見ればレッジョ・エミリアも Social Pedagogy の領域に収まることになる（Moss. P2011）。したがって、現段階では Social Pedagogy をめぐる主要論点は、それが含意する全人的な教育理論の解明であり、分節化すれば Social Pedagogy を支える新たな学習の展開論理と支援者の専門性の解明、およびそれらによってもたらされる発達の新たな論理を明らかにすることであろう。
　このような論点は日本においてもすでに臨床教育学や生活指導論として理論的総括が試みられてきたが、イギリスにおいてはコミュニティ教育がそれらの論点についての示唆を与える位置にある。

2. コミュニティ教育の射程 ─ スコットランドを中心に ─

(1) コミュニティ教育の展開

　コミュニティ教育の場合も Social Pedagogy と同様に、その実践を支える理論は多様であり、一律には論じられない。実際の内容を見ても、成人教育や生涯学習あるいは職業教育から地域づくりと一体的に展開する学習まで広範囲にわたっている。ここでは、Social Pedagogy の特質を浮き彫りにするという目的に必要な限りでコミュニティ教育の特徴を確認しておくこととする。その視点からすれば、スコットランドのコミュニティ教育の展開は参照に値する。なぜなら、既述のようにスコットランドのソーシャルワークと Social Pedagogy の同質性が語られることが示唆するように、そこでは社会的排除への取り組みが地域課題として理解される可能性が相対的に高いと思われるからである。

スコットランドにおけるコミュニティ教育についてはLyn Tettが簡潔にまとめている（Lyn Tett, 2002・2010）。最初に彼女の紹介に基づきコミュニティ教育の概要を確認しておこう。スコットランドのコミュニティ教育の起点は1975年に提出されたアレキサンダーレポート「成人教育――変革の挑戦」に求められる。この報告書では、成人教育とユース＆コミュニティワークをコミュニティ教育として統合することが勧告されたが、それは学校的な学習観に立脚し、生活基盤が安定した人々を対象にしていた当時の成人教育を、人々の生活により近い次元で成立するインフォーマル教育としてのユース＆コミュニティワークのフレームに基づき再定義する試みであった。したがってそれは「伝統的に成人教育の恩恵に与っていなかった多くの人々を含む地域に基盤をおいた普遍性ある取り組みに移る条件を創りだすことを模索」（Tett, 2002）するものであり、生活困難な状況にある人々をも視野に入れた改革であった。

ただし、テットが指摘するようにそこには改良主義的な流れと革新的な流れが混在しており、それに対応して基盤となる学習論・教育論にも差異がある。例えば、革新的伝統をもつコミュニティ教育は、教育と社会的行為との直接的なリンクを重視し、教育による社会的政治的変革を目指すが、改良主義的伝統を持つ場合は、生活の質に関わる問題解決が図られるもののトップダウン型であり、コミュニティは既成の国家的秩序への包摂の手段となる。しかし、ここではひとまず、知育中心の学習観から実際の生活に埋め込まれた学習観への転換が模索されていることを確認しておきたい。実際には、そのような新たな学習観に基づく教育論およびそれに基づく教育的支援者像を描くことは容易ではなかったものの、実践の形態としては若者に関わるインフォーマル教育、コミュニティ基盤型成人教育、コミュニティ・デベロップメント・ワークが、内容的には成人基礎教育、職業訓練、女性教育、子どもの遊び、高齢者教育、コミュニティスクールが展開した。

このようにして成立したコミュニティ教育は、行政・ボランタリー組織の両者によって担われ、1990年代には1500人以上のコミュニティ教育者（専門職）が活躍するまでに至った。彼らが携わったのは以下の業務であった（Lyn Tett, 2002, p.7）。

・若者や成人、特に不利な状況にある人々のために、彼らが一生を通じて教育

と訓練に戻るよう、地域に基盤をおいたガイダンスと提供をしながら支援する。
・若者や成人を、コミュニティの改善、問題に取り組む自助的でボランタリーなコミュニティ行為の増加という点で支援する。
・中央・地方政府、そして他の機関の、地域住民や消費者サービスの必要や関心を聞き取る能力を強化する。
・犯罪予防、薬物の啓発そして環境保全行動のような公共的な教育キャンペーンを通して政府とその他の機関が問題意識を高めることの支援
・個人的、社会的、文化的、経済的そして政治的発展への地域住民の効果的な参加を刺激し、人々が変革の決定に能動的に参加するように助ける

　財政的な保障が伴わないという問題はありつつも、コミュニティ教育は1990年代後半にはオスラー報告によって社会排除への対抗戦略に位置づけられ、「すべての市民、特に社会的に排除された人々が、その可能性のすべてを発展させ、変革への挑戦に出会う能力（capacity）を個人的・集団的に持てるようにすべき（Tett, 2010, p.23、Scottish Office 1998）」というビジョンが示された。2002年にはコミュニティ教育は「コミュニティの学習と発展（Community Learning and Development：CLD）」に名称が変更された。その目的は、コミュニティに基盤を置く学習とコミュニティ・アクションとによって、個人とコミュニティが生活の中の現実的な問題に取り組むことを助けることとされているが、ここには2つの特徴がある。第1は、従来のコミュニティ教育と地域づくり（community development）の結合である。社会的排除は島嶼部を抱えるスコットランドでは地域問題として現象し、地域づくりが政策的にも課題となるが、その政策課題にコミュニティ教育が呼応することが要請された。第2は、教育ではなく学習が強調されている点である。テットはビエスタに拠りつつ（Biesta, G.2009）、この変更には学習者が知を構成するという学習論の新たな展開が反映しつつも、教育者による価値づけや方向づけの役割を無視するという教育概念の放棄の可能性が含まれていることを指摘し、実践の個人主義化と社会正義に立脚した教育の価値づけの弱まり（Wallace et al, 2008）についての危惧を表明している。

(2) コミュニティ教育（CLD）の学習論

　コミュニティ教育には、成人基礎教育やユースワーク、あるいは健康教育や地域づくりに関わる学習・教育実践等の多様な内容が包含されることもあって、実践の分析においては種々の理論的なフレーム（フレイレやハーバーマス、フェミニズムアプローチなど）が用いられているが、現時点では固有の統一的な学習理論・教育理論を構築するまでには至っていないように思われる。その一方で、地域社会への参加と地域課題の解決による地域づくり、あるいは社会的包摂という行政的ミッションとの親和性は高く、この課題の実際性が実践過程における多職種協働や学習実践の構造化を支えているといってよいであろう。

　しかしコミュニティ教育が、その内実の理解の種差はあったとしても、社会的排除への対抗的実践として社会的に位置づけられる限り、それは、少なくとも排除過程の一環として機能するような学習・教育論への批判に支えられているはずである。この点をCLDとしてのユースワークと子ども支援とに即して簡単に確認しておこう。それはユースワークがSocial Pedagogyとも共鳴するために、Social Pedagogyとコミュニティ教育の共通項の位置にあるからである。

　テットはエジンバラにおけるアタッチド（訪問型）・ユースワークの事例をコミュニティ教育実践として紹介している（Tett, 2002, p.51）。その特徴を筆者なりに要約すれば、第1に、若者が居る空間に赴き若者の望みや心配事を丁寧に聴き取ること、第2に、若者自身の経験を起点に据えながら、彼・彼女にとって意味のある固有の情報（例えば宿泊所や法的権利等）を提供すること、第3に、若者の主体的な選択を尊重しつつ、彼らに制約をもたらしている要因への省察を促すこと、第4に、若者たちの声を排除する社会（コミュニティ）の側に届け、コミュニティの側の省察の過程に若者たちが参画すること、にある。

　もう一つのユースワークの事例は、CLDの主事の組織であるCLDMS (Community Learning and Development Managers Scotland)[3]が事例として紹介しているダンディ市におけるユースワーク（Xplore）である。ここでは自ら申し出るか、学校やソーシャルワーク、NHS（国民保健サービス）などから申し送られた若者に1対1のサービスを提供している。その特徴は、第1に、個人を出発点に置くこと、第2に、若者の要求に見合う多様な選択肢を用意するものの、それを選択し計画をつくり評価するのは当の若者自身であること、第3

に、本人の希望や関心に沿ってボランティアなどの社会参加の回路を形成すること、第4に、コミュニティへの参加の経験をとおして、彼らが、自分がそれに値する存在であることを実感することを重視していること、にある。

　第3の事例は、家族リテラシープログラムである（Tett, 2002・2010）。この実践は自身のリテラシー問題のために家庭での子どものリテラシー教育に不安を覚える親を対象に行われた。ここでも特徴のみを指摘するにとどめるが、第1に、学校でのリテラシーではなく、親が日常生活で発揮しているリテラシー実践を起点に据えること、第2に、言語に着目しつつ、日常生活に潜む差別性（人種・性別・階級）を批判的に意識化すること、第3に、日常生活の解読に基づくテキスト作りや省察の過程の記録作成などの学習実践の計画は学習者自身が作成すること（カリキュラムの主体的編成）、第四に、以上を通して得た自信をもとに学校などの公的機関との対等な話し合いを展開すること、である。

　これらの実践事例からは、第1に、当事者が学習の組織化の主体であること、第2に、学習者は固有の経験や物語を持つ個人として尊重されていること、第3に、問題解決のための資源や選択肢が個々の状況に対応して整備され提示されるために、学習者は実行可能な実践のレパートリーを拡張することができること、第4に、その過程は同時に批判的省察の過程でもあることによってコミュニティへの能動的な参加の回路が開かれること、第5に、コミュニティへの参加がコミュニティを変容させる契機となることによって、コミュニティの主体としての自己を形成できること、そして第6に、コミュニティ教育者は、個人的な問題をコミュニティ全体の問題に転換し、諸個人とコミュニティの相互の省察と新たな実践を促す媒介者であること、をコミュニティ教育における学習とその支援の特質として引き出すことができる。ただし、コミュニティの側の省察については、これらの事例による限りはその可能性を指摘するにとどめざるを得ない。

3. Social Pedagogyとコミュニティ教育（CLD）の統一的把握のために

(1) 共通性

　現時点では、イギリスにおけるSocial Pedagogyとコミュニティ教育の間には制度的にも実践的にも直接の接点はない。しかしながら、両者が形成しつつある学習論・教育論という理論的な次元ではいくつかの共通項を見出すことができる。第1に、知育中心のフォーマル教育への批判である。特に社会的排除が主題になるにつれて、学校形態では満たされない学習の機会を単に保障することではなく、保障されるべき学習と教育の質が問われるようになったと言ってよいであろう。学習の組織化が排除に帰結しないような学習実践とは何かという問いが両者の主題として明確になりつつあると見てよい。第2に、日常生活を主体的に構成している個人を学習者把握の出発点に置くことがある。「全人」という視点は道徳主義的に求められるというよりは、実際の生活の総体性・具体性を踏まえることによって必然的に要請される視点と言ったほうがよい。第3に、学習実践の起点は徹底してパーソナルな問題に置かれるが、同時に何らかの集団的・協働的活動を通して、パーソナルな問題に現象している社会的な抑圧性の批判と、そこからの解放が重視される。第4に、教育者と学習者の水平的な関係および両者の間の信頼の構築が集団的・協働的活動の構成要件とされている。このことは教育的支援者を含む実践コミュニティの構造と機能についても、両者の理解が接近していることを示唆する。

　ただし、以上の整理は本節で見たようなSocial Pedagogyとコミュニティ教育の実践を前提にした場合にのみ成り立つのであり、繰り返し述べているように、各々の内部にも実践の種差があることからすれば、どのような実践を基盤にするかによって、共通項の整理は大きく異なるであろう。本稿での整理もあくまで仮説の一つに過ぎない。

(2) 差異性

　両者の顕著な差異は、実践の単位、したがって理論的な分析の単位にある。コミュニティ教育は変遷がありながらも現在は地理的なコミュニティを実践展開の場として措定している。他方、Social Pedagogy の場合は、協働によって追求する特定のテーマを共有するコミュニティを措定している。

　この差異は、コミュニティに作用する権力性や統制作用の理解の差異としても現れる。コミュニティ教育では地域は統治の単位であることが常に意識されている。また地域社会は多様な価値が同時に存在し、場合によっては排他性を帯びる場でもある。このことから、コミュニティ教育では学習者が能動性を顕在化させるための条件として、個の自立を可能ならしめる意識化や批判的省察が重視されることになる。これに対し Social Pedagogy の場合は、アートのような創造的活動による意識変容が重視されるが、その場合の実践コミュニティは創造性を育む場として肯定的に理解され、意識変容も日常意識からの解放というような個人的文脈で語られがちである。

　さらに、このような焦点の差異によって、教育的支援者の役割や専門性の理解についても力点が違ってくる。コミュニティ教育の場合は、パーソナルな問題（矛盾）をコミュニティの問題（矛盾）へと媒介することが重視されるが、Social Pedagogy の場合は、権力性を持つ組織の規定性を括弧に入れて当事者と対等な関係を築くことに専門性の特質が求められる。

(3) 統一的把握の課題

　Social Pedagogy は相対的にミクロなレベルで協働や集団の質を問い、その次元でケア的な関係性を構築する学習と実践の論理を生成しつつある。コミュニティ教育の側では、自治的で包摂的な公共圏を構築する学習と実践の論理を生み出す可能性がある。ケアと自治を民主主義の2つの現象形態として理解するならば[4]、ミクロレベルの民主主義とマクロレベルのそれをどのように関連づければよいのかが、Social Pedagogy とコミュニティ教育を統一的に把握するための基本的な論点であろう。もちろん、民主主義と教育の関連は、これらの教育の生成と密接に関わる論点であるが、ここでは両者が社会的包摂という課題に応える形で存立していることを確認するにとどめ、この側面には立ち入らないことにす

る。

　この論点を深めるためには、学習の主体である当事者の存在構造についての一歩踏み込んだ分析が不可欠である。Social Pedagogyとコミュニティ教育の両者ともに、当事者が主体であることは前提にしているが、必ずしも主体として振る舞えない実際生活の次元において、主体として把握することは如何に可能なのか？　主体を、矛盾を内包した存在として把握することが2つの教育論を統一するための鍵になるであろう。この点は両者ともに不徹底といってよい。

おわりに

　2つの教育論には解放や連帯という契機も含まれているが、これらは冒頭に述べた自立支援に関わる教育的支援の不可欠の構成要素である。主体が自らの能動性の故に客体的になる転倒的な存在であることを立論の起点に置いた時、ミクロであれマクロであれ、主体としての自己が確証されるのは、自らの、そして他者の転倒性を読み解き、その転倒性を再転倒させる解放的で連帯的な実践を通してであることが明らかになる。Social Pedagogyとコミュニティ教育を統一した地平に成り立つ学習・教育論はここから出発することになるであろう。

参考文献

Biesta,G. (2009) "Good education in an age of measurement : on the need to reconnect with the question of purpose in education", *Educational Assessment, Evaluation and Accountability*, Vol.21, pp.33-46.

Claire Cameron and Peter Moss, Social Pedagogy : Current Understanding and Opportunities, Cameron & Moss (2011), "*Social Pedagogy and Working with Children and Young People*", Jessica Kingsley Publishers, 12.

Gunter J Freisenhahn, Friedrich W. Seibel, Anette Kniephoff-Knebel, Europeanising the Social Professions - Networking in practice and education,"*Social work and society International Online journal*" Available at http://www.socmag.net/?p=980.

Hämäläinen,J (2003). The concept of social pedagogy in the field of social work, "*Journal of social work*", 3(1).

Hatton Kieron (2013), "*Social pedagogy in the UK*," Russell House Publishing.

Ian Milligan (2009), "*Introducing social pedagogy into Scottish residential child care : An *evaluation of the Sycamore Service social pedagogy training programme*", Scottish Institute for Residential Child Care.

Korintus.M (2001) "*Mapping Care Services and the Care Workforce*", National Report, Hungary.

Lyn Tett (2002), "*Community Education,Lifelong Learning and Social Inclusion*" Dunedin Academic Press.

Lyn Tett (2010), "*Community Education, Learning and Decvelopment*", Dunedin Academic Press.

Mark Smith and Bill White (2008), Social education and social pedagogy：reclaiming a Scottish tradition in social work, "*European journal of Social Work*" Vol11 No1.

Paul Stephens (2013), "*Social Pedagogy - Heart and Hand*", EHV.

Peter Moss,"Early Childhood Education in Reggio Emilia and Social Pedagogy：Are They Related?" in Cameron & Moss (2011).

Petrie Pat & Cameron Claire (2009), Importing Social Pedagogy?, kornbeck Jacob & Jensen Rosendal Niels (2009), "*The Diversity of Social Pedagogy in Europe*".

Scottish Office (1998) "*Communities : Change Through Learning*", Edinburgh：Scottish Government.

Wallace, D. et al (2008) "Reclaiming Social Purpose in Community Education" *The Edinburgh Papers 2008*, Reclaiming Social Purpose Group.

注

1）The Fostering Network のwebサイトを参照されたい。https://www.fostering.net/sites/www.fostering.net/files/resources/further-reading/head-heart-hands-leaflet.pdf

2）ただし、大陸ヨーロッパにおける Social Pedagogy のすべてが、ここで理解されたようにコミュニティ概念を重視しているとは言えない。特にドイツでは全体主義の基盤としてのコミュニティへの批判が強く、Social Pedagogy も国家社会主義との関連で検討されている。Heinz Sünker and Rita Braches-Chyrek, Social Pedagogy in Germany, kornbeck Jacob & Jensen Rosendal Niels（2009）。その意味ではスミスらの視点は、社会統合の側面よりも新自由主義批判の可能性を Social Pedagogy に読み取るという関心がより強く出ている。

3）http://www.cldms.org.uk/、最終閲覧 2014.12.10。

4）この論点については、竹内常一の手による「全生研（全国生活指導研究協議会）第56回大会基調　子どもの生存権と教育への権利を保障する生活指導を」が示唆的である。

5）この点についての筆者の理解は、「コミュニティ・エンパワメントとしての生活困窮者支援」『貧困研究』第13号、明石書店、2014を参照して頂ければ幸いである。

第9章
ドイツにおける社会教育学
教育科学的伝統の視点からの提唱

原文：ドイツ語：Sozialpädagogik in Deutschland. Eine Darstellung aus der Perspektive erziehungswissenschaftlicher Tradition

Socialpedagogy in Germany
― Description from Perspective of the Educational Tradition

はじめに

「社会教育」という言葉で、3つの異なる事情が意味されている。第1は、ひとつの「社会の現実」である。そこで、人々は交際し、施設・組織は社会的に構成される部分である。第2には、理論としては経験的な認識に基づいたシステムであり、第3には、社会教育の「言説」であり、そのなかで社会教育は論述と文献によって社会教育学として作り出される。（Winkler 1988;Hamburger 2012）この論文では、社会教育の名の下で、施設・機関と行為の社会的場に関係する社会科学および教育科学の部門が理論として理解される。「現象学的に」与えられ、同時に構成される社会的現実のこの切り取られた部分は、実践としての社会教育を提示する。行為とその行為の理解において「社会教育」の特別な意味がつねに取り出される行為の場か行為の場として理解されることにより、テキストは「つまるところ」社会教育学と定義されるはずであるものの論証の構築に寄与する。

1. 社会教育の概念

社会教育の概念は、19世紀の中葉にカール・フリードリッヒ・マーガー（Karl Friedrich Mager（1810-1896））とフリードリッヒ A.W. ディスターベーク（Friedrich A.W.Diesterweg）により教育学に導入された（参照、Winkler 1988,S.37ff.）初めから、この概念にはふたつの異なった強調点があった。マーガーは、社会教育を教育の特別に区別されて独立したものとして定義された

第9章 ドイツにおける社会教育学 —— 教育科学的伝統の観点からの提唱 —— *151*

領域ではなく、社会に真に存在する教育の社会的現実性だと理解する。一般教育学はある一定の観点のもとで考察される。このコンセプトはのちにパウル・ナトルプによってふたたび取り上げられた。

　ディスターベークはそれに対し、社会教育を「社会的貧困」に、まさに資本主義によって貧しくされた住民の階層の生活条件に関係づけた。社会教育にとって貧困の結果を教育的に扱うという課題があてがわれた。この社会教育について限定された、そしてのちによく知られるようになった理解は、特に青少年援助と家庭支援に関係し、この領域における活動の「実践の反省」という行為を確立した。改革教育運動と青年運動の影響を受けて、20世紀前半にこの解釈学的で実践的な社会教育学が広がり、この概念がヘルマン・ノール（Herman Nohl（1879-1960））によりもたらされた。

　すべての概念は、検討されて仮説的に決められ、適用される中でその輪郭を獲得する。社会教育の名の下では、その行為の場が理解され、そこで個人と社会構造との間の関係が取り扱われる。「学校と家庭ではないすべての教育」（1929年にゲルトルート・ボイマー（Gertrud Bäumer）[1]により定式化された）という初期には普通であった対象領域の限定は、その後多様な観点から明らかにあまりにせまいとされている。「教えること」（Erziehung）の行為の仕方は、子どもの扱い方の小さい、そして歴史的理解においてのみ跡付けることができる領域に限定されている。それゆえ、社会教育（Sozialpädagogik：以下ここで使う教育ないし教育学は、Erziehungの断りがない限りPädagogikの訳である。）の対象は、支援、助言、同伴、計画的で構造化された協同生活、情報、社会資源、物質的援助の伝達・仲介、反省と形成、計画化と広く知られているような行為に拡大されている。

　学校と家庭以外という制度的な区分けも問題にされてきた。なぜなら青少年援助の重要な課題は、例えば家庭においても取り上げられる（社会教育的家庭援助）からであり、また学校もすでに社会教育の課題にそって考えられることが出来るからである。その結果専門による区分けも難しいことが明らかである。何故なら、障がい者施設における社会教育の課題、成人教育と職業教育の事業における、余暇教育とメディア教育における社会教育の課題がたてられ、取り組まれているからである。それゆえ、特有なものとして明確に区分された社会教育の部分

は、社会教育行為の小さな部分だけをカバーしていることになる。

　社会的実在としての社会教育は、近代社会において見逃すことが出来ないほど広がった。それにより社会教育学は大きな問題を自分で自分に引き受けることとなった。(Winkler 1995)個人と社会との関係に対するグローバルな役割によって社会教育は現代社会の中心的な克服すべき課題を割り当てられている。その重要な実践分野としての児童・青年援助は、連邦政府の第14回児童・青年報告が確認したように（連邦議会 2013）「社会の真ん中」に位置を占めた。「正常」を社会教育により「回復」させることの日常生活化と一般化が現代社会において必要となった、なぜなら「素朴で」伝統的な自明性は（カール・マルクスとフリードリッヒ・エンゲルスによる共産党宣言における、言葉づかいのように）「蒸発し」た。そして人々の個人化、また社会的に組織された制度における人々の社会化が、引き起こされた。困難な状況における緊急援助の、困難な人々の訓練の機能だけでなく、社会教育は現代社会にとって根本的な機能を持っている。組織された社会化として社会教育は、現代社会における生活の前提をととのえる。

　概念の抽象化によってその対象が広げられる結果、今まで示された概念形成には様々な変種がある。社会教育にとって児童と青年に関する典型的な領域を、ローター・ベーニッシュ(Lothar Bönisch)が提出した。すなわち、「教育科学の専門領域として、社会教育学は、児童と青年の社会化の過程に起こるすべての社会構成的に制度的に条件づけられた軋轢に取り組む。児童と青年の主体的な前に進む力と可能性と社会的制度的要求との間の軋轢、それらは家庭、学校、仕事の世界そして地方自治体において仲介されている類のものである。社会教育はこの軋轢を解明し、その結果の問題を予測し、その文脈の中で教育の援助のための基礎を発展させることに取り組む」(Bönisch 1979, 22)

　この役割から、社会教育の独自の最初の取り組みとして次の点が強調される。すなわち、(1)個人と社会の関係は、(2)その関係の中に含まれている軋轢を念頭に置いて軋轢として考察され、社会教育は(3)葛藤の状況を分析し、(4)葛藤に取り組む構想を発展させる。

　そして、社会教育学の役割に、児童と青年の成長のために非常に重要な発達の次元を適用すると、あるシステム的な視点が生じる。すなわち軋轢関係は、所得という経済の次元、文化の次元そして教育の次元、関係の社会的なるものの次元

第9章　ドイツにおける社会教育学 —— 教育科学的伝統の観点からの提唱 ——

で生じ、そして結局のところは成長の環境としての世界の次元に生じる。

　成長の次元においては、子どもの時期と青年期における発達課題として克服されるべきである特別な要求が、個人に対しその都度姿を現す。発達課題は、その時々の課題達成の際に児童たちと青年たちのために一定の機会を含むか、ないしその課題達成を制限する。社会教育は、次の両面に関係する。すなわち、最大限発達することが出来る個人の能力や関心、そして社会のチャンスの構造にである。

　経済、文化、教育、社会、成長の次元はお互いに結びついており、その際に労働市場、住宅市場、消費市場そして金融市場にしめている個人の位置によって、何よりも人々の立ち位置を決める商品を産み出す市場社会においては、経済的次元が支配的である。

　社会教育の定義の中心には、個人と社会の関係が置かれている。この関係を考察する際には、社会科学の基礎概念が重要である。彼らの関係はいかにしてより正確に把握されるべきなのかは、非常にさまざまに決められている。原則的に彼らの相互浸透とお互いの独立性もが前提とされるときに、弁証法的な関係について語ることが出来る。一つの例は、言葉である。なぜなら、すべての人は生まれおちた社会の言葉を学ぶことができるから、そして会話の中では文章として学ぶ必要のなかった文言をつくるようになると、母語の言語能力があるものとみなされる。その限りでは、個人はあらゆるつながりで「会話の能力」を自分のものとする。しかし同時に、言葉は客観的な文化として社会的に作り出されるから、言葉を学び、内面化するすべての個人の前で客観的なものとして存在する。

　発話は人間行為の特徴となるモデルとして一般的に理解されている。個人の社会的に自立するという前提を、人生のための原動力、基本的な必要あるいは意志として考えるかどうかが、つねに社会に主体として対応するかどうかを決める。そして、これは社会化の過程で人の具体的なあり方を決める。「個人 ― 社会 ― 介入」の力学に生じる葛藤には社会教育の問題提起が結びつき、生産的な解決を社会教育は探す。一面で主体が自由にできないということとその独自の意思のなかで、他面で社会固有の論理のなかで、社会教育は同時にその境界を見つける。その対象は、個人でも社会でもなくて、社会の要求への個人の関係と個人への社会教育の要求に対する社会の関係である。この社会人類学的基本によって社会教

育は、近代の哲学と社会学に結びついている。

社会教育に与えられた課題は、より詳しく見ると教育的課題であることが明らかになる。パウル・ナトルプはそれゆえ社会教育の系統的な定義を人間的意志の発達を根拠として発展させている。これは、まず最初に個人の本質概念、社会に対置するものの本質概念として把握される。個人が内的なものを持たずに発展するべきなのではなく、何か一定のものに関係して自分の意思が表現されるなら、個人の意思は社会と文化の視点を受け入れざるを得ない。なぜなら、つねに個人の意思は他の社会の構成メンバーにとって根本的にはわからないことを、個人が率直に示す意思とそのゆがめられない対置によって表現されなければならないからである。これを子どもの下で観察できる。子どもは何かをしようとしたいか、したくないかという気に入らない状態を、「私はしたいけど」あるいは「だけどしたくない」という発話でだけでしか、根拠づけることが出来ない。そうすることで、子どもはかれらの社会化の経過において、彼らの意思を他人に理解できるように根拠づけることを学んでいく。

「社会教育の概念は、あらゆる本質的な点で個人の教育（Erziehung）が社会的に条件づけられているように、他面では社会生活の人間的形成は社会生活に参加するはずである個人の社会生活に基づいた教育（Erziehung）によって条件づけられている。したがって、個人の形成の究極の最大の課題もまたそれらに左右されなければならない。まさに教育の社会的条件と社会生活の教育条件、それはまさにこの科学のテーマである。そして、我々をこれを二つに分けることのできる課題としてではなく、ひとつのものとして考察する。なぜならば、共同社会は人々の結びつきの中にあり、この結びつきは他方で個々の構成員の自覚の中にのみある。それゆえ結局、原理の必要性は個人と社会の両者にとってまったく同じである」（ナトルプ、Natorp 1968, 9）。彼の社会理想主義の定式化によってナトルプはイマヌエル・カントの哲学と結びつき、原理科学（Prinzipienwissenschaft）を根拠づけるという目的でとくに具体的なものを抽象化した。すなわち、個人と社会の間の関係は、具体的な現実の中で、一般的な「規範」の中で葛藤をおこし、同時に調和する。

教育科学の専門分野としての社会教育学では、長い間、精神科学的方法と教育科学的カテゴリーが支配してきた。1960年代半ばから、社会科学的な、かつ方

第9章　ドイツにおける社会教育学 ── 教育科学的伝統の観点からの提唱 ── 155

法論上の独自な専門用語を使った新たな定式化が始まった。教育実践についてのドキュメントの意味内容を「解釈再構成」する精神科学的試みは、さらに社会科学の経験的方法により補われている。専門用語の利用に関して言えば、社会教育学の構想は様々な基礎理論（以下を見よ）に基づいている。「教育（Erziehung）」概念を利用するやり方はもはや考慮に入れられず、社会教育が影響を及ぼす客体に全生活経過がなるから、社会教育学は全生活に随伴する「後見的活動」の理論（システム理論的に定式化される）として定義される。

　社会福祉援助活動（ゾチアールアルバイト，Sozialarbeit）の概念は、貧しい住民のための慈恵活動の伝統を受け入れ、ソーシャルワークとの結びつきは強い。その際に理論と実践をより正確に区別できるようにするために、社会教育学との対照を際立たせる「社会福祉援助活動の科学」が主張されている。1990年代に、ドイツとスイスでひとつの激しい議論がたたかわされた。今ではこの議論はおさまっていて、様々な立場が併存している。単科大学では中心になる「専門科学」を定義する必要性があるため、今日まで大学教育の専門分野に影響を与える二、三の専門（心理学、社会学、法律学その他）によって拡大された視野が存在する。この科学的にすでに古くから導入され、自我同一化された諸専門に対し、職業に名前をつけ始めたばかりの「社会福祉の方法論」と名付けられた「中核専門」社会福祉援助活動の科学は、自己の地位を確立し、そして独自の科学として役割を果たさなければならない。

　社会教育学と社会福祉援助の科学との葛藤を解決するには、「総合社会活動」（ゾチアーレアルバイト、Soziale Arbeit）概念の再検討がおこなわれている。すでにアリス・サロモン（Alice Salomon）[2]は社会教育の「男性の活動として行われる」概念に対しこの総合活動概念を利用し、また1925年に作られた「総合社会活動の同業者組合」を利用した。その時に、その理論はたまたま「福祉事業の科学」に分類された。こんにち「総合社会活動」は、「ハイフン専門」すなわち「社会福祉援助活動／社会教育」を避け、系統化された統一を強調するために利用されている（社会福祉援助活動と社会教育との関係についての集合理論）。「総合社会活動」の概念によって教育科学としての社会教育学は、それが有効である領域を拡大してきた結果、子どもと青少年に関係した活動のイメージから解放された。他面では、社会教育学には今、教育科学の中で特に貧困に関連した活

動への接近を図ることをもたらしている。同時に社会教育学は、「社会的」教育学のにおいに陥らないために、自ら社会教育とのはっきりとした境界を同じように考慮に入れている成人教育と区別されている。なぜならある専門の対象の社会的位置は、烙印理論が示しているように、専門とその分野を職業として従事する者を左右するからである。そして概念形成の任意性ないしあいまいさは、特にまぎれもない教育活動を言い表す「学校社会福祉援助活動」という専門用語ではっきりする。

2. 歴史的側面

かなり十分な、一つ一つ詳しく跡付ける叙述はほとんど不可能だから、ここでは、その特徴的な歴史的発展傾向を特に取り上げる。

中世の貧民救済は地域共同体の役割であるという路線を根付かせた。それは資本主義的産業化が進んだ近代にも継続された。この路線は、児童・青年援助法（1990年公布、1991年から社会法典8）と連邦社会扶助法（1961年公布、現在は社会法典7）において強められた。地方自治体はすでに早くから生活の仕方を左右する基礎部分に責任を負っていた。地方自治体はプロイセン建国とその統制確立から、19世紀の始めまでに、援助され、管理されるべき課題であった「生活の基礎部分」におこる貧困に責任をもつようになった。総合社会活動を自治体が責任を負うようにする過程は、1991年の青年援助の改革によって完成した。

30年戦争以来（1618～1648）ドイツでは領地権力と宗教会ないしキリスト教徒は繁密に結びついた。これは、社会問題の処理のために協同する活動分野の基礎となった。その際教会に優先権が与えられ、教会は優位に立つよう積極的に努力した。19世紀のカソリック教会の文化闘争（社会主義と近代国家に対する）のなかで、こうした関係は国家・行政が助成するという考えへと強められた。教区と福祉協会を持っていた新教のないしプロテスタントの領邦教会とカソリックの教会の強められた位置は、ワイマール共和国憲法のなかで規定され、連邦共和国基本法でも受け入れられた[5]。国家と教会との合意によって強化された教会に担われる社会事業の位置のための基盤をこれらの特権が作った。カリタス（Caritas, カソリック系社会福祉団体）とディアコニー（Diakonie, プロテス

第9章　ドイツにおける社会教育学 —— 教育科学的伝統の観点からの提唱 ——　157

タント系福祉組織の連合体で、プロテスタントの「内的使命」として作られている）には、100万人以上の人が協力して活動している。就学前の援護と青年活動を行う独自のドイツの団体は、これらから生まれ、「自発的に行われる公益活動」で教会に結びついた福祉事業の位置を高めてきた。それらは全体としてみると、社会的サービスを提供する、幼稚園、病院そして高齢者援助施設、それぞれの80％を占めている。国家はこの事業を自分でするわけではないが、多額な費用を支出し組織しなければならないから、国家は「自発的に行われる公益活動」による社会部門が機能するように支援し、法的に基礎づける。それゆえ、ヨーロッパ統合の枠組みの中で構造的問題がおこる。社会サービスが提供される際に、私的な支出で市場にもたらされるような社会サービスが部分的であっても重要であるゆえに、ヨーロッパユニオンは福祉団体に対する国家の支援を市場への不当な援助と侵害とみなしている。今までドイツ政府はヨーロッパ特有な新自由主義の広がりを妨げること、ないしは限定することに成功していた。しかし、福祉を生み出すドイツのシステムはヨーロッパユニオンの圧力を受けている。

　ドイツ帝国時代の社会保険の導入は、貧困問題と労働問題の政治的区別と結びついていた。社会政策においては、社会国家（Sozialstaat）は労働者と雇用者の自己組織を統合した。そして国家により保障された自治のシステムを作った。それゆえ社会保険のシステムには家父長制への依存が入り込み、同じように労働者の自助が導入された。それに対し総合社会活動においては、人間関係的社会サービスの担い手が組織され、職業として取り上げられ、専門的に資格を与えられた。そしてまた、総合社会活動のモデルが、ボランティアによる活動に支えられて、制度化された。二、三の領域では、この２つの原理がまじりあっている。例えば、年金保険が社会復帰事業を財政的に援助し、あるいは健康保険が予防的社会福祉援助活動の構想を促進する時にである。

　19世紀の初めの児童期に関するロマンティックで啓蒙主義的な教育学から20世紀初めの青年運動までに社会教育学が生まれるための強い刺激があった。その際に教育学がアカデミックなものとして確立したことが、社会教育学が発展した細い道を踏み固めていくことを強く支えた。アカデミックな社会教育学は、青年運動とその教育改革への熱意と強く結びついて生まれた。そして19世紀初めにいたる「子どもの発見」は「幼児教育学」の開花に導いた。それは今日まで

子どもの強調されたイメージの中に生きている。社会福祉援助活動はそれに対し20世紀を通してその先駆者によって国際的により強く結びつけられた。そして、そこからふさわしい刺激を受けた。

現在では、社会福祉国家と交代したワークフェア（就労義務付手当支給）国家の圧力の下で、この「生育した」構造は、「社会」活動の地域自治体から中央集権国家の管理に移行することによって巨大化され、それによってもっぱら管理する社会福祉援助活動として労働者の需要状況に対応させられている。第二の傾向は、社会福祉事業の社会的およびその他のサービス事業の市場化、社会福祉市場の創設と福祉組織の改造を経済モデルにしたがっておこなうことである。ヨーロッパユニオンは新自由主義のイデオロギーにしたがい、まさしくこの傾向を強めている。

とはいえ危機の診断と総合社会活動の継続した拡大は興味深い矛盾のなかにある。社会的職業者の所得は経済化の圧力下で下降している。構造的には「Agenda 20」（アゲンダ20）の改革によって労働問題はふたたび貧困問題と接続されてきた。なぜならすべての被雇用者は遅い人でも失業後一年後（失業手当は最大一年間－訳者）に貧困状態に陥るからである。貧困状態の中で彼らは特に全面的に指導され、更生させられることが出来る。かれらが労働能力を持っていないと診断されて初めて、彼らは生活保護の対象に分類される。

3. 社会システムとしての総合社会活動

総合社会活動は、自主的に組織され活動領域をもつ社会に開かれ制度化された活動分野であり、他面で他の活動分野の部分としても役割を果たす。この構造にシステム理論がコピーされることができる。ニクラス・ルーマン（Niklas Luhman 1972）　彼のどちらかといえば非歴史的理論の重点に反して－、あらゆる社会の形態はシステム的に適切な方法で援助サービス（職業となった総合社会活動が行われる）を社会の基本的な構成に組み入れてきたことを示唆している。総合社会活動の歴史は、社会形態とその制度化されたその援助システムのその時その時の特性を理解する時代に即した類型論の中で社会理論的にも描かれる。社会学的には、客観的で、人間関係的で、時間的に必要であることの均一化

第9章　ドイツにおける社会教育学 —— 教育科学的伝統の観点からの提唱 ——　*159*

として援助は理解されている。

　援助は古代の、ほとんど分裂のない社会では、部分的に義務として日常生活のなかへ組み入れられていた。それをすることができるなら、われわれはつきることなく感謝するのが当然視もされるから援助に無理やり行かせられた。なぜなら必要の均一化は社会全体にとって生き残るためにやむをえなかったからである。高度に発達した文化を持つ社会では、援助サービスは社会の階級・階層システムに統合されている。資産を持ち、力のある人は、他人を助け援助の必要性を財政的に支えるから、このシステムから利益を上げることを主張する。援助サービスはそれゆえ支配を行使するメルクマールである。近代社会において、援助はプログラムとして制度化されており、その必要性と届く範囲については政治的に決定される。しかし、援助サービスの具体化は二度目に決定される、すなわち援助の必要性が起こる出来事が目の前にあるかどうかが、個人別に確認される際にである。援助サービスは、援助のために個人のモチベーションから切り離され、行政的秩序のなかで保証される。プログラムの枠内で援助は日常生活の依存できる日常生活の地平になる。社会的保護は近代社会では、プログラムで定められ、個人的に調整されて、全体システムによって保障されうる生活の基礎必要条件にまで発展する。

　援助がその際に社会の固有な自律的な機能システムの体面を保つのか、それとも「下位プログラム」として他のシステムの一部になるのかどうかという問題について、集中した議論が展開された（参照、Hamburger 2012,S.140ff、訳書151ページ）この議論で、総合社会活動のメルクマールが理論的に厳密に承認された。ヴェルナー・トーレ（Werner Tohle 2010）の展望は、経験により記述できる現実に即して作られている。それは5つの介入形態と4つの活動分野のタイプ（児童・青年援助、社会的援助、高齢者援助そして健康援助）を系統化している。彼は対象者の生活世界への介入に集中することから次のように区別している。

　　―生活世界を補充する行為と施設、児童・青年活動から貧困と介護通所サービスの
　　　ための援助をへて保健相談まで；
　　―生活世界を補充する個々の活動分野を越えた企画、地方自治体の活動から統合社

会センターまで：
― 生活世界を支援する行為の計画、青年社会福祉援助活動から出獄者と高齢者通所援助のための保護観察援助を経て障害者のための作業所まで；
― 生活世界を補充する施設、児童養護施設（Heimerziehung）から刑執行中と老人ホームの総合社会活動を経て社会的セラピー施設；
― 学問と専門職に関係する活動分野、社会的職業のための教育から研究、評価と実践相談を経て社会計画と社会報告の作成。

ブルクハルト・ミュラー（Burkhard Müller 1992）は、全体として社会的保護が重要である社会の制度への総合社会活動への組み込みに彼の注意を向けている。そして総合社会活動の以下の「7人姉妹」について次のようにふれている。すなわち、「7人姉妹」のために総合社会活動は一つの機能を果たし、それらの中でまたそれらとの関係で総合社会活動はその独自性を発展させた。そして次のように示さなければならない。

1 社会保険のシステム
2 保健制度
3 教育・形成制度
4 裁判所と司法
5 経済と職業促進
6 社会保護の管理システム
7 文化的基盤

8 領域[+]によるシステム化をフランツ・ハンブルガー（Franz Hamburger 2012）は提唱していた。その際に近代社会における総合社会活動は社会のあらゆる基礎制度と結びつけられてきた、そして教育的・セラピー的種類の人間関係的サービスをもたらすようになる。基礎的制度内―家庭から仕事の世界までの個人個人と彼の行為に対する社会的要求との軋轢は社会的援助によってのみ解決されることができるときには、それは主体的であり生活史に関係する援助として理解されることができる。

4. 総合社会活動の実践

　原則的には男女の社会教育士が全体としてその職務の中でいかに行為するか、そしてこの行為のために、またこの行為について何を知るのかほとんど何も知られていないのと同然である。同様に職業としての行為はどんな態度と見方によって実際に行われるのかもほとんど知られていない。同時にある限定された状況と組織のなかで、選ばれた職業グループの、この行為の二、三の側面についての個別研究の豊かさがある。これらの研究の認識は異質であり、その影響の及ぶ範囲は限られている。

　この所見は「実践」が個々の役割領域の間のゆるいつながりを持った階層的活動分野としてだけ再構成されることが出来るということに帰せられるべきである。この活動範囲は、生活歴を活動の方針として取り上げるときに、想定される人生の縦線、すなわち一生の中で新生児とその家族のための初期の援助から死んだ人とその家族の付き添いとホスピスの際の仕事までに広がる。

　「水平線」における権限と管轄権の決まりには制度と組織の特性によるちがいがある。すなわち「社会教育そのものによる個人の援助」における個人の援助から数千人の従事者による青少年局の指導までである。方法上の局面を考慮すると実践では多様性が生まれる。抑圧的な管理から形式ばらない助言までとセラピーによる介入から社会計画まで。結局実践は状況、介入の関係，組織そして制度における特性ごとに発展する。この多様性は今日では、経験的だけでもなく、理論的だけでもなく過不足なく明らかにされてきた。

　総合社会活動は、職務担当者を考慮にいれて非常にさまざまに描かれている。社会福祉助手と社会福祉ヘルパー、教育養護士と教育養護助手、社会福祉援助士と社会教育士がいて、大卒資格を持った社会福祉援助士とディプロムの資格をもった社会福祉援助士、国家資格をもった社会福祉援助士ともたない社会福祉援助士、主に社会教育を学んだディプロム教育士、社会福祉援助活動におけるバチェラーとマスターがある[5]。職業集団と職業名は歴史的に社会政策的に決められてきた。(現在、大学では社会教育関係の資格は呼称と大学種によって異なる。大学では教育学士、単科大学で社会教育士ないし社会福祉援助士である。その違

いについては末尾「参考資料」参照――訳者)

　博士課程の前までに養成教育をより高度に発展させることは、近代社会の歴史的過程の中心である。職業の境界づくりがいつも繰り返し企てられ、職務担当者のもとでの威信、収入そして認証をめぐる戦いは、他の職業のように職業の活動の一部である。入口に障壁を設けることによって、一定の活動分野を独占しようとすることが常に繰り返し試みられる。総合社会活動の担い手とスポンサーも、同様に経済的合理化の圧力のもとで激化するこの戦いに係る。区別する過程は普通は、職業教育を高度にすることが資格を与えられ有給の活動の（財政的）補償を作り出すことと結びついているという論理によっている。同様に専門化の過程の後に、社会問題の状況の「完全に統一した」作業をするという意味で専門を越えた脱専門化の局面が続く。

　職業教育の基本構造は、専門学校、専門大学と大学における構成によって決められる。バチェラー・マスター・システムへのヨーロッパの移行にともない、この区別は重要さを失い、他方で部分的に威信にかかわる活動のなかで庇護されている。威信と社会的認知をめぐる職業の戦いとその職業教育制度は、社会のほかの部分システムにおいてと同様に社会的職業のメルクマールでもある。そのかぎりでは社会的職業は社会への対抗文化を提示しない。

5. 理論への反省

　総合社会活動、「専門職としての社会教育士の行為の輪郭を示し、社会的機能とそれゆえ社会教育の課題も決定し、機関と行政のコンテクストを分析して特徴づけ、社会教育活動の対象者について記述し、総合社会活動の意図、倫理的前提、社会からの付託を考慮し、ならびに社会教育の学問上の性格を明確に決める」(Thole 2010, S.44f.) ような総合社会活動は存在しない。ミハエル・ヴィンクラー (Michael Winkler (1988)) によって発展させられた理論は、社会教育のひとつの理論を提起しているが、もちろんまぎれもない社会教育の理論そのものでないことを認めているというのは限定されて言われなければならない。トーレ (Thole) によってどちらかというとプログラム的に与えられた確認は、総合社会活動の現実の経験に基礎づけられた記述を必要とすることを指摘することに

第 9 章　ドイツにおける社会教育学 —— 教育科学的伝統の観点からの提唱 ——　*163*

よって補完されることが出来る。しかし、またそれぞれ特徴のある認識価値を持った非常に多くの総合社会活動理論があると言うことが出来るのである。

　1960 年代の半ばまで（西）ドイツのアカデミックな社会教育学では精神科学の理論が支配的であり、社会福祉援助活動においてはソーシャルワークを指向する機能主義社会学的、精神分析的コンセプトが支配的であった。アメリカ合衆国から機能主義的コンセプトが輸入され、部分的に民主主義的基本観念と結びついた一方で、精神分析に基礎づけられたコンセプトはアメリカ合衆国からの逆輸入であることを示していた。精神分析の代表者たちはドイツやオーストリアからファシズムをさけてアメリカに渡っていた、そして 1945 年の後に一部の人は戻った。特別なやり方でこれはグループ活動理論に役立った。学生運動は、この「個人主義的」総合社会活動の「適応の正当化」を批判し、数年間マルクス主義から刺激を受けた思考を可能にした。大学での社会・教育科学がマルクス主義あるいはフランクフルト学派の批判理論的枠組みに集中していた限りで、それらは大学教員の採用や総合社会活動の学生の指導に強い影響を与えた。その時から対立するあるいは併存する理論の多元主義が生まれた。こうして批判理論は少数派の位置に再びなった。

　ヴェルナー・トーレ（Werner Thole）は、かれが編集したハンドブック（Thole 2010, S.36）で、彼が「社会事業的、厚生事業的、社会福祉援助的の伝統の志向」と名付けたひとつの集合体から（厳密な意味での）社会教育の伝統的な志向を区別している。どちらかといえば教育科学的 ── 社会教育的伝統の志向として名付けられるべき路線において、彼は以下のように「取り組み」を再度分類している。

　　──かれによればパウル・ナトルプ（Paul Natorp）から始まったとされる超越的・哲学的取り組み、
　　──教育実践の観察と解釈学的解釈として理解され、その際立った代表者としてヘルマン・ノール（Herman Nohl）を見出した精神科学的取り組み、
　　──ジークフリード・ベルンフェルト（Siegfried Bernfeld）とアウグスト・アイヒホルン（August Aichhorn）が代表している精神分析的に志向された取り組み、
　　──彼がカール・メニッケとクラウス・モレンハウアーに見いだした解放を目指した、批判的・唯物論の取り組み、
　　── 1990 年代に全盛期が終わったマルクス主義に導かれた取り組み、

他の伝統の志向の「集合体」においては、まさしく異質のコンセプトが挙げられている。

　　　個人を中心に置くようにした「救助の取り組み」はヨハン・ヒンリッヒ・ヴィヘルンから始まる。この考察には人間の苦しみを彼の罪業から導き出し、魂の救いを社会問題解決のための大切な取り組みに見いだすキリスト教の伝統がある。

　　　診断に導かれた援助モデルは、苦境を理解するために診断――経験によって確かなものにされた根拠を完成することを試み、この根拠をもとにして適切な援助を組織することを試みている――ドイツではアリス・サロモン（Alice Salomon）により基礎づけられた。

　　　「国家に方向づけられた、社会福祉科学的モデル」としてトーレは総合社会活動を国家の自己保存の関心にもとづき、社会的再生産能力による方向付けにより決められるものとして定義する考察をまとめている。

　　　固有の「必要に応じた取り組み」をトーレは、ルセ・アールト（Ilse Arlt）による成果を参考にしている。しかし、トーレの論文作成のころに新たに発見されていたこのコンセプトは、この間に輝きを失った。

以上の事情は、総合社会活動理論の論理的に整理された概説を得ようとする試みが、現象学的影響を克服する判断の規準を利用するだけでなく、時代診断的影響と偶然的事情のなかにつねにとらわれてもいるということを、結局示していない。このことをミハエル・ヴィンクラーは彼の社会教育理論においてテーマとしてとりあげた。そのなかで彼は「主体」の観念を必ずとりあげ、この主体の行為の仕方における近代にとって特別な要求を正しく評価しようとする近代特有の理論を発展させている。それゆえ「主体」の概念とともに「場」の概念が中心的な意味を持つ（そしてそれは多くの他のコンセプトにおけるように関係の概念ではない）。社会教育は、「傷つけられた主体」が世界の彼の実在を取り戻すことが出来る、ある「場」を組織しなければならないのだ。

6. まとめ

　理論と実践の実際の関係については、そして行為の理論的・経験的基礎づけについては、特に仮説であり、ほとんど確かな知はない。行為の再帰性は専門職業のメルクマールとみなされているのにたいし、経験論はとくに熟達とさながらテクノロジー的なマニュアル化を確認する。しかし、理論と実践の確かな結合を、「生活世界に方向づけられた総合社会活動」は提示できる。この特にハンス・ティールシュにより発展させられた総合社会活動の基礎を置く作業は、批判理論とともに精神科学的伝統をも自分のものにして行われた。同時にそれは実際に役に立つ行為の遂行に方向づけられた関心によって刻印されていて、専門職業的な再帰性を期待し、総合社会活動の行為分野をその固有のカテゴリーからまた科学的構想から構造化する。

　ドイツの大学でのアカデミックな社会教育学はその教員の科学的養成からまた代表的な科学的構想からもさまざまに形成されているのは確かである。しかし、その専門領域はいたるところで沢山の大学生を維持し、良く指導された研究活動を発展させるという広範な養成課題により重荷をかかえている。拘束力のある手本の意味ではメインストリートはない。なぜなら社会教育実践にたいする接近と責任は非常にさまざまに定義されているからである。社会教育が近代の多元的社会の申し子である限り、そのなかで社会的なものであるべきである事柄が非常にさまざまに理解されている。内容上共通性に不足していることに対しては、多様性こそが推奨されるべきである。

注（注はすべて訳者による）
1）1873～1954、女権論者、政治家。1916～1920にハンブルクの社会教育研究所所長を務める。
2）1872～1948. 社会改良的女性運動家、総合社会活動を科学にする先駆者。哲学博士。1908年にベルリンにドイツで最初の社会（福祉）女性学校（Soziale Frauenschule. 現在、アリス・サロモン単科大学ベルリン）を設立。女性社会的職業専門家の養成とそのための継続教育に努力。のちに社会・教育女性活動ドイツアカデミー（Deutsche Akademie für soziale und pädagogische Frauenarbeit）を設立。ナチス時代にユダヤ人であったためアメリカに亡命、

ニューヨークで死去

3）ワイマール共和国憲法第138条2 宗教団体及び宗教的結社が、礼拝、教化及び慈善の目的のために用途を指定した自己の営造物、財団その他の財産に対して有する所有権その他の権利はこれを保障する。連邦共和国基本法第140条（宗教団体の権利）1919年8月11日のドイツ国憲法（ワイマール共和国憲法のこと―大串）第136条、第137条、第138条、第139条および第141条の規定はこの基本法の構成部分とする（高田敏・初宿正典編訳『ドイツ憲法集第6版』信山社、2010）

4）8領域とは、1. 社会政策的保険・扶助・援護システム、2. 保険制度と保護、3. 司法と法律、4. 文化、5. 家族、6. 経済：財産、7. 経済・労働・市場、8. 教育制度である。フランツ・ハンブルガー著、大串隆吉訳『社会福祉国家の中の社会教育』有信堂、2013、55頁

5）1999年の末のローニャ宣言によりヨーロッパの高等教育システムを統一する動きが始まり、ドイツでは大学、単科大学で学術資格をディプロームからバチェラーへ変更した。ディプロームは、最短8セメスター（学期）在学して与えられたが、バチェラーは、最低6セメスター、最長8セメスター在学して与えられる。新しい制度になってから、バチェラーとマスター（修士課程、最短2セメスター、最長4セメスター）を結びつける傾向が強まり、バチェラー・マスター制度と呼ばれている

参考文献

社会教育の知は、現在の状況を踏まえた二つの新しい出版物にまとめられている

Werner Thole (Hrsg.): Grundriss Soziale Arbeit. Ein einführendes Handbuch; 3., überarbeitete und erweiterte Auflage 2010. Wiesbaden: VS Verlag.

Hans-Uwe Otto / Hans Thiersch (Hrsg.): Handbuch Soziale Arbeit. Grundlagen der Sozialarbeit und Sozialpädagogik. 4. völlig neu bearbeitete Auflage 2011. München: Reinhardt-Verlag.

引用文献

Böhnisch, L.: „Sozialpädagogik" hat viele Gesichter, in: betrifft:erziehung, 12. Jg., 1979, S. 22-24.

Deutscher Bundestag: Unterrichtung durch die Bundesregierung. Bericht über die Lebenssituation junger Menschen und die Leistungen der Kinder- und Jugendhilfe in Deutschland – 14. Kinder- und Jugendbericht – Bundestagsdrucksache 17/12 200.

Hamburger, F.: Einführung in die Sozialpädagogik. Stuttgart 2012, 3. Auflage.（邦訳『社会福祉国家の中の社会教育――ドイツ社会教育入門』大串隆吉訳、有信堂、2013）

Luhmann, N.: Formen des Helfens im Wandel gesellschaftlicher Bedingungen. In: H.-U. Otto/ S. Schneider (Hrsg.): Gesellschaftliche Perspektiven der Sozialarbeit, Band 1, Neuwied/Berlin 1973, S. 21-43.

Müller, B.: Soziale Arbeit und die sieben Schwestern. In: H.-U. Otto/P. Hirschauer/H. Thiersch

(Hrsg.): Zeit-Zeichen Sozialer Arbeit. Entwürfe einer neuen Praxis. Neuwied/Berlin/Kriftel 1992, S. 101 - 110.

Natorp, P.: Erziehung und Gemeinschaft. Sozialpädagogik, in: H. Röhrs (Hrsg.): Die Sozialpädagogik und ihre Theorie, Frankfurt/M. 1968, S. 1-10.

Thiersch, H.: Lebensweltorientierte Soziale Arbeit. Weinheim 2008, 7. Aulage.

Thole, W.: Die Soziale Arbeit - Praxis, Theorie, Forschung und Ausbildung. Versuch einer Standortbestimmung. In: Thole, W. (Hrsg.): Grundriss Soziale Arbeit, 3.Auflage, 2010, S. 19 - 70.

Winkler, M.: Eine Theorie der Sozialpädagogik, Stuttgart 1988.

Winkler, M.: Die Gesellschaft der Moderne und ihre Sozialpädagogik, in: H. Thiersch/K. Grunwald (Hrsg.): Zeitdiagnose Soziale Arbeit. Zur wissenschaftlichen Leistungsfähigkeit der Sozialpädagogik in Theorie und Ausbildung, Weinheim/München 1995, S. 155-183.

日本語参考文献

クラウス・モレンハウアー『回り道――文化と教育の陶冶論的考察』真壁宏幹、今井康雄、野平慎二訳、玉川大学出版、2012。

生田周二・大串隆吉・吉岡真佐樹『青少年育成・援助と教育―ドイツ社会教育の歴史、活動、専門性に学ぶ』有信堂、2011。

参考資料：社会教育、ユースワーク関係専門職養成資料

大串隆吉

　ドイツにおいて社会教育及びユースワーク（青年活動・教育）に関する専門資格は、社会教育士及び教育学士である。それらは大学において養成される。それについての学生向け案内書の該当部分を以下に訳した。本書は連邦雇用エイジェンシーの編集に依るので、権威のあるものである。

　なお、教育学士は以下にあるように学部卒に与えられるので、日本人に分かりやすいように学士とした。教育学者という訳も見受けられるが、ここでは学者は修士課程修了者に対して観念されると考え、学士とした。

『大学学部・専攻選択と職業選択　2011/2012』連邦雇用エイジェンシーより ―訳：大串隆吉
Studien-&Berufswahl 2011/2012　Bundesagentur für Arbeit.

教育学／教育科学（Pädagogik/Erziehungswissenschaft）

　教育学（教育科学）は個々人が社会と共同社会における自主的で責任のある生活を送るための成長と将来展望づくりのあらゆる問題に携わる。同時にそれは、一面で家庭と社会における、他面で学校および社会教育機関における教育活動を考慮に入れなければならない。重要な隣接科

学は心理学、社会科学、人類学そして生物学である。

文化教育学は、まだ若いが独立した教育課程である。それは広い領域、しかし文化活動（形成教育、技芸、ジャーナリズム、研究、組織とその管理）における課題への明確な取り組みに関係した広い領域を準備している。

教育学士の中心課題は、様々な活動分野における個人とグループの助言と世話である。そのために、目的グループに特化した事業を発展させたり、試みたりする。そして教育、授業と助言の活動（それらに適応した施設の管理と指導を含む）にも自ら従事する。在学中に職業に関係した追加資格を取ることが勧められている。それぞれの大学で提供される教育は非常に様々である。それらは、メディア・文化教育学についての基礎学校の教授法から成人教育と職業教育学にまで及ぶ。他と比較して新しいのは、「児童期の形成と教育」バチェラー課程である。これは、乳幼児か育て時の拡大された要求、とくに児童施設におけるそれを考慮に入れている。文化教育学の教育課程は、多くの大学で技芸の能力試験と結びついている。教職に就くためには一つか二つの教科を教えることのできる資格の獲得が不可欠の前提である。

教育学士（Pädagogen/-innnen）の職場

教育学士の活動分野は学校以外の教育制度の中にある。例えば、就学前と学校外の青少年教育、青少年活動に、そして成人教育、教育研究である。就職できる場は以下である。

- 教会、労働組合、政党、団体、財団その他の成人教育施設
- 障がい者施設
- 相談・助言施設（例えば、教育相談所、育児相談所）
- 幼稚園と就学前教育施設
- 余暇・レクリエーション・スポーツ施設
- 老人ホーム、高齢者教育施設
- 青年センターなどの都市と農村地域の教育施設
- 就活トレーニング、コーチング、職業選択・統合、職業準備のための事業、教授活動など教育（Bildung）を担う機関

従事する場所ごとに、営業分野、人事制度の知識、治療療法上追加資格、EDVの知識ならびに包括的な実習体験が証明されることができなければならない。

実　習

学校と成人教育、社会教育、企業内教育そのほかこのような事を行っている施設で講義のない時期に3か月ないし6か月。

教育科目

教育科学の基礎を次のようなモジュールにより教える。

原理、教育思想と活動の歴史と理論、教育機関と活動分野、教育人類学、普通教授法、量的・質的研究方法（統計を含む）、形成・教育・学習過程、メディアと教育的コミュニケーショ

第9章　ドイツにおける社会教育学 ── 教育科学的伝統の観点からの提唱 ──　169

ン、生涯学習と生涯にわたりともに考える教育。これらに加え、社会学と教育心理学に関係したモジュール。
研究とその適用に関係するモジュールによる深化と関心の形成
　教育形成理論と教育形成過程、国際的教育形成研究、成人教育、メディア教育方法、移民と異文化間教育学、学校外青年教育、幼児教育学、文化教育学、教育・学習相談、教育経済学と教育計画、組織の展開。プロジェクト経営、レトリックのようなモジュール、ならびに法的・経済的基礎のために専門を越えた知識を伝える。

総合社会活動、治療教育学
Soziale Arbeit, Heilpädagogik

要　約
　社会福祉援助活動と社会教育の課題は、人々を彼らの難しい精神社会的状態を捉えなおすよう動機づけることであり、自己決定をより良くする為に、この状況を援助することである。これに加え、社会福祉援助活動と社会教育は苦境を妨げ、克服し、そして問題を解決するために人間的、物質的の援助を仲介する。教育可能性の開発と教育補充事業の提供によって、共通的な問題の解決が行われ、欠乏状態が予防される。組織、財政、プロジェクト・人事マネージメントに従事する社会（福祉）マネージメントはますます意味を持ってきている。
　その教育は大学でも行われているが、主として単科大学で行われている。最近になって、従来しばしば分かれていた社会福祉援助活動と社会教育の課程が、すべての単科大学で総合社会活動ないしは社会事業（総合社会活動の組織・制度）に統合された。
―中略―
　社会福祉援助士、社会教育士そして治療教育士は他の職業グループを代表する人たちと多面的に協働し、官庁や民間の担い手、組織、団体、自己援助グループに雇われている。

職　場
　社会福祉援助士、社会教育士そして治療教育士のための職場は公共団体、例えば、市町村自治体、政令指定都市、行政区、州政府のもとに、そして多くの民間団体、例えば教会、社会福祉団体、青年団体、公益法人のもとにある。
　社会福祉援助士と社会教育士は、特に青少年・家庭・健康・社会福祉の援助において、危機に陥った人の援助、高齢者援助、犯罪者後見において、教育施設において、ホームや住宅援助・自助グループにおいて、相談所、病院、リハビリ施設において、社会精神医学作業のさいに、そして青少年と成人教育施設において働いている。
　治療教育士の中心的な課題は青少年障がい者援助にある。例えば、特別学校での学校準備施策、治療教育デイホーム、幼稚園とホーム、障がい者作業所、障がい者住宅・共同住宅、教育相談所、児童・青少年精神医学病院とリハビリテーションセンター。そこから治療教育実践という形態に自立的な活動の可能性がある。

大学での実習
　職業実習と研究的な実習で24週まで

課　程
　次のテーマのモジュール：入門（科学活動、EDVの基礎）、総合社会活動の機能と活動分野、研究方法、教育と社会科学の基礎、心理学と社会医学の基礎、行政学と法学の基礎、総合社会活動の基礎と行動理論、集団心理学・社会学と社会行政学と経済学の基礎

単科大学での実習
　卒業学校や職業で経験した教育別に、総合社会活動の仕事の分野において準備実習が多くて数週間ある。在学中に学習の重点と仕事の分野に関係した様々な長さの実践・プロジェクトの局面があり、それは教育指導と教師の監督のもとで行われる。国家認定資格を取るための前提は州や政令指定都市により異なるが、少なくとも卒業後1年間の職業実践の段階を終わらなければならない。

教育課程
　以下のモジュール：歴史、総合社会活動の理論と方法、教育科学、心理学、社会学、法律の基礎、総合社会活動の枠条件並びに創造的メディアと情報技術の使用
　次のテーマのモジュールによる基礎知識の拡大：専門的行為の形成、社会的マネージメント、社会科学的研究方法、生活世界、職業倫理
　社会福祉援助活動と社会教育の活動分野における特別な広がりを持った共通分野の中にある重点：基礎教育、教育援助、家庭援助、青少年活動、リハビリテーションと健康、高齢者活動、異文化間社会活動、成人教育、事業所総合社会活動、余暇教育、麻薬中毒援助、再社会化、街頭活動、社会マネージメント、同伴実践、プロジェクト活動

第10章

スウェーデンの社会教育学

Social Pedagogy in Sweden

　社会教育学は様々な方法で理解されており、異なる意味づけがなされている。社会教育学は次のようなものとしてみなすことができる。
・専門的な職業あるいは専門職の活動の場
・学問分野あるいは研究対象
・研究分野

　本稿では、これら3つの部分に分けて論じ、最後に筆者が従事している「社会教育学の理論的理解」と「スウェーデンにおける移民に対するシティズンシップ教育の方法 ― 社会教育学的な活動としての民衆成人教育」の2つの研究プロジェクトの紹介を行うことで締めくくる。これらの事例は、今日の社会教育学研究はどう実施できるのかについて例示するための材料として提示される。まず、専門的な職業としての社会教育学について論じていく。

1. 専門的な職業としての社会教育学

　1960年代初頭から1990年代にかけて、スウェーデンの社会教育者たちはそれぞれ異なる社会的・精神的・身体的問題を抱える子どもや若者たちを対象として、様々な施設で働いていた（Petersson, 1995; Eriksson & Markström, 2000; Eriksson, 2006）。社会の発展と子どもや若者に対するケアの考え方の変化は児童養護施設の減少をもたらした。これにより、社会教育者達の活動が対象とする領域は徐々により開放的で代替的なものに変わっていった。活動の場所のいくつかは未だに公的機関であったが、より開放的で代替的な幼稚園・保育園や学校の休日のキャンプなどが展開された（Markström & Münger, 2004）。
　1990年代に入ると、社会教育者たちはこれまでとは異なる問題、違った年齢

層、新しい領域で働くようになった。今日では、さらに身体的・精神的な健康を含む児童福祉、アルコールや薬物濫用の治療および社会福祉サービスと全年齢を対象としたプログラムなどの広範な分野で社会教育者は活動を行っている。そのような仕事は個人や家族、小さな集団、組織および地域社会単位での介入が含まれている。

社会教育学に要求された刑務所の敷地内や保護視察所、義務教育といったいくつかの領域はスウェーデンにおいては新しい、あるいは比較的新しいものとしてみなすことができる。しかし、我々は教育を受けた社会教育者が実際にどこで活動しているのかという話だけでなく、社会教育的アプローチがどこで活用されるか、活用され得るのかということについても考えなければならない。また、社会教育者は労働市場において以前よりもますます求められているという現状がある。特に、学校は社会教育者を雇用することに対して関心を持っている。

また、社会教育者は働く場所だけではなく、対象とする個人に応じて異なるアプローチを使用する。折衷的なアプローチを有し、個々に異なった方法を組み合わせて使用することが一般的であるが、社会教育学を特徴づけるいくつかの方法論が存在する (Eriksson, 2006)。最初に示すものは創造的な方法である。スウェーデンの社会教育実践において、創造的な要素はより一般的になってきている。例えば、手工芸、美術、ダンス、演劇、コミュニケーション、音楽は口頭での会話が使われる場面での代替的な手法として用いられる。何らかの理由から自分の状況や抱えている問題について話したくない、あるいは話すことができない個人のために、音楽や絵画を使用した感情や思考の表現は救済となる可能性がある。

もう1つの方法論として挙げられるのは社会教育に特有の方法論であり、スウェーデン語で samhällsarbete (ソーシャルワーク) と呼ばれるコミュニティでの活動、地域開発である。スウェーデンの文脈において、コミュニティ開発は政治的急進的な立場と結び付けて見られてきた。しかし、こういった方法は今日のスウェーデンにおいて、社会教育学の教師たちの多くはあまり使用することはないが、少なくとも高齢の教師たちの場合、そのことを残念に思い、その方法が実践においてもっと一般的であることを望んでいる (Eriksson, 2006)。コミュニティ開発として示されている方法論を用いることは、社会教育者がクライアント

のためにエンパワーメントとモビリゼーションの努力を行うことを意味する。それにもかかわらず、前述のように、こうした方法は社会教育学においては一般的ではないが、多くの社会教育者たちにとって社会教育学を理解する上で最も重要な要素の一つである（Eriksson, 2006）。

　より構造的な方法論が存在しない理由は、おそらく個々の利益に向けた社会における一般的な傾向の結果であると考えられる。スウェーデンの社会福祉の仕事の全体的な傾向として、構造的な介入からより個人主義的なものへと移ってきていると見ることができる。個人主義社会の発展と社会教育学が「動向に敏感」であったことから、用いられる方法論もまた個人に焦点を当て、個人主義的な説明と介入へと移行してきた。

　社会教育者による教育は専門的な職業に接続されている。社会教育学における教育は長年にわたって変化し続けている。これまで少なくとも、社会福祉の領域で働きたいと考える学生のために、ソーシャルワークにおける教育と社会教育学（そしてソーシャルケア）という2つの異なる教育が存在した。ソーシャルワーカーは総合大学やその他の単科大学などで教育が行われた。

　ソーシャルワーカー（スウェーデンではソシオノムといわれる）と社会教育者の教育における最も大きな違いは、社会教育者はソシオノムのように法律を学ぶ課程がないことである。もう1つに、社会教育者は小集団での研修や教育学の課程での教育によって養成されていたということが違いとして挙げられる。しかし、1990年代に最初の段階として社会教育者の養成は大学教育に組み込まれ、後にソーシャルワーカー教育の一部となった。今日のスウェーデンでは、ソーシャルワーカーのための一般的な教育課程を有する大学において、社会教育学が選択科目として提供されている。1つの例外として、社会教育学を専攻し、ソーシャルワーク（社会福祉）の学士号を取得できるウエスト単科大学がある。スウェーデンで、社会教育学の学士号を取得できるのは1つの大学だけである。

　しかし、スウェーデンの高等学校や大学（カレッジ）のいくつかには社会教育学を教えるフィールドが残されている。これらはいわゆる民衆大学や大学制度外のその他の教育者によって行われるものであり、多くの場合期間は短く、数週間から数タームである。こうした学生は多くの場合、様々な施設でソーシャルワーカーの補助として仕事を得ることになる。

2. 学問分野としての社会教育学

スウェーデンにおいて社会教育学を学問分野として扱うかという問いは、問題を孕んだものであり、逆説的である。しかしながらこの問いはフィンランドと比較してみるとあまり重要な問題ではなかった（Hämäläinen, 2003）。学問分野は、大学独自の科目とそこで行われている研究として理解されている。学問分野と結びついて認識論と存在論に基づく問題が存在し、それについての議論と考察が行われている（Hämäläinen, 2003, Eriksson, 2006）。こうした特徴が学問を形作っているということができ、そうした特徴がない場合、学問分野として扱い、議論することは困難である。そのような視点からすると、スウェーデンにおいて社会教育学を学問分野としてみなすことはできない。

上述したように、実践現場での能力について、社会教育学に対する関心は高まりつつある。しかし、それと同時に社会教育学は大学のソーシャルワークの領域に組み込まれ、それに応じて大学内での自立した立ち位置から離れ、社会教育学はカリキュラムの上でより不明瞭になり、可視化されなくなった。少なくとも以前、社会教育学の講座を提供していた大学では、社会教育学の視点と方法は今や「社会福祉における教育学」「創造的・美的方法論」、そして「エンパワーメント」といった社会福祉（ソーシャルワーク）の課程の内容となってしまっている。しかし、まだいくつかの大学では選択科目において、特別な訓練として社会教育学の科目が開講されている。ここで浮かび上がってくる問題は、ソーシャルワーカーの教育課程の中で、明示的な科目としての社会教育学は消えてしまうのか否かということである。一方で逆説的に、スウェーデンの教師達、特に特別支援教育を行う教師の間で社会教育学に対する関心が高まっていることにも注意を払う必要がある。ここ数十年間のデンマークにもあったように（Madsen, 2005）、スウェーデンのソーシャルワーカーと教師の学問と教育の間の中間領域（領域を結びつけるもの）として、理論と実践の両方に対する関心は高まりつつある。

3. 研究分野としての社会教育学

　社会教育学の研究者や教師はソーシャルワークや教育学、教育的実践、特別支援教育などの確立された異なる分野に存在する。スウェーデンでは社会教育学に大きな関心を寄せる研究者たちが様々な大学から参加する中核的なグループが存在する。また、それらのいくつかは協力し、2002年から2005年にかけて社会教育学の概念の発展と対象に関する研究プロジェクトが行われた。このプロジェクトにはスウェーデン研究協議会（Swedish Research Council）が資金提供を行い、いくつかの研究成果が出版物として刊行され（例えばMarkström & Münger, 2004; Markström 2005; Mäkitalo, 2005; Eriksson, 2006; Severinsson, 2006)、社会教育学における北欧会議（Nordic Conference）が結成された。研究者たちは今や「社会教育学研究ネットワーク（Network for research in social pedagogy)」を結成している（スウェーデン研究協議会が資金を提供している）。このネットワークのメンバーとコーディネーターは、様々な大学のソーシャルワークや教育学、教育的実践、社会政策および特別支援教育の研究者や講師から構成された。

　ここまで述べてきたように、社会教育学はスウェーデンでは学問分野として確立されておらず、現在もまたそうであるが、それと同時に逆説的に社会教育学に関心を寄せ、福祉国家における様々な実践を分析する際の概念として使用する研究者たちの研究グループの成長も見られる。社会教育学についてのスウェーデンの研究は主に、新しい方法で「現実」と呼ばれることを探索し説明することで研究は進められる。つまり既知の現象に新たな視点を与えることである。

　社会教育学への関心によって結び付けられた研究者たちはここ10年間で多数の研究を行い、社会教育学の分野の様々な問題について科学的文献を産出した。例えば、概念としての社会教育学（Gustavsson et al 2003; Eriksson, 2006)、異なる文脈における社会教育学、福祉国家における諸機関（施設）(Berglund, 2004; Eriksson, Hermansson & Münger, 2004; Markström & Münger, 2004; Markström 2005; Markström & Halldén, 2008; Mäkitalo, 2005; Severinsson, 2006)、正常（normality）と包摂、排除のプロセス（Markström, 2005;

Molin, Gustavsson & Hermansson, 2008; Severinsson, 2006)、そして成人教育 (Eriksson, 2006) などがある。

また、社会教育学の領域内の研究は主に、スウェーデン社会における人々の日常生活と、様々な福祉施設と市民との間の関係に焦点をあてている。こうした研究は年月を経て社会教育学についての研究から、社会教育学の分野における研究へと発展してきている。その例として、昨年には多数の研究者が社会教育学的な視点からコミュニティの概念や現象について扱ったアンソロジーを刊行している。コミュニティはスウェーデンの社会教育学の中心的な概念として考えられ、研究者たちはこの概念について多くの異なる見解を提示している。この後の節では、社会教育学に関するスウェーデンの研究のいくつかの事例を示す。

4. 社会教育学の理論的な理解

次の節では、社会教育学の概念の意味づけについて説明する。これは数年前に行われた研究プロジェクトの成果であり、北欧の9人の社会教育学の研究者に対する、社会教育学に対する彼らの理解についてのインタビュー調査をもとにして行われた研究である。

5. 社会教育学についての普遍的・個別的言説

社会教育学の認識に関するインタビューの実験データは2つのタイプに分けることができる。その分析によって、筆者は以下のような言説を得た。言説は、社会教育学を「どのように語るのか」というフレーズとともに使用されている。研究材料から可視化された2つの言説は普遍的なものと個別的なものであり、これらの言説には様々な知的関心が含まれている。普遍的なものとしての社会教育学についての言説は、社会教育学に関連するものとして認知された概念についての思想や思考に基づいている。言説は本質的にユートピア的であり規範的である。これは実践的な活動について考慮しないが、その代わりに向けられる関心は、それが「どうあるべきか」であり、インタビューによればそれが実際にあるか否かは問題ではないという。換言すれば、理論として社会教育学の問題に対処

することが可能である。一方で、個別的なものとしての言説は、社会教育学の専門職や活動を出発点としている。専門職による実践的な活動は理論的な枠組みを前提条件としているが、その逆もまた同様であり、これら2つの言説はお互いに絡み合っている。

これは理論と実践との間に存在する弁証法的関係であると理解することができる。インタビューの回答者は主にどちらかの出発点をとった。そしてその選択は個人的背景に関連したものとして解釈され得るものであった。これら2つの言説への分割は理論的構築であるが、経験的なデータに基づいたものでもある。

6. 普遍的言説

この普遍的な言説には社会教育学の理論的な議論が組み込まれている。インタビューの中で、これまで研究者たちが根拠としてきた今日の歴史的・理論的な基盤についての話があった。これについて、歴史的な根拠に基づく要素として、四つの異なる手がかりが分析された。ここで可視化されたのはドイツの社会哲学の代表としてナトルプ（Natorp, 1904）、ラテンアメリカの教育学の最前線としてフレイレ（Freire, 1972）、アメリカのソーシャルワーク（社会福祉）に端を発するもの（Addams, 1910）、そして北欧精神に由来するものの4つである。こうした理論的な基盤は様々な国の社会教育学的な課題について考える上で多様な影響を与えていると考えられる。社会教育学的な思考は社会教育的な活動だけでなく、それらの理論的なルーツに応じて様々な方向に発展した。2000年代の社会教育学を見てみると歴史的基盤に依存しないだけでなく、一部ではそうした歴史的基盤はあまり重要ではないと主張しており、さらには個々の社会の発展も重要ではないとしている。

普遍的な言説では、歴史的基盤に加えて理論的な側面も含まれている。それは他の学問分野の枠組みで発展した理論である。そしてこの言説には3つのレベルの理論が見られた。理論の1つ目のグループは様々な治療方法において使用されるもので、系統的な方法論と呼ばれるものである。2つ目のグループは説明モデルとしての理論である。例えば、この種の理論は社会問題の出現を説明することができ、原因と結果の間にある因果関係を特定するものである。最後のグ

ループは参照、メタ理論および異なる価値観を反映したプラットフォームとしての理論である。これらの理論の例として、民主主義理論と福祉国家あるいは多文化社会の理論がある。最後の理論のグループは社会教育者の理論的な選択に関して、異なるレベルでの選択を提示する。すべての社会教育者たちは異なるレベルの理論を組み合わせることで彼・彼女自身の理論を構築することとなる。これにより理想的なモデルを構築することが可能となる。ここで一度話を戻す。

重要な概念について説明するための別の方法として、理論的な方法で社会教育学について語る。一定の概念の内容について述べることで、社会教育学的な知識の舞台もまた叙述される。社会教育学研究者の視点から、陶冶とコミュニティという2つの概念は他のものよりも重要であると思われた。これらの概念の理解は国や人によって異なっていたが、Bildung（陶冶）とコミュニティはよく使用される概念として「生きて」いた。Bildungは様々な研究者たちによって異なる理解がされており、それは教育や養育（しつけ）、エンパワーメント、市民になることと同じものとしてみなされていた。

また、コミュニティという概念も極めて重要で社会教育学の歴史的認識の上に存在するものとして見られていた。コミュニティについての理解もナトルプの時代から変化してきている。今日では多くの研究者たちがコミュニティについて様々な議論を展開しているが、インタビューした研究者によると、近代以降のコミュニティは多くの場合、以前と同じような保護を提供してはくれないようになってきているという。これらはインタビューを受けた人々による今日の社会的な条件に対する理解であるが、このような理解はバウマン（ジグムント・バウマン、1925-）などの現代の学者たちと共有されるものである（Bauman, 2000）。コミュニティといった概念が内包するものに対する理解の変化についての議論は、今日の社会教育学の前提条件をよりよく理解する可能性を提供している。

7. 個別的言説

個別的言説には実践や活動の領域としての社会教育学に関する記述が含まれている。分析によって様々なカテゴリが構築された。カテゴリは目標としての社会教育学、アプローチとしての社会教育学、方法論としての社会教育学、社会教

育的な実践の道具、専門職としての社会教育の役割、社会教育が対象とする集団、社会教育的な舞台があった。これらのカテゴリは豊富な意味を持つものである。インタビュイーの発言には社会教育的な実践を理解、説明する方法についての多様な意見が含まれていた。他の研究者は、社会教育についての統一された概念を設けることが不可能であるために、相違点があると確かに気づいている（Mikser, 2006）。本稿においてインタビュイーの発言は時には、社会教育がどうあるべきか、あるいは社会教育実践をどのように経験したのかとして解釈できたし、時には実際にどういった活動をしたのかについて解釈することができた。

興味深いことは、同じ人物にインタビューしている時、その人が社会教育学についていくつかのまったく逆の方法で話すことがあるということである。例えば、社会教育学を個人主義的なアプローチを持つものとして話す一方で、その後のインタビューでは集団的なものとして話すことがあった。これに対する一つの説明として、実際に社会教育は多面的であり、時間と空間を通じて意味が変化するということが言える（Hämäläinen, 2003）。これはインタビュイーが話しているような目標、方法論、道具、役割、対象とする集団、舞台として示されている。例として、社会教育学的な目標について吟味すると、いくつかの発言では目標として社会化とモビリゼーションという有意に異なる2つのアプローチについて述べていた。アプローチとしての社会教育学においてもまた同様に異なる種類の事柄が述べられていた。

分析の結果、社会教育学的な活動にとって3つのツールが重要なものとして強調された。それは関係性、対話、活動である。

社会教育の役割についての発言は2つのグループに分かれた。1つ目のグループは内的な役割であり、もう1つは外的な役割である。どちらも非対称な権力関係の存在する状況に基づいている。社会教育者は強い立場として、対象となる人（クライアント、患者など）は1つかそれ以上の領域で弱みを抱えているか、欠陥を有しているものとされる。インタビュイーの発言によれば、社会教育者は提供できるようなものを有しており、他方で対象となる人たちはしばしばそれを受動的に受け取る人として描かれている。内的な役割は社会教育者と「クライアント」との間の直接的な関係性と密接なものとして解釈されている。外的な役割は、社会教育者が環境に巻き込まれ、クライアントの文脈においてより間接的、

長期的な方法で個々の状況を改善するために多大な関与をしている状況として説明される。内的役割の例として、代弁者、ガイド、ファシリテーター、問題提起者が挙げられる。外的役割の例として、ネットワーカーとコミュニティ開発者が挙げられる。

対象とする集団については、ほとんどのインタビュイーが近年いくらか変化しているとして同意した。以前は社会教育者の対象は主に子どもや若者であった。今やすべての従属している、あるいは疎外されている個人及び集団そのすべてが対象であるとインタビューを受けた研究者たちは述べている。これまでの研究でも説明した現象であるが、以前は主に個人を対象としていたが、介入のレベルは今や家族全員、あるいは集団全体を対象としている（Madsen, 2005）。社会教育的な舞台は「どこにでも」見つけることができるが、少なくとも北欧諸国においては、ボランティア・セクターにおける社会教育的な舞台よりも公共圏の方が一般的である。インタビュイーは社会教育者が活動する舞台は継続的に展開され続けており、増えていると主張している。

8. 3つの社会教育学的モデル

インタビューにより明らかになったことは、インタビューを受けた人は、社会教育学の理解のための出発点として、2つの言説のうちの1つに向けてより前向きに取り組もうとしていることである。時には1つの言説が他方に比べてより顕著であったが、しかしもっとも一般的であったのは、両方の言説が同時にアクティブになっているということであった。これは社会教育学の理論的基盤と社会教育的実践活動の両方を含むすべての思想を備えているため、驚くべきことではない。他方で、これらをどのように組み合わせているのだろうか、という疑問が生じる。これは、各国特有あるいは各個人に特有の方法で組み合わせられている。本研究のデータは、これらの組み合わせが各国固有のものであるか、あるいは個人やその個人的な背景に関連しているものなのかという明確な証拠を与えてはいない。

他の研究者は、社会教育学の伝統はそれが実践されている国に固有のものであると指摘している（Hämäläinen 2003）。

経験的なデータのさらなる分析によって3つの異なる組み合わせが可視化され、これを基にして3つのモデルを構築した。これらは理想的なタイプとしてみなされなければならない。各モデルは固有のツール、手法、態度／アプローチ、および各モデルにおいて重要とされる概念から構成されている。これらのモデルは、社会教育学のより深い理解と社会教育学の理論的発展の基礎としての機能から構成されている。

　適応モデルの主な目標は統合あるいは適応であり、良き社会が存在するという前提がある。もし、個人が社会的に排除、疎外されているのであれば、社会教育的な介入を通して良きコミュニティに戻ったり、参加可能な状態になったりするであろう。このような社会教育的な仕事は専門職とクライアントとの良好な関係に基づいており、適応的な目標に到達するために異なった種類の治療方法が用いられる。介入は社会ではなくクライアントに向けられるため、このモデルは個人主義的な思考を反映したものである。社会教育学を理解するこの方法は社会に存在してはいるものの、筆者の行った研究（2006）ではインタビュイーはこの考え方は"正しい"方法としてみなしていなかった。

　第2のモビリゼーションモデルの目標はクライアントの解放である。このような社会教育学の解釈はラジカルなものである。クライアントは彼／彼女自身の状況の認識により、結果として解放される。このモデルでは行動が重要である。社会構造が個人の問題や疎外されるような状況の原因になっているため、ここで用いられる方法は社会の変革に向けられている。これは筆者がかつて述べたように、教師や研究者たちの間でも好ましいとされているモデルである。このモデルでは異なったままでいるという権利と、統合されることの代わりに認識することに焦点をあてている。

表10-1　社会教育学モデル

	適応モデル	モビリゼーションモデル	民主的モデル
ツール	関係	行動	対話
方法	個人に対する援助・治療	社会に対する構造的方法	グループの活性化
姿勢	個人主義的	集団的、変革	実践知
概念	コミュニティ	解放、エンパワーメント	陶冶、市民性

注）和訳は、松田武雄著『コミュニティ・ガバナンスと社会教育の再定義 ― 社会教育福祉の可能性』福村出版、2014年、228頁を参考に訳出。

3番目の民主的モデルは人道主義、民主主義的な考え方に基づいている。このモデルでは、個人は社会教育者の支援を通じて「市民性の陶冶」がなされる。このモデルの視点もモビリゼーションアプローチを有しているが、2番目のモデルに比べるとラジカルではない。このモデルでは対話は必要不可欠なものであり、社会教育者は（アリストテレス的な）実践知を有しているという前提を出発点とする。これは適切なタイミングで適切な行動をとることを可能とする。

対話に参加することで人々の認識は変化するという信条がある。このモデルで使用される方法はいくつかの点で活性化と似通っている。活性化は地域社会でのグループ活動を対象として民衆教育として述べることができる。介入の仕方は主に教育的で、集団が彼ら自身の抱える状況をうまく処理するための努力に対してなされる。このような考え方はパウロ・フレイレの思想に類似するものである。上記で指摘したように、情報提供者自身の方法で社会教育学の意味を構築するものとして、3つのモデルは並列して存在している（Eriksson, 2006）。

9. スウェーデンにおける移民に対するシティズンシップ教育の方法：社会教育学的な実践としての民衆成人教育

第2の事例は、社会教育学的な実践としての民衆成人教育としてのスウェーデンにおける移民に対するシティズンシップ教育の方法と称する研究プロジェクトで、移民や民衆教育に関するものである。アングロサクソンの国々において、移民の人々が完全に受け入れられる市民となるよう準備するためにシティズンシップ教育プログラムを組織するのが一般的である。スウェーデンにはそのようなプログラムは存在しないものの、同様のコースは存在する。

本研究では、こうしたコースが社会教育的な活動として解釈することができるかどうかを調査した。筆者が焦点をあてたのは、目標やコースの内容についての教師の話し方であり、特に適応とモビリゼーションについての考え方に着目した。

筆者の経験的なデータは2つの民衆大学のコースに在職する現役のスウェーデン出身の教師たちへのインタビューによるものである。あるコースは地域の環境や社会の機能やその仕組みについての知識を増やすことを目標としていた。学習のグループは24人の参加者から構成されており、参加者は全員、コースが実

施されている地域に住む移民の女性であった。コースを終えた後、彼女たちは自らの行為に責任を持ち、政治的な生活に参加するように準備をする必要がある。別の意図として、彼ら／彼女らに責任ある行動と参加ができる積極的な市民となるための道具を獲得させる必要性がある。コースの内容や意図はモビリゼーションの概念に集約される。

　もう1つのコースでは男性と女性の参加者が混在していた。このコースは移民のための"普通の"スウェーデン語コースであったが、実用的な仕事に関わる部分も備えていた。内容は社会がどのように機能しているのかを含め、アングロサクソン世界ではたいてい市民教育、シティズンシップと呼ばれるものと義務教育のカリキュラムで必修とされるものからなっていた。加えて、このコースの学習には育児や高齢者介護のための知識といった要素も含まれていた。

　この2つの実証的な例が市民教育の2つの異なる種類を示しているといえる。つまり、市民としてのスキルを教える目的を持ったものと、スウェーデン語のようなおそらくより重要な課題として他の教科の中に含まれるものとしての市民としてのスキルを教える目的をもったものである。

　筆者の研究では民衆成人教育の教師たちの方法を理解するために、社会教育的なモデルとシティズンシップに関する理論を合わせて使用している。ここで働いている教師たちは社会教育の専門職ではないが、かれらの行動や状況を社会教育学の観点から分析、考察することは可能であると主張したい。多くは先に述べたように、常に彼らの活動の性質が外部から社会教育として特徴づけられるわけではないと認識している。筆者はこうした教師たちが社会教育的な側面と課題に取り組んでいることから、社会教育的モデルを出発点として活動の分析を行うことができると考えている。さらなる議論として、スウェーデンの民衆大学の教師たちは多くの場合二重の役割を持っている、あるいはもしかすると2つの分岐した役割と考えることもできる。つまり、彼らは成人教育の教師であると同時にソーシャルワーカーでもあるということだ。正確には、この社会的および教育的な役割の組み合わせはしばしば社会教育の特徴として述べられているのである（Hämäläinen, 2003）。研究では、教育が社会環境や社会問題に影響を与えるという信念が社会教育学の伝統に存在しているということが明らかになっている（Eriksson, 2006; Hämäläinen, 2003）。

10. 教師の記述

　教師たちは異なった種類のコース、異なった教育的文脈のもとに働いているが、彼らの様々なシティズンシップ教育についての記述のすべてを解釈する方法が少なくとも筆者の方法にはある。教師は例えば法律や規則といった社会や社会がどう機能するかといった活動の情報に関して話題にする。この部分が重要であると考えられ、教師は様々な場所への訪問研修を設定したり、コースに専門家を招いたりすることで課題の解決を試みる。多くの場合、カリキュラムや学習指針などで語られているようなシティズンシップ教育はこのような形態であり、その目的はスウェーデンの社会のルールを説明し案内することで学生の可能性を強めることである。こうした知識によって移民のグループは自身の市民権を行使することができるようになるはずである（Marshall, 1992）。例えば、法制度についての知識を得ることで、もし犯罪の対象となった時に法的権利によって保障されやすくなる。市民教育のこの部分は問題のない何らかの方法であり、そういった意味では「事実」を伝えることであるといえる。

　しかし、それとは別に、筆者がシティズンシップ教育と呼ぶような規範、伝統、行動規範などの側面もある。教師は社会についての情報と同じくらいこれらの事柄についても重要だと考えているようだ。基礎となる仮定はスウェーデン人のものとは異なる移民の習慣や規範、伝統、振る舞いなどをスウェーデン社会に受け入れられるものとするために、大多数の人々がするように動作できるようにする必要があるということだと思われる。一部の教師は、スウェーデンに住みたいと考えるのであれば、スウェーデン人のように行動しなければならないということを当然だと考えている。これは一方的な適応だと解釈できる。社会教育者による指導と援助によって、個々人を「正しい」方向、これまでに説明したモデルの言葉を使うならば適応へと導くことができる。治療的な側面もまた教師たちの記述の中に見出すことができる。そうした記述の中のいくつかは社会教育の役割の話であり、社会教育の役割はある種の社会的であるとともに教育的でもあると語っている。またいくつかの教師の発言では、スウェーデンの文化は静的、均質（同質）的であり、確かに存在するものとして語られている。これは本質的な

思考の方法だということができる。同様に移民の文化についても語られている。移民が多数派による社会の一部となるために学ばなければならないことこそスウェーデンの文化である。こうした考え方は、静的な規範や伝統、衣類、行動規範といった面から文化を学ぶことができるとしている。

　スウェーデンの文化は優れたものとして述べられている。それと同時に教師はそれを大切にしないことも重要であると言い、こうした文脈において正しいか間違っているかという答えは存在しないが、彼らはスウェーデンの文化的・宗教的表現を優れた規範として判断する。

　一例として、教師が異なる移民同士の差別について語る場面の話をする。あるヨーロッパ系移民はアフリカ系の学生に隣に座ってほしくなかった。教師はヨーロッパ系の学生に対して、スウェーデンの人は「そのようなこと」はしないと説明した。この国ではすべての人々は尊重されなければならない。彼女（その教師は）はスウェーデンの人々はそのような方法で自己を表現しないと考えているようだった。すべてのスウェーデン人がこの教師と同じように考えると思われるし、教師の行ったこのような思考の方法はヨーロッパ系移民の思考方法よりも優れており、それは正しい方法であると考えられる。

　これらの結果は教師が法律や規則について教えるときと、価値観や規範を教えるときの両方で、こうした活動が「社会教育的適応モデル」の文脈で解釈することが可能であることを明確に示している。

　教師は彼らが良い社会の一員になることができるよう情報や知識を伝達することに非常に熱心である。考え方を変える必要があるのは学生であり、問題の当事者は彼らで、社会ではない。こうした状況において、彼らはしばしばスウェーデン社会がどのように機能しているのかを学ぶことを熱望しているため、生徒と教師は共通の関心のもとに出会うのである。

　結局のところ、必ずしもすべての教師が、移民はスウェーデンの規範や伝統に適応する必要があるとは思っていないのである。他の教師も場合によっては、スウェーデン社会が他者に対する敬意のためにオープンであるべきだという意味において、同じように考える。彼らはあらゆる種類の個人に対して社会を開かれたものにしたいのだ。こうした記述はスウェーデン人と社会に焦点をあてているのであって移民に対してではない。障害を構成している現象は撤廃、あるいは変革

されなければならない。彼らはまた人々の態度が変化することを願っている。教師は我々スウェーデン人もまた社会へと「移民として入っていく」ことが重要であると述べている。彼女は様々な衣服や伝統のようなものが私たち自身を乱すことはできないと信じている。彼女は我々が認識的アプローチを有することが重要であると考えている。

多数派による社会の代表者と移民との間の関係と状況を反映するこれらの方法は、筆者が思うに鏡に映った別な社会教育的モデル、つまり民主的モデルである。真の対話と行為者の考え方と行為を変革する際のキーとなる現象の可能性としての対話がこのモデルの中心になる。いくつかの記述では、教師の意見として学生の尊重や、彼らの生活や思考の仕方の尊重だけでなく、問いかけによって彼らが彼ら自身の意見をどのように変えたのかを大切にすることが述べられていた。

対話は民主的アプローチの良い例になる。個々の移民の代わりに社会と社会構造、プロセスに目を向けることを選択したという、教師の思いが動員モデルの痕跡として含まれている。彼らは社会の中で何か間違っていることを認識し、それがどのように変革されるべきなのか？という問題意識を持つ。筆者は介入を社会教育的な民主的モデルの例として解釈するが、しかし、モビリゼーションの要素も持っている。教師たちはより住みやすい場所となるように社会における条件を変革したいと考えている。記述によれば、彼らは社会のなかでの態度に焦点を当てていた。教師は相互対話を通じて可能である例を示す。人々の考え方、例えば移民に対する考え方が相互対話を通じて変わることを示し、事例を提示するのである。こうした考え方は認識に対する思考を含んでいると同時に、民主的な視点としてみることもできる。

「社会教育的なモビリゼーションモデル」の例として経験的なデータを見つけることは困難であり、おそらくこれはユートピアのようなものである。多くの教師はこれを提唱することを主張するが、しかしおそらく実際の実践にこのような思考を実現することは困難である。スウェーデンの民衆教育の文脈において、そのようなモデルは本当に実現できるのだろうか？このモデルはラジカルであり、その完全な実施には社会のパワーシフトを伴う。

本稿で筆者は主に、スウェーデンで社会教育的活動として説明され理解され

得る活動が市民教育であると示すことを試みた。教育は適応の要素を有しているが、しかしそれ以上にモビリゼーションの民主的アイディアも含んでいる。筆者は教育者達のほとんどが民主的かつモビリゼーションを伴い作業するように意図していると思っている。だが彼らの努力はしばしば適応型の方に向いている。こうした発話のいくつかは、完全に明示されているわけではないが教師達の意識に基づいているものと解釈することができる。つまり、彼らは学生が能動的な市民になるために必要であるならば、スウェーデン流の考え方、行動の仕方とそれを学生に対して転送することに熱心であることに賛同しているということが基礎にあるのだ。教育者がアクティブな文化的シティズンシップを目標とする場合、おそらくそれを行わないことは困難であるとは思うが、奇妙で不慣れな世界に対して開放的にならなければならず、社会に対する自分の理解が変化する可能性と、解釈学的思考と見ることのできるものだけでなく、陶冶概念の理解を組み込んだものとしての多様な世界の将来性に対しても開放的でなければならない。

　筆者は、個人やグループがシティズンシップに関するスキルや思考、価値観を学ぶ場面について考える方法として社会教育学を見ることができると考えている。また他の研究者は、社会教育を個々人の包摂と参加、市民としての社会的能力を促進するものであると指摘している（Hämäläinen, 2003）。このようなプロモーションは様々な方法で行うことができる。適応的な方法で人々を動員あるいは、統合する方法はさまざまである。そしてそれはまた、しばしば同じ教師がモビリゼーションの戦略と適応的な戦略の両方を用いる。筆者が思うに、少なくとも多様で多文化な社会においては、より民主的・モビリゼーション型志向の戦略の中にこそ社会教育学の大きな可能性は発見されるだろう。人々が良い人生をおくることを可能にし、機能する社会を手に入れることは、認識と相互理解の観点から考える必要性があることを意味している。言い換えれば、アクティブな生きた文化的シティズンシップを人々が有する可能性のために働くということだ。

11. まとめ

本稿では3つの異なる社会教育学についての議論、すなわち専門的職業としての社会教育学、研究の対象としての社会教育学、研究領域としての社会教育学を示した。この目的は、スウェーデンの社会教育学の現状を描き出すことであったが、それだけでなくこの分野の研究を行う上でのいくつかの例を示すことであった。

参考文献

Addams, J. (1910) Twenty years at Hull-House. New York: Macmillan.

Berglund, S-A. (2004) Det välgörande med att uttrycka sig - social pedagogik och narrativ metod i det moderna. . In L. Eriksson, H-E. Hermansson & A-C. Münger Socialpedagogik och samhällsförstaelse. Stockholm: Brutus Östlings förlag Symposion.

Eriksson, L. (2006) Socialpedagoger utan gränser - en studie om socialpedagogiska innebörder. Skapande Vetande 47. Linköping: Skapande Vetande, Linköpings universitet.

Eriksson, L., Hermansson, H-E. & Münger, A-C. Socialpedagogik och samhällsförstaelse. Stockholm: Brutus Östlings förlag Symposion.

Eriksson, L. & Markström, A-M. (2000) Den svårfångade socialpedagogiken. Lund: Studentlitteratur.

Freire, P. (1972) Pedagogik för förtryckta. Falköping: Gummesson.

Gustavsson, A., Hermansson, H-E. & Hämäläinen, J. (eds.) Perspectives and Theory in Social Pedagogy. Göteborg: Daidalos.

Hämäläinen, J. (2003) Developing social pedagogy as an academicdisciplin. In A. Gustavsson, H-E. Hermansson & J. Hämäläinen (eds.) Perspectives and Theory in Social Pedagogy. Göteborg: Daidalos.

Madsen, B. (2005) Socialpedagogik. Integration og inklusion i det moderne samfund. Köpenhavn: Hans Reitzels Forlag.

Markström, A-M. (2005) Förskolan som normaliseringspraktik. En etnografisk studie. Linköping: Linköpings universitet.

Markström, A-M. & Halldén, G. (2008) Children's Strategies for Agency in Preschool. In Children & Society.

Markström, A.-M. & Münger, A.C. (2004) Socialpedagogiska institutioner för barn i tid och rum. In L. Eriksson, H-E. Hermansson & A-C. Münger Socialpedagogik och samhällsförstaelse. Stockholm: Brutus Östlings förlag Symposion.

Marshall, TH. (1992) Citizenship and social class. London: Pluto Press.

Mikser, R. (2006) Legitimacy of the German concept social pedagogy. A social-epistemological analysis. Turku, Finland: Turku University.

Molin, M., Gustavsson, A. & Hermansson, H-E. (2008)Meningsskapande och delaktighet. Om vår tids socialpedagogi. Göteborg: Dadidalos

Mäkitalo, Å. (2005)The record as a formative tool. A study of immanent pedagogy in the practice of Vocational guidance. In Qualitative Social Work Vol 4(4), pp 431-449.

Natorp, P. (1904) Sozialpädagogik. Stuttgart: Framanns Verlag.

Pettersson, K. (1995) Viljan att förekomma – om unga i den svenska profylaxens ordningsprojekt. In L. Dahlgren & K. Hultqvist (eds.) Seendet och seendets villkor. En bok om barns och ungas välfärd. Stockholm: HLS Förlag.

Severinsson, S. (2006) Tålamodets praktik. En studie om socialpedagogiskt arbete med barn och unga i svårigheter. Linköping: Linköpings universitet.

… 第 **11** 章

学問分野と職業的実践としての社会教育学の発展
フィンランドの事例から学ぶこと

Developing Social Pedagogy as an Academic Discipline and Professional Practice
Learning from Finnish Experience

はじめに

　社会教育学は、概念、理論、実践への応用の用い方に関して、国特有の性質を多く持っている（Kornbeck & Rosendal Jensen 2009）。社会教育概念が生じるすべての国は、学問分野と職業的実践としての社会教育学の本質に関して、独自の解釈を創造せざるを得ない。なぜなら、機能的システムとしての社会教育学の発展への前提条件は国々によって異なり、これらは、国特有である経済的、社会的、文化的な要因と結びついているからである。しかしながら、社会教育学は国から国へと伝えることはできないものの、議論される共通の課題は多くあり、互いに学ぶことはできる。

　本研究では、フィンランドの事例を扱う。フィンランドにおいて、社会教育学に関する概念は比較的新しく、この概念に基づく研究と理論構築の伝統はない（Hämäläinen 2012b）。それにもかかわらず、19世紀末以降、社会的意図が教育的な手段として推進されていたフィンランド社会において多種多様な活動が行われてきた。また、1920年代には、「社会教育者（social educator）」という専門職すら確立されていた。この専門職は、社会的な職業に関する教育体制が改革され、この資格が廃止された1990年代まで保持されていたのである。

　事実、1980年代末以来、社会事業におけるこのような概念に対して、特定の学術的な関心が向けられてきた。しかし、第二次世界大戦以後、この概念は、ある社会科学、教育科学の教科書の中の付随するものとして言及されていたものの、社会教育学は学問の一分野や、教育理論の一つの領域として発達することは1990年代までなかった。これに関連して、社会的教育的関心の統合性に関する

第11章 学問分野と職業的実践としての社会教育学の発展 ── フィンランドの事例から学ぶこと ── *191*

考察は、社会運動と専門的実践の様々な形態のなかで見ることができるものの、社会教育学はフィンランドでは新たなものであるということは事実に基づいているといえる。

本研究は、1990年代から現在に至るまでのフィンランドにおける、学問分野と職業的実践として、社会教育学を発展させるための展望に焦点を当てたものである。本研究の目的は、ここ20年間に渡って生じた最も重要な論点を考察することにあるが、今後の将来性に関しても考察を行う。また、機能的システムとしての社会教育学の確立への過程の全体的な展望も提議するために、学術研究と理論構築の観点から科学分野として、また、研修プログラムと学位の見地から教育学の一分野として、さらには、職業と仕事という立場から職業分野としての社会教育学の発展に注目して考察する。

1. 教育分野としての社会教育学の発展

歴史的に言えば、社会教育学の概念は19世紀中頃にドイツから導入されたものである（Kronen & Müller 2010）。当初から、その概念に対して様々な解釈がなされ、多角的な理論が構築された。つまり、社会教育学研究は、多様な社会理論、哲学、倫理問題、また、さらには政治的関心の違いから、影響を受けているのである。したがって、社会教育学はこのように多様化する解釈、慣習、思想の中で、特定の科学分野として明確にしなくてはならない。

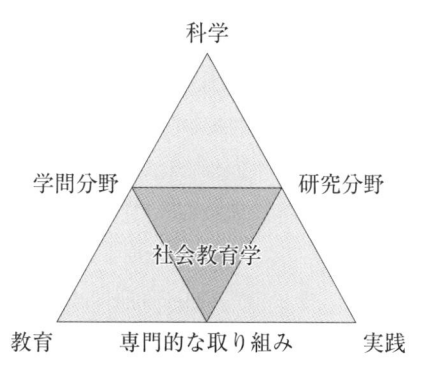

図11-1　社会教育学の機能的システム（Hämäläinen 2012a）

機能的な社会システムとしての社会教育は、科学、教育、実践の三要素を構成する（図11-1）。

研究に基づく理論構築は、社会教育学を教育学の一分野として発展させるために必要なことであり、これなくしては学問分野として発展することはできない。ゆえに、このような理論構築は社会教育学の専門知識と実践の発展のための土台にもなる。

結果的に、フィンランドでの社会教育学は、高等教育機関での研究、理論構築、学問の一分野から成り立つ学問分野として発展してきている。フィンランド国内7校の総合大学の内、東フィンランド大学1校において、学位取得プログラムとして社会教育学が設置されている。また、20校中15校の応用科学の大学は、社会教育学の概念とおおよそ関連性のある社会科学の学位取得プログラムを提供している（Semi 2006）。総合大学において、社会教育学は専門的な資格取得はできないものの、学士、修士、博士課程を通して学ぶことができる。一方で、応用科学大学では専門的な資格取得と共に、学士と修士の取得が可能となっている。いずれの大学においても、社会教育は特定の職業としてではなく、多種多様な専門研究や、また、異なる職業集団のための一つの理論的枠組みとしてみなされているのである。

学生は、社会教育学を学ぶ過程で、社会教育学的な理論構築や実践への応用を習得する。社会教育学研究に注目されていることは、社会教育学の専門知識を異なる状況のなかで実践として応用するという機会と、従来の理論に関することである。理論と実践の相互作用と、考察と実践に重点が置かれる。つまり、理論的で方法論的な教条主義の代わりに、創造的な考察と実践に焦点が当てられているのである。

また、学位授与プログラムの設置に関して避けられない問題として、社会教育学に対する学術研究を取り扱う妥当な教科書が必要になることも挙げられる。なぜならば、ドイツ語やスペイン語で書かれた、社会教育学の理論や歴史を扱った良質な文献は多数使用できるものの、フィンランドの若者世代は、ドイツ語に特に通じているわけではなく、ましてやスペイン語には尚更のこと通じていない。そのため、ドイツ語やスペイン語の文献から学び取ることのできる学生はかなり少ない。したがって、当初から、フィンランド語か英語で書かれた文献の不足

が、学習プログラムを発達させる際の特有の課題であると見なされた。つまり、外国語で書かれた教材をフィンランド語に翻訳するのではなく、独自の教材をフィンランド国内で出版するという課題に直面したのである。

フィンランドにおける初めての社会教育学の教科書（Hämäläinen & Kurki 1997）では、ドイツ語圏とロマンス系諸言語圏の両方で発達した社会教育学が紹介された。それ以来、多数の独自の思想が生まれ、また、社会教育政策の定義も構築されたものの、フィンランドにおける社会教育学に対する理解はドイツ語圏とロマンス系諸言語圏の影響を強く受けている。2000年代には、社会秩序が非常に類似している北欧諸国の専門家とフィンランドの学者が共同研究することがますます増え、スウェーデンの文献もまた出版されると共に、活用されるようになった（例：Eriksson & Markström 2000；Madsen 2006；Eriksson & Winman 2010）。フィンランドは、フィンランド語とスウェーデン語の二か国語を公用語とする国家であり、高校レベルの教育を受けたフィンランド人のほとんどはスウェーデン語も堪能であることもあり、教科書の中には北欧諸国の研究者同士が共著（Gustavsson, Hermansson & Hämäläinen 2003）で出版されたものもある。

フィンランドでは、社会教育学は近代社会における市民教育のための理論的枠組みとして解釈されてきている。例えば、「グローバル時代の福祉社会（Nivala 2008）」の視点や、「自己実現、アクティブシティズンシップ、社会連携、就職活動相互支援における生涯学習（Niemelä 2011）」からの考察が先行研究として挙げられる。これらの理論構築は教育学における、フォーマル教育とノンフォーマル教育の両方の側面を扱っており、機能的社会システムとしての社会教育は、社会連携、福祉、持続可能な開発に貢献する可能性があるものと考えられているのである。

学問分野として社会教育学を発達させるなかで、多様な科学哲学、社会理論、人間本来の本質への理解に焦点が当てられている。つまり、社会教育学は特定の認識論的、倫理的、人類学的な理論に固定、あるいは集約されてはいけないということになる。いずれにしても、フィンランドの事例は、知識、社会、人間発達の本質に関係する根本的な哲学的な問題を検討することは重要であるということを表している。同様に、学問分野は教条主義やイデオロギーへの固着ではなく、

科学的な価値にのみに基づくことができるということに留意することも重要である。この意味では、社会教育学は科学的な議論と科学界の批評が土台となるオープンシステムとして発達してきているといえる。

さらに、フィンランドで、社会教育学を学問分野として発達させる過程において核心となる問題として浮上したものは、いかに社会教育学を他の異なる科学分野に関連づけるのかということであった。社会教育学は、社会科学と教育科学の間に位置しており、両方の学問分野から恩恵を受け合ったり、貢献し合ったりしているということがフィンランドでの一般的な見解となってきている。大学では社会教育学は社会科学と教育科学の学部内で、特定の研究分野と理論構築がなされるものとして発展してきた。しかしながら、これは社会教育学が多くの学問分野に渡るに過ぎない学問として解釈されているというわけではない。社会教育学は、社会学研究や教育学研究の領域の補足を通じて、独自の論点を有する、独立した個別の科学としても発達してきているのである。

2. 職業的実践としての社会教育学

社会教育学の専門知識に関する基本的な課題は、社会教育を特定の専門職として考えるのか、それとも、多数の職業の一分野として考えるのかどうか、ということである。この課題に追加して、他の重要な課題は、社会教育学の専門知識における本質に関してと、社会教育実践における特徴、特に、目的、方法、組織グループに関することである。

社会教育実践の組織構造は国々で異なる。この多様性は、異なる理論的解釈のみならず、一般的な社会秩序の違いにも関連する (Hämäläinen 2012a)。フィンランド社会は、基本的に北欧の福祉イデオロギーに基づいており、公共機関は福祉を大いに促進するという責任を担う。この福祉システムは、主に税金によって資金を調達している。

各々の社会における社会教育の概念の用い方と社会教育実践の構築との間にある、重要で独特な事情は、いかに社会教育学を市民社会や政府機関に関連付けるかということである。社会は、福祉基盤と市民社会の機能に特徴的に分岐している。それは、フィンランドや北欧諸国は、広範な公共の福祉システムと、非政

府組織の多岐に渡る活動から構成される充実した市民社会とが共存してきた伝統があるからである。この意味では、社会教育実践は、公共団体が責任を持つ福祉サービス体制の中で主に発達してきているといえる（Eriksson 2010）。

　社会教育実践の本質への理解は、学問分野、職業制度としての社会教育学の概念にも影響を与えてきた。重要な点は、学問分野としての社会教育学が、異なる専門的な取り組みに対して、いかに関連し、貢献するのかということである。この問いに関しては、北欧諸国ですら互いに異なる。資格としての「社会教育者（social pedagogue）」が、厳密な専門職という意味において正式に認知されている国は、アイスランドのみに過ぎない。デンマークとノルウエーにおいては、社会教育学は主に特定の職業として発達してきている（例：Kornbeck & Rosendal Jensen 2009；2011）。一方で、フィンランドとスウェーデンの大部分においては、多少の例外はあるものの、特定の職業を定めず、社会教育学を一つの教育方針として発達させてきた。例えば、スウェーデンでは、対応する教育系の資格はないものの、「社会教育者」は学校や公共施設での特定の職業に用いられている。スウェーデンでは、「ソシオノム（socionom）」のもとで、ソーシャルワーカーとなるべく学習をすることができ、その後で「社会教育者」として働く人もいる。また、ノルウエーとデンマークにおいては、社会教育学は、児童福祉司のための訓練プログラムとして位置づけられている。もしかしたら、デンマークに限り、資格を有する者は、「社会教育者」を自称することができるのかもしれない。この問題は、職業上の境界線と資格の柔軟性と変化のゆえに複雑である。

　現代社会において、職業的実践としての社会教育学が注目すべき特別な問題点として、多文化主義の拡大、情報通信技術の発展に伴う労働市場における必要条件の変化、離婚率の上昇、高齢化社会、社会的不安や社会的排除の増加、環境問題が挙げられる。フィンランドでは、近代化におけるこれらの兆候は明白であり、社会教育理論において検討されてきた（例：Niemelä 2011）。社会教育学は、社会学と教育学の視点を兼ね備える特定の社会科学として発達してきている。理論と実践において教育学は、現代社会の社会的メカニズムの本質の分析という観点から考察されている。注目されている点は、社会統合、社会的解放、幸福（ウェルビーイング）、市民参加のために人々の潜在意識を教育学的に改善するための機会に対してである。すなわち、社会教育学は、教育を通じて社会発展に寄

与することを狙いとしているのである。

社会教育学がいかに社会福祉事業に関連するのかという論点は、社会教育学と社会福祉事業の両方の概念を用いている、すべての国家に関連するものであるようだ。主に4つの異なる立場がある。1 社会教育学は、特定の理論的枠組やその志向において社会福祉事業に従属する、2 社会福祉事業は一つの専門的領域として社会教育学に従属する、3 社会教育学と社会福祉事業は同一のものである、4 社会教育学と社会福祉事業は完全に異なるものである（例：Merten 1998）。フィンランドでは、社会教育学と社会福祉事業の関連性は高いにもかかわらず、2つの異なる主専攻の学問として発達してきた。それは、社会教育学は、それ自体が研究に基づいた専門職（Hämäläinen 2012c）として考えられている、社会福祉事業のための潜在的な理論的枠組み（Hämäläinen 2003）として定義されているという立場と、社会教育学は、社会福祉事業を含む異なる職業活動に貢献する学問分野として定義されている、という立場である。

フィンランドでは主に教育制度と福祉制度の2つの主要な分野において、社会教育実践がなされている。この体制の中で、社会教育学の専門性は、フォーマル教育とノンフォーマル教育の両方に適応されている。フォーマル教育に関しては、特に、学校における社会福祉士や、また、特定の教師、進路指導者、そして、すべてのアカデミックレベルの通常の教員ですら社会教育学の見地や専門性から恩恵を受けている。それは、すべての教育システムが、福祉の社会政治的な機能を行っているからである。同様に、ノンフォーマル教育のすべての分野、例えば、青少年援助と、成人教養教育のシステムにおいて、社会教育学の専門性からの職業的実践を行うかどうかの選択の自由を確認することができる。福祉制度において、社会教育学の職業的実践は、異なる種類の社会心理的な問題と、すべての年齢層の中での必要性に適応させた、オープンケア活動と収容ケア活動の両方の社会介護サービスを主に取り扱っている。

歴史的には、社会教育学は、家族の義務であるケアやしつけの能力を失い、社会化が著しく損なわれ、多くの子どもや若者が社会的要求を果たせずに問題を抱えている初期の現代化の課題に取り組んでいる学問である。これは、今でも社会教育学を学問として、また、職業的実践として発展させるための妥当な根拠でもある。現代社会は、よりさらに複雑化し続け、社会統合の問題も著しく引き起こ

され続けている。この側面は、理論と実践における社会教育学に対するフィンランドでの理解に重要な役割を果たしている。学問と専門知識として、社会教育学の発展の重要な根拠は、アカデミック体制内と、専門知識の分野としての社会教育学を正当化するための基礎となってきているのである。

3. 教育制度内における社会教育学の位置づけ

フィンランドの事例や社会教育学の概念を理解するためには、フィンランドの教育制度を考察する必要がある。一般的に、フィンランド社会は、教育を通じた競争優位性の改善への考えに基づく社会であり（フィンランド文部科学省 2012）、世界において最も教養があり、能力のある国家になることが政治目標でもある。これは、広範な社会保障と公共機関が責任を果たす平等性の観点と共に、フィンランドの社会秩序においてきわめて重要な部分である。したがって、レベルの高い教育は、国際的な競争で成功するために必要不可欠であり、競争力のあるイノベーションの発展のための基盤として考えられている。フィンランドの教育制度は、社会発展や雇用問題が基本的に教育を基盤として起きている現代社会において重要な部分である（図11-2）。

社会教育学は教育制度における、第三期の教育の第一、二段階、すなわち研究大学、応用科学の大学、またいくつかの職業資格のプログラムにおいても、学ぶことができる。一方で、就学前教育、初等教育、中等教育は、社会教育実践の可能性がある場に属している。

フィンランドにおいて、社会教育学という用語それ自体は、人間の一生涯という意味である。つまり、他の国々と同様、社会教育学の理論構築や実践は様々な年齢層に関するものとして考えられている（Kornbeck & Rosendal Jensen 2011；2012）。したがって、社会教育実践や取り組みは、早期教育、青少年教育、成人教育の分野において行われており、高齢者ケアに対する応用の発展への熱望すらある（Kurki 2007）。公共施設独自の専門化も進められてきている。例えば、学童保育での社会教育実践、児童の施設保育、オープンケアの点から児童保護活動、家族に対する社会福祉事業、学校における社会福祉事業、成人コミュニティカレッジや民衆大学における民衆教育、また、子ども、青少年、成人のた

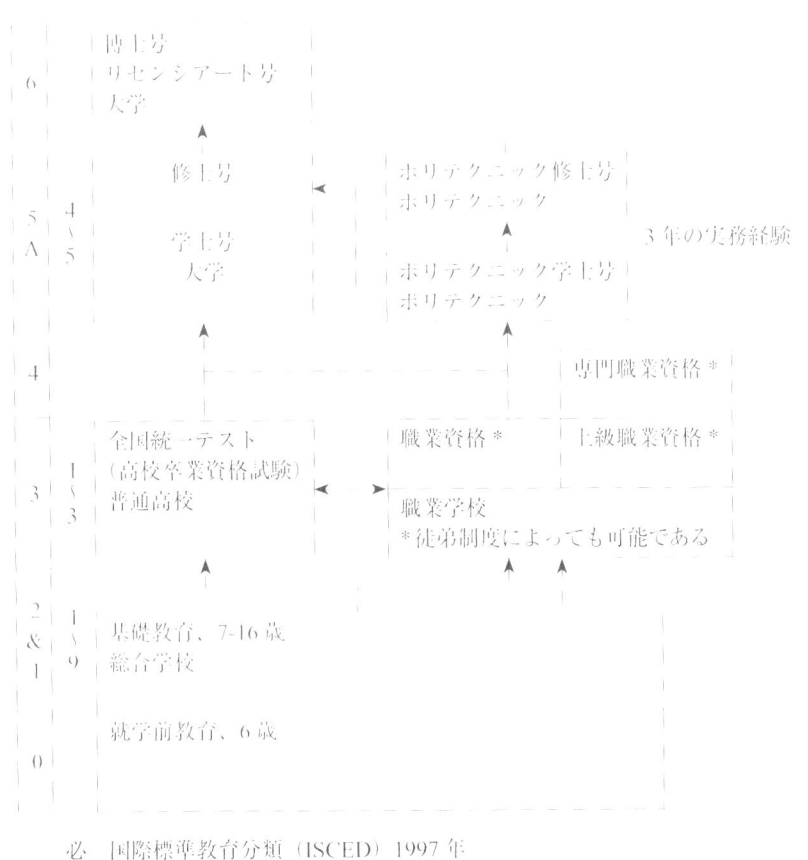

```
                  ┌ 博士号
             ┌─── │ リセンシアート号
        6    │    └ 大学
             │         ▲
             │         │
             │    修士号     ◀────    ポリテクニック修士号
        5  4 │                       ポリテクニック            3年の実務経験
        A  〜│         ▲                    ▲
           5 │         │                    │
             │    学士号                ポリテクニック学士号
             │    大学                  ポリテクニック
             │
        4                                              専門職業資格*
                                                       
                  全国統一テスト          職業資格*      上級職業資格*
             │   (高校卒業資格試験)    ◀
        3  1 │                            職業学校
           〜│    普通高校
           3 │                            *徒弟制度によっても可能である
                  ▲                       ▲
        2  1 │    基礎教育、7-16歳
        &  〜│    総合学校
        1  9 │
             │    就学前教育、6歳
        0    │
```

必要年数　国際標準教育分類（ISCED）1997年
　　　　　0　　就学前教育
　　　　　1-2　初等教育または前期中等教育
　　　　　3　　上級中等教育
　　　　　4　　中等後教育（高等教育ではない）
　　　　　5　　第一次高等教育
　　　　　6　　第二次高等教育

図11.2　フィンランドの教育体制（フィンランド文部科学省 2012）

めの多種多様なレクリエーションである。

　さて、社会教育実践に対する発展のなかにある重要な課題は、学校に関連する社会教育の位置付けに関わることである。例えば、いくつかの国々のうち、エストニア共和国では、社会教育は義務教育制度における学校での特定の職業分野と

して発達している (Kraav 2003)。一方で、いくつかの国々の中で、例えば、ドイツでは、社会教育は学校外教育での特定の分野として考えられている。フィンランドでは、社会教育はフォーマル教育分野とノンフォーマル教育分野の両者における教育的専門知識の源として解釈されている。学校制度の中で、社会教育は特に、学校社会福祉の分野として考えられてきた。社会教育は、スクールソーシャルワークの特定のパラダイムによって、「社会教育学的なスクールソーシャルワーク (Kurki, Nivala & Sipilä-Lähdekorpi 2006)」として分類すらされており、また、一般的な学校教育のための理論的枠組みとしても分類され、異なる職業集団を、責任を共有したり、協働したりするために、統一してきた (Hämäläinen 2011)。フィンランドの学校制度は、社会における、教育学的、社会政治的な使命を伝統的に兼ね揃え、実施してきたため、社会教育学がこのような文脈の一部分としても考えられていることは当然のことである。

　全般的に言えば、社会教育実践は、2つの教育的視点から発達している。それは、特別な需要、例えば、身体障がい者、失業者や、過失を犯した者のための特別の教育であるという観点と、市民教育のように、様々な年齢層のすべての人間の生涯のための一般的な教育であるという観点である。同様に、社会教育理論は特別の教育的な問題を大いに扱うものとして、もしくは、現代社会における一般的な人間発達における必要条件と社会化を扱う一般的性質のものであると考えられている。社会教育学的な思想と実践の両方の道筋のなかで、社会教育実践は、現代社会の社会情勢と密接に結びついているものとして考えられている。この意味において、社会教育学は現代社会における人々と社会の関係性を論ずる学問であると考えられている。

　したがって、社会教育実践は現代社会におけるすべての種類の社会的、また社会心理的な問題を直視しなくてはならない。社会教育における特定の教育学的概念のなかで、異なる社会的、社会心理的な問題を特に扱うという切望が社会教育学をとりわけ特徴づける。教育実践と専門体制の一分野としての社会教育学の独自性は、この特質に基づいている。一方で、社会教育学の一般的な教育学的概念では、社会的、社会心理的な問題を扱う必要性は、現代社会における教育学の本質と同じである。社会教育学は、人々の特別な需要のための特定のものではなく、異なる社会的、社会心理的な問題と結びついている特別な需要によって、人

間発達と社会化のプロセスが形作られる、現代社会におけるものである。

さて、フィンランドにおいて、社会的排除の問題は、社会教育学の一つの特有の分野として考えられている。社会的排除は、教育を通じて達成された知識基盤社会に著しく基づいている現代社会における複雑な現象である。すべての若者が必要とされる条件を満たすことはなく、学校から脱落した若者は、就職する際に不利益を被る。結果として、低学歴の者は長期間において失業状態となる可能性がある。さらに、このような人たちは、アクティブシティズンシップ、有意義な余暇、そして、重要な人間関係形成すらからもしばしば省かれてしまう。社会的排除は、市民と社会の間で起きる矛盾に関するものである。社会的排除は、特別な課題として、また、学問分野、理論構築、教育実践としての社会教育学の専門知識の分野として考えられている。

社会的排除は、現代社会の特徴であると考えられている。人々の人生は、社会生活との調和の問題に大いに影響される、という点において関心が持たれている。これらの大部分の問題は、社会構造から排除されることから起こる。社会教育学では、教育的戦略と、政治的戦略との相関性が重視される。教育学的な視点は人間発達と教育のプロセスを通じて影響を与える機会に焦点を当てており、政治活動は、社会構造、社会制度、法律に影響を与えることを目的としている。

4. 社会教育学の専門性の本質

学問としての社会教育学の本質を理解することは、社会教育学の専門性への概念を明らかにすることでもある。この概念は、2つの基本的な課題から構成される。それは、社会教育学のノウハウが何に対してのものなのかということと、そのノウハウがどこから生じたのかということである。

フィンランドでは、社会教育学は主要なものであるとは考えられていないが、仮にそうであるとしても、社会教育学は、教育方法や教育技術とセットとしてではなく、個人と社会の間にある関係性の不一致を特に扱う、教育学的な思考の特定の方法として見なされる。社会教育学の専門知識は、特定の教育方法や教育技術への展望に関してではなく、社会的参加、社会統合、それらの実現に対する行動への促進を目的とする、教育学的実践に関する創造的なプロセスに関してでも

あると考えられている。シティズンシップは法令上の権利を有するということだけではなく、教育や人間発達によって達成される個人的な特徴もあるという事実にも基づいて注目されている（Nivala 2008）。社会教育学での専門性は、アクティブシティズンシップへの必要条件に関するものであり、またそのプロセスに関するものであるともいえる。

フィンランドにおける社会教育学の専門性に関する論争は、社会文化的な活動の伝統から比較的強く影響を受けている（Hämäläinen & Kurki 1997；Kurki 2000）。それは、ロマンス語文化圏（特に、スペイン、フランス、ラテンアメリカ）で主に発達してきた、特定の教育哲学である。この教育哲学は、社会参加の重要性と、人々の個人的な発展と幸せ（ウェルビーイング）のための社会生活が重視される、教育学的な取り組みへの実践とその理論に関するものである。基本的な目的は、人々を自分たちのコミュニティの中での共通の行動に向かって動かすことであり、それが個人生活と社会生活の質を向上させる。社会参加は、一つの教育的な手段として、また、人間存在における非常に望ましい価値としても考えられているのである。

フィンランドでは、社会教育学は、正式の教育制度のなかで生じる、一般的な哲学と教育制度の代わりとなる、ある種の「新しい教育学」と呼ばれる一分野として発達してきている。社会教育学のこのような理解は、早い段階から、創造的、住民主体的、民主的で地域密着型の手法が応用され、発達されてきたという、異なる教育学的な動向から恩恵を受けてきたドイツの伝統的な社会教育学が一つのルーツにもなる。したがって、社会教育学思想と理論構築は、どのような特定の動きにも固着されていたわけではない。社会教育学の専門性は、新しい教育学として特定されているだけではなく、特に、社会健康ケアサービスと教育機関というような福祉システムの専門分野にも応用されているということを示すことも、また重要なことであるのである。

社会教育学を学ぶ学生は、様々な創造的な教育的手段に精通するようになり、教育学的な仕事における創造的な取り組みへの機会を理解することを学ぶ。学生の中には、例えば、音楽療法、芸術療法、冒険教育、コミュニティケアという特定の手法を専門にする傾向がある。あるイギリスの研究者達からここ最近評されたように（Cameron & Moss 2011；Petrie 2011）、社会教育学の専門性は教育学

的なコミュニケーションに関するものとして考えられている。社会教育学の専門性の理論的根拠ですらある重要な理論に基づいた見地は、同時代のドイツの論争でもまた社会教育学の重要な要素として考えられていた、コミュニケーション的な活動の理論である（Rauschenbach 1999参照）。この視点から、社会教育学の専門性は、個人的なスキルとしてのコミュニケーションに関するものであるのみならず、コミュニケーションを学ぶためと自己学習という点から、社会への繋がりとして自分自身が発展するために、家族を含むコミュニティの能力への強化に関するものでもあるといえる。

社会教育学の専門性は様々な状況で生じ、その時々における文脈に特定の解釈がなされる。早期教育における社会教育学の専門性への必要性は、青少年教育や成人教育からの必要性とは異なる。また、教育学的ノウハウの需要もまた、組織の状態によっても変わる。例えば、専門的な収容介護において特別な専門的な需要がある。北欧諸国では、整然たる専門的な資格に基づいた、広範な福祉サービスがある。この意味では、社会教育学の専門性が、異なる職業の専門性の付加価値となるという点を社会教育学自身が大部分において証明している。Cameron, Moss（2011）の「ケアと教育の接続」という言葉からも分かるように、フィンランドにおける社会教育学は、教育と福祉のノウハウの融合であると主に解釈されている。社会教育学を学ぶ大学生の多くは、例えば、ユースリーカー、幼稚園教諭、社会福祉士、看護師、学校教員、職業セラピスト等のすでに資格を有する職業人であり、社会教育学の学習が彼らの専門性に付け加えられるのである。

他の国々の社会教育学の事例とは異なり、社会教育学の専門性におけるフィンランドの見解は、特定の職業に関するものだけではなく、福祉と教育の専門分野に及ぶすべての職業に関連する、一般的な教育学的ノウハウに関するものでもあるということである。学問分野として、社会教育学は、多くの専門性にわたる特質を持ち、社会教育学は人間発達のプロセスを扱い、人々の幸せ（ウェルビーイング）を促進することを狙いとする、すべての職業に貢献している。社会教育学のノウハウは、社会参加の視点から、アクティブシティズンシップに向けての人々の成長に関するものであり、機能的な社会的行為の点からセルフケアの能力を強めることを狙いとし、また、社交的で責任あるコミュニティや社会での市民の一員という点から、良識ある市民として、人々の責任と自主性を促進するとい

う教育学的実践に特に応用されるものである。

　フィンランドの社会教育的ノウハウへの本質への理解は、イギリス（ameron & Moss 2011）やノルウェー（Storø 2013）とは異なり、「子どもと青少年のための教育」に限定しておらず、スウェーデン（例：Eriksson & Winman 2010）と同様、成人教育にも焦点を当てている。この意味において、成人教育施設もまた、社会教育学の専門性のための選択肢として考えられており、それはコミュニティカレッジ、民衆大学、夏期大学、成人教育センター、スポーツ施設において、多種多様な取り組みを構成している、特にノンフォーマル成人教育の分野である。理論上は、特に成人教育と関連する、生涯学習とアクティブシティズンシップというような概念もまた、社会教育学研究とその理論構築に包括される（例：Niemelä 2011）。さらに、フィンランドでは成人教育もまた、対応する研究活動、理論構築、大学での学習プログラムを構成する学問分野として発達してきた。学問分野と専門分野としては、成人教育の方が社会教育学よりも歴史があり、より確立されており、また知名度も高い。

　社会教育学の専門性は、社会的、教育的な専門的技術のなかでの一般的な見解の代わりとなるものとして、ある程度考えられてきた。社会教育学の学生は、最も重要な教育学的進展の改善と、創造的な教育学的手法に習熟する。ソーシャルケアと教育分野の両方で、社会教育学の専門性は理論と実践において創造的で、地域に根付いた考察を重要視する、という新しい観点と考察を提供するものとしてしばしば考えられている。社会教育学は、従来の福祉や教育学的な実践を改善し、また、ある程度取って代わる可能性すらあると期待されている。時に、社会教育学はこれまでの官僚的な制度中心の専門家気質の代わりを提供する、改革志向のアプローチとして紹介されている。

　社会教育学の理論構築は、本来、哲学的人間学や道徳哲学から方向付けられたり、また、それらを扱ったりする学問である。社会教育学の専門性は、それなりに、これらの分野からの論争点を構成するものとして考えることができる。全体的には、フィンランドにおける社会教育学の専門性の本質への見解は、教育を通して「人々の生涯を豊かにする、すなわち、幸福に貢献する」という考えに一致する（Gustavsson 2010, p.19）。したがって、フィンランドで社会教育学を学ぶ者は、人間本来の本質や道徳における理論も幅広く学ぶ。この意味では、社会教

育学の専門性は、基本的には現代社会の状況の中での、教育における必要前提条件、機会、制限条件の理論的理解に関するものであり、福祉制度と教育制度の中でこの理解を創造的に実践に移すという可能性に関するものでもある。これは、従来の社会基盤に社会教育学を適応させることに関するだけではなく、社会の発展に貢献させるということに関することでもある。

一方で、社会教育学は学術的な教育学に基づいているため、教育実践に還元することのみならず、研究や行政分野との関連性もある。社会教育学を学んだ者の中には、研究者や教育者として高等教育機関に配属された卒業生もいる。

5. 「地域教育者 (community pedagogues)」と「ソーシャルケアワーカー (social care workers)」

社会教育学は、特定の職業の見地から定義されていないが、応用科学の大学における特に2つの専門職向けの教育課程において重要な役割を果たしている。これらのプログラムの学位を正確に訳すことは非常に難しい。「地域教育者」は、「市民活動とユースワーク」の学習プログラムに基づいており、青年民衆教育分野での専門知識の習得をねらいとするものである。一方で、「ソーシャルケアワーカー」は、一般的には、「社会サービス」の学習プログラムに基づいており、福祉分野での専門知識の習得をねらいとするものである。これらは、社会的なヘルスケアの幅広い体制の中における多種多様な専門的な取り組みを具現化したものである。上で述べたように、フィンランドの福祉体制では、専門職「ソーシャルワーカー」は、「ソーシャルケアワーカー」から分離したものであり、資格のあるソーシャルワーカーは、研究大学において修士レベルの教育を受けている。

講義概要によれば、「地域教育者」の専門知識は主に青年民衆教育における専門的な取り組みに関連しており、それは、ユースワーク、青少年政策、余暇活動、民事訴訟である。これに関連して、「地域教育者」のノウハウは、教育学的なコミュニケーションスキルと、活動プランを立て、発展、協働、管理するというスキルの両方に応用される。この専門職は、フィンランド若者法（2006/72）と密接な関係があり、若者法によって、地方自治体は多目的な青少年教育、余暇活動、地元の青少年政策と若者に対する適切な福祉サービスの発展に向けた事前調整をまとめるという責任を追うことになった。若者法の中では、若者の社会的

排除への予防と緩和が重要な目的なのである。

　「ソーシャルケアワーカー」の専門性は、前述の「地域教育者」と比べて、より不明確な部分があり、目標を定義することと、学習内容において、大学同士の間に比較的大きな違いがある。また、これに対する法律も比較的複雑である。例えば、社会福祉に対する専門的資格における法律（2005/272）によれば、例えば、応用科学の大学において認定されたソーシャルケアワーカーは、早期教育か、社会教育に関する学習が大学の学習プログラム内に少なくとも60単位（1年間）含んでいれば、幼稚園教諭のポストのための資格もあるということになる。実は、この法律がフィンランドの福祉関係立法の中で、学術用語である社会教育学がいかに言及されているのかに関する唯一の詳細な説明となっている。いずれにせよ、社会教育学は学問分野と理論的枠組みとして、「ソーシャルケアワーカー」の学習プログラムの大部分に多かれ少なかれ統合されてきた学問なのである。

　以上の「地域教育者」と「ソーシャルケアワーカー」の事例から、社会教育学の専門知識が、民衆教育とケアワークの両方の分野に関する、高等教育機関の特定の職業訓練プログラムの見地から発達してきたことが分かる。これは、社会的で教育的である考察、福祉、そして文化からの統合によって構成される学問分野としての社会教育学の本質への理論的理解と一致する。社会教育学の専門知識は、教育分野と福祉分野の両方の専門的な取り組みに応用し、理論と実践において、教育と福祉という、社会生活における2つの根本的な特質を融合しているのである。

6. おわりに

　学問分野と専門的実践として社会教育学を確立してきたフィンランドの事例から学べることは、以下の通りである。
1. 社会教育は、学問としての社会教育学の発展と理論構築がなされなければ、専門的実践として発展することはできない。理論構築は、社会教育学的な考察の歴史と、異なる国特有の慣習に精通することから恩恵を受ける。理論的論拠の発展は、学問分野として、また、教育システムとしての社会教育学の発展のために必要な事柄である。また、異なる哲学、認識論的な志向、さら

には、研究の方法論的アプローチを扱うことも必要不可欠なことである。
2. 社会教育学の概念は、多様な道徳哲学、人間に対する概念、政治的関心、また知識への概念の中で変化し、倫理的、政治的、教育的な問題を扱っている社会理論から恩恵を受ける。社会教育学の概念は、異なる国々の伝統の中で明らかにされ、国家特有の社会、政治、経済、文化的な制約によって形成される。したがって、国家特有の条件も各々の中での社会教育学の発展において、考慮しなくてはならない点である。
3. 社会的ケアと教育の専門的な取り組みの様々な分野の中に、社会教育学の専門知識の本質を定義することによって、実践の応用を構築することは意味をなすことである。社会教育学的な専門性の本質に関して直視しなくてはいけない重大な課題は、以下の通りである。
   a. 社会教育学的なノウハウは、ケアへの体制と教育的な職業体制にどのように関連するのか。すなわち、これは一つの特定の職業の課題なのか、それとも様々な社会的、教育的な職業のための学問の課題なのか、ということである。
   b. 社会教育学の専門性は、どのような論点を対象とするのか。それは、教育により多く関するものなのか、それとも、より福祉に多く関するものなのか。
   c. 理論と実践において、どのような組織的、機能的状況が、社会教育学の専門性と関連性があるのか。
      i. 収容ケア vs. オープンケア
      ii. 公共事業 vs. 市民活動
      iii. 早期教育 vs. 青少年教育 vs. 成人教育
      iv. 学内活動 vs. 課外活動
      v. 特殊な支援 vs. 人間発達、社会化、福利（ウェルビーイング）への一般的な支援

以上のように、フィンランドの事例は、概念、学問分野、専門知識、職業的実践としての社会教育に対する幅広い理解の重要性を指摘する。社会教育学において最も重要なことは、人間発達のプロセスを教育学的に支援するということであり、これらを通して人々は自らの生活環境を整えることを学び、異なる役割の中で道徳

的責任を果たし、アクティブシティズンシップになる、ということなのである。

参考文献

Cameron, Claire & Moss, Peter (Eds.) 2011. Social Pedagogy and Working with Children and Young People. Where Care and Education Meet. London and Philadelphia: Jessica Kingsley Publishers.

Eriksson, Lisbeth 2010. Community Development and Social Pedagogy: Traditions for understanding mobilisation for collective development. Community Development Journal Advance [online journal], Feb 18, 2010, 1-18.

Eriksson, Lisbeth & Markström, Ann-Marie 2000. Den svårfångade socialpedagogiken. Lund: Student-litteratur.

Eriksson, Lisbeth & Winman, Thomas (Eds.) 2010. Learning to Fly. Social Pedagogy in a Contemporary Society. Göteborg: Daidalos.

Gustavsson, Anders & Hermansson, Hans-Erik & Hämäläinen, Juha (Eds.) Perspectives and Theory in Social Pedagogy. Göteborg: Daidalos,

Gustavsson, Bernt 2010. Knowledge, Bildung and Action in Social Pedagogy. In Lisbeth Eriksson & Thomas Winman (Eds.) Learning to Fly. Social Pedagogy in a Contemporary Society. Göteborg: Daidalos, 15-30.

Hämäläinen, Juha 2003. The Concept of Social Pedagogy in the Field of Social Work. Journal of Social Work 3 (1), 69-80.

Hämäläinen, Juha 2011. Sosiaalipedagogiikka koulun kehittämisessä. In Kirsi Pohjola (Ed.) Uusi koulu. Oppiminen mediakulttuurin aikakaudella. Jyväskylän yliopisto. Koulutuksen tutkimuslaitos, 197-210.

Hämäläinen, Juha 2012a. Social Pedagogical Eyes in the Midst of Diverse Understandings, Conceptualisations and Activities, International Journal of Social Pedagogy 1 (1), 3-16.

Hämäläinen, Juha 2012b. Social Pedagogy in Finland. Criminology & Social Integration Journal 20 (1), 95-104.

Hämäläinen, Juha 2012c. Social Work as a Research-based Profession. Sociological Study 1 (7), 473-483.

Hämäläinen, Juha & Kurki, Leena 1997. Sosiaalipedagogiikka. Porvoo: WSOY.

Kornbeck, Jacob & Rosendal Jensen, Niels (Eds.) 2009. The Diversity of Social Pedagogy in Europe. Studies in Comparative Social Pedagogies and International Social Work and Social Policy. Vol VII. Bremen: Europäischer Hochschulverlag.

Kornbeck, Jacob & Rosendal Jensen Niels (Eds.) 2011. Social Pedagogy for the Entire Lifespan. Volume I. Studies in Comparative Social Pedagogies and International Social Work

and Social Policy, Vol. XV. Bremen: Europäischer Hochschulverlag.
Kornbeck, Jacob & Rosendal Jensen Niels (Eds.) Social Pedagogy for the Entire Lifespan. Volume II. Studies in Comparative Social Pedagogies and International Social Work and Social Policy, Vol. XVIII. Bremen: Europäischer Hochschulverlag.
Kraav, Inger (2003) Development Perspectives of Social Pedagogy in Estonia. In Anders Gustavsson & Hans-Erik Hermansson & Juha Hämäläinen (Eds.) Perspectives and Theory in Social Pedagogy. Göteborg: Daidalos, 117–132.
Kronen, Heinrich & Müller, Carsten (Hrsg.) 2010. Sozialpädagogik nach Karl Mager. Quellen und Diskussion. Bad Heilbrunn: Verlag Julius Klinkhardt.
Kurki, Leena 2000. Sosiokulttuurinen innostaminen. Muutoksen pedagogiikka. Tampere: Vastapaino.
Kurki, Leena 2007. Innostava vanhuus. Sosiokulttuurinen innostaminen vanhempien aikuisten parissa. Anjalankoski: Finn Lectura.
Kurki, Leena & Nivala, Elina & Sipilä-Lähdekorpi, Pirkko 2006. Sosiaalipedagoginen työ koulussa. Helsinki: Finn Lectura.
Madsen, Bent 2006. Socialpedagogik. Integration och inklusion i det moderna samhället. Trans. B. Larson. Lund: Studentlitteratur.
Merten, Roland (Hrsg.) 1998. Sozialarbeit – Sozialpädagogik – Soziale Arbeit. Begriffsbestimmungen in einer unübersichtlichen Welt. Freiburg im Breisgau: Lambertus.
Ministry of Education and Culture 2012. The Finnish Education System. [http://www.minedu.fi/OPM/Koulutus/?lang=en]
Niemelä, Seppo 2011. Sivistyminen. Sivistystarve, -pedagogiikka ja -politiikka pohjoismaisessa kansansivistystraditiossa. Snellman-instituutin A-sarja 25/2011. Keuruu.
Nivala, Elina 2008. Kansalaiskasvatus globaalin ajan hyvinvointiyhteiskunnassa. Kansalaiskasvatuksen sosiaalipedagoginen teoriakehys. Snellman-instituutin A-sarja 24/2008. Kuopio.
Petrie, Pat 2011. Interpersonal Communication: The Medium for Social Pedagogic Practice. In Claire Cameron & Peter Moss (Eds.) Social Pedagogy and Working with Children and Young People. Where Care and Education Meet. London: Jessica Kingsley Publishers, 69–83.
Rauschenbach, Thomas 1999. Das Sozialpädagogische Jahrhundert. Analysen zur Entwicklung Sozialer Arbeit in der Moderne. Weinheim, München: Juventa.
Semi, Eija 2006. Sosiaalialan ja sosiaalipedagogiikan yhteys ammattikorkeakoulun sosiaalialan koulutusohjelmissa. Diakonia-ammattikorkeakoulun julkaisuja A. Tutkimuksia 13. Helsinki.
Storø, Jan 2013. Practical Social Pedagogy. Theories, Values and Tools for Working with Children and Young People. Bristol: Polity Press.

第12章

民衆大学と協働するドイツ公民の家

A Townhouse in Germany which cooperates with an Adult Education Center

はじめに

　ドイツの社会教育施設としては、市民大学（フォルクスフォホシューレ、民衆大学）と社会文化センターが紹介されている[1]。このほかに、公民館に類似したビュルガーハウス（Buergerhaus, 公民の家）がある。

　公民の家は、中世から近代初期にかけて都市の成立とともに出来たようである。中世から近世の都市における公共の建物、公益性を持った市民団体の建物を指した。例えば市庁舎、僧院のようなキリスト教の教会施設、同業組合会館、手工業者の家、市場関係の建物をさした[2]。しかし、現在では公民の家は、自治体による住民の地区集会施設を指している。公民の家の中世からの変化は、まだわからない。

　公民の家は、自治体の行政区にもうけられるが、そのための全国に統一した法令はない。そこで、自治体による異なる。例えば、マインツ市は公民の家の運営を住民団体にまかせ、開館時間も夕方から夜になっている。日本のコミュニティセンターに類似している。

　それにくらべ、カッセル市は、市直営と住民団体に委託されたものとがある。その事業には民衆大学が参加している。23ある地区すべてに公民の家があるわけではないが、地域の教育・文化施設と位置付けられている。他方で、地区すべてに地区協議会（Ortsbeirät）がある。これは地区の住民自治組織であるので、これと社会教育・文化施設である公民の家とがどのような関係を持っているのかが関心を持たれる。

　ここでは、カッセル市の事例を紹介する。それは、民衆大学と協働することで教育機関としての充実を図っているからである。それにより、日本の社会教育法

が定義する公民館と類似した課題を持っているからである。すなわち公民館は、一定区域内の社会教育施設として「実際生活に即する教育、学術及び文化に関する各種の事業を行い、もって住民の教養の向上、健康の増進、情操の純化を図り、生活文化の振興、社会福祉の増進に寄与することを目的」としているからである。

1. 地区協議会と公民の家

カッセル市23地区のうち公民の家があるのは12地区である。23地区すべてにある地区協議会は、日本のコミュニティーセンターと異なり、決定権を持った自治組織である。それゆえ、公民の家の建設は地区協議会がまず決定し、市議会あるいは参事会に要望を出すことにより始まる。

地区協議会の委員は9名から13名で、市議会選挙と同じように選挙で選出される。市議会選挙と同じようにというのは、有権者の投票という意味だけでなく、候補者が政党から立候補するからである。なぜかと言えば、地区協議会選挙と市議会選挙は、比例代表制によるからである。しかも同じ日に行われる。例えば、公民の家のセンターがあるヴァルダウ地区協議会は、2012年には社会民主党5名、キリスト教民主同盟3名、同盟90・緑の党1名である。無所属候補が選出されている地区もある。任期は市議会議員と同じく4年である。身分は名誉職である。

地区協議会は、地区住民の利害を代表して市議会、市参事会との関係を強め、地区にあるすべての団体との結びつきを育てるとともに地区に関係した事柄に市議会に対し、提案権をもち、市議会の地区に関係する提案に態度を表明する。

地区協議会は、地区の次のような公共施設の設置と場所選定に決定権を持っている。公民の家、保育園、緑地・レクリエーション施設、遊び場・スポーツ施設、文庫、青年室、出張所、保健施設、青少年施設、高齢者施設である。また、地区発展計画、建設計画、文化財保存等の決定権を持つ。さらに、校区を決め、市の計画に基づいて学校発展計画をつくる権限も持っている。

この協議会は定期的に会議を持ち、その内容は公開されなければならない。会議には、助言のために参加できるメンバーが決まっている。市の外国人顧問会議

の代表、当該地区選出の市会議員1名である。高齢者顧問会議のメンバーを参加させている地区もある。

このように見てくると、住民自治の政治的な機関であると考えることができる。この特徴は、カッセル市に限ったことではない。それは自治体内分権制度の一種で、「自治体内下位区分制度」と呼ばれ、その特徴は次のようにまとめられている。①自治体内分権の「参加型」性格、②その強い権限、③比例代表制によって選ばれるというすぐれて政治的な性格、④しかし、議決をしても無視されてしまうという問題がある[3]。第4点については、カッセル市の事例について確かめることができなかった。

これに対し、公民の家は学校局と文化局に分かれているカッセル市教育部のうち文化局所管の文化・社会教育施設であり、文化局公民の家・街区文化活動課がバルダウ公民の家におかれ、公民の家全体をまとめる位置にある。そして、地区協議会が、公民の家の部屋を借りることはあっても、事業内容に口を出すことは想定されていない。

2. 公民の家の発端

ドイツ全体の公民の家をとらえるのは難しいが、ここで取り上げるカッセル市の場合は、民衆大学と協働した事業をおこなっていることが特徴である。

カッセル市には23の地区がある。このうち公民の家があるのは12地区であると述べた。うち7つの公民の家が市直営、5つの公民の家が市からの委託形式をとっている（図12-1）。ノルトハウゼン公民の家の場合は、地元のノルドハウゼン文化協会が運営することで設置が認められた。

最初の公民の家ヒィリップ・シャイデマン・ハウスとヘルボーンが開設されたのは1962年である。当時、公民の家に、ヘッセン州政府が関心を持っていた。ヘッセン州政府により、人の結びつきがある、文化的な生活と社会（連帯）的なるものを構築するという目的が作られ、公民の家をそのための住民のための居場所にするというイメージが作られていた[3]。また、ヒリップ・シャイデマン・ハウスの起工式に、ヘッセン州首相だけでなく連邦大統領および首相が出席したことは、公民の家に連邦政府がなみなみならぬ関心を持っていたことを示している

と言えよう[5]。

このように関心を持たれ作られた公民の家の目的は、次のように書かれていた。

　　公民の家の課題と目的
　　公民の家は余暇活動、成人教育、郷土への関心の育成、青少年福祉、青少年育成、家庭援助と公的保健援助に貢献する。それは人々の出会いの場でなければならない。
　　催し物、講演、セミナーとコースという様々な事業によって、住民は有意義な余暇活動と市と社会における協働のために活気づけられる。
　　公民の家は、すべての集団、団体、成人と青少年の組織に場を提供する。
　　青少年室、作業室、工作室、クラブ室では公民の家は向上教育、講習会ならびに文化的・社交的催しを行う。[6]

この課題と目的は、対象を成人と青少年に置いている。また教育・文化活動は学校教育以外の教育活動になる。さらに、福祉とのつながり、地域社会への参加と創造にも目的が置かれている。1966年には学童保育が行われた。これらの特徴により、公民の家はきわめて日本の公民館に類似している。

また、公民の家は青少年育成活動（Jugendbildunngswerk）という独自の部門を持っていたようである。現在は、この部門は独立し、ヴィリー・ザイデル・ハウス／青少年の家（Willi-Seidel-Haus/ Haus der Jugend）という施設で行われている。ただし、ヒリップ・シャイデマン・ハウスの建物に青少年局の支所がある。さらに興味深いのは、この文書によるとこの当時公民の家は交通・経済局の管轄下にあったことである[7]。その理由は分からない。現在は文化局の管轄下にある。

公民の家が公民館に類似していると考えると、次の疑問が生まれる。なぜ、日本とドイツは第二次世界大戦における敗戦国で、かつ国土があれていたという共通点があるにもかかわらず、公民館は1950年ころには日本に定着し、ドイツの公民の家は1960年台初頭に始まったのかという問いである。

この問いに対し、ある公民の家長が「生活が安定し、余暇を楽しむ余裕が出てきたからだ」と答えていたが、そのことを確かめたわけではないので、これからの検討事項である。

現在配られているカッセル市の公民の家の案内に次の文章がある。「公民の家は、カッセルで長い伝統を持っている。すでに60年代の初めから特に当時の学校校舎を利用した公民の家、また新しく作られた公民の家が主に社会的に不利益な地区において文化的事業を提供する場として貢献してきた。」[8]

ヒリップ・シャイデマン・ハウスのある北部地区は、「社会的に不利益な地区」にあたる。そこは、飛行機・鉄道・車などの製造会社であったヘンシェルが19世紀末に進出し、1960年代に撤退したあとカッセル大学が移転してくるまでに労働者居住地区と呼ばれていた。カッセル大学が移転してきたあとには、住宅費が安い等の理由で低所得者や外国人が住むようになった。1998年に連邦政府が決定した「特別な発展必要性がある市街区 ― 社会（福祉）都市」プログラムの一市街区に指定されたように、社会（福祉）都市として解決しなければならない特徴を持っていた。

その特徴は、第1にカッセル市の中で外国人の割合が高いことである。外国人の割合はカッセル市で平均12.7％であるのにたいし、この地区は33％で最多の地区である。第2に社会法典12による休職者基礎保障、生活困窮者扶助を得ている者の割合は18.5％で、これもカッセル市地区最多である。

3. 公民の家と民衆大学

カッセルの民衆大学は、1919年に開設され、1933年にヒトラー政権により解散させられたが、敗戦直後の1946年に再建された。その時期は、日本の公民館の始まりの時期と同じである。1962年にヒリップ・シャイデマン・ハウスが開設されると民衆大学の開催場所ともなった。民衆大学の基礎学習プログラム（国家・社会・政治の基礎、日常生活の権利入門のような）が開設されていた。カッセルの民衆大学は法人運営であり、2007年からカッセル市とカッセル郡の委任事業となった。

その他の公民の家が開設されるとともに、1969年から民衆大学と公民の家全体及び青少年育成活動との協働に発展する。民衆大学の側からは継続教育をすべての人に広げるためである。「すべての人は、人格の自由な発展と自由な職業選択のために有効な知識と能力を獲得し、高める可能性をもたなければならな

い」[9]からである。

公民の家の側からみると、それは教育を可能にするためであると言う。すなわち、「教育を可能にする：公民の家は以前からある学習の場である。特に成人教育の領域に於いては、関心を持った市民が施設において公民の家の職員がイニシアチブを取った事業、ならびに団体あるいは民衆大学の講座と企画を見つける。我々は来訪者に様々な領域の多面的なプログラムを提供する。昔からの定評のある活動とともに新しい考えを常に歓迎する」[10]。

「カッセル民衆大学領域における部屋の貸し出しのための利用と支払い規程」(Nutzungs-und Entgeltordnung für Räumen im Breich der Volkshochschule Kassel vom 15.09.2003) によって民衆大学の事業と利用の部屋をカッセル市が公民の家などで貸し出している。その場合、民衆大学は賃貸料を払っていない。民衆大学と各公民の家は、公民の家ごとに協議会を設け、プログラムを検討しているが、2007年にカッセル市の民衆大学とカッセル郡の民衆大学が合併して以降、民衆大学がこの協議を重視しなくなったと言われている。

民衆大学が公民の家で行う講座のうち、特に外国人と移民のためのドイツ語講座はヒリップ・シャイデマン・ハウスで集中的に行われている。それは、すでに述べたように所在地に外国人が多いからである。しかし、ほかの公民の家で行われていないわけではなく、難民やロシアからの旧ドイツ人移民の子孫（よくこれらの人を移民の背景を持った人々といわれる）などに集中的に提供された住宅地区の近くにある公民の家にも講座が設けられている。

ヒリップ・シャイデマン・ハウスのドイツ語講座 外国人のためのドイツ語講座が民衆大学主催で行われている。その理由は、民衆大学はドイツ語レベル認定試験を行うことができるからである。そのため、入門段階から始め国籍取得に必要な段階までコースがある。そして、国籍取得に必要なドイツ語の認定試験が行われる。国籍取得のためには、このうえに国籍取得テストに合格しなければならないので、そのための準備学習の講座が設けられている。この試験は、2008年から始まった「ドイツにおける法と社会秩序及び生活関係の知識」を持っているという証明試験である。33問中最低17問の正解がなければならない。そのための勉強である。

上記のドイツ語講座以外では、民衆大学2012年春学期に公民の家では次のよ

うな民衆大学の講座が開かれていた。それは芸術分野、健康分野が多い。例えば、水彩画、油絵、写真、フラダンス、ロックンロール、女性のための中近東のダンス、ギター、ヨガなどである。そのほかは日本語、ギリシャ語、ポーランド語の語学講座、郷土史、女性問題、文学論、考古学で、変わったものでは、セラピストになるための予備試験の講習会が行われていた。また、成人障害者の読み書き講座も開催されていた。さらに近年では、児童の教育・文化活動にも力を入れはじめた。受講は有料で、単純に外貨ルートで換算すると日本のカルチャーセンターの受講料とほぼ同じである。

　公民の家は相互教育の社会的空間・場でもある。先に挙げた文化局の「カッセル市における公民の家」には公民の家の任務が次のように書かれている

　　　公民の家は自由に使える家として理解され、事業をしたいと感じるか、独自の活動を広げたいすべての人々に施設／部屋を提供する。地区における教育、文化と出会いの場としてあるだけでなく性、年齢、国籍、宗派にとらわれず市民に自由に使ってもらう。社会的（連帯的、福祉的）空間をめざして、公民の家は地区に開かれ、地区の動向をみきわめ、適切な時期に、要求により、受容に応じた事業を発展させる。結びつきを作り、資源をととのえ、それにより様々な文化的基盤づくりに貢献する。開かれた場であり、世代と目的グループをつなぎ、すべての年齢グループと様々な国籍の人々に教育と文化の参加を保障する。

　一言でいえば、すべての人に開かれた施設である。その性格は人々の結びつきと社会的、社会福祉的な連帯を図ることを目指している。それは日本の言い方をすれば、社会教育の一要素である相互教育を通じて行われる。「我々はすべての世代、あらゆる国籍、両性そしてあらゆる宗派の人々がここでお互いに話し合い始めることを求めている」（前掲書）からである。したがって、教育と相互教育の場であり、社会的、社会福祉的連帯をつくる空間・場であると定式化されたといえよう。

　家族を中心とした人のつながりも重視し、家族のパーティ、結婚式、追悼会ができるように、調理場を設け、食器の貸出も行っている。利用は原則として有料である。「エリザベート・ゼーベルト・ハウス案内」（「Elisabeth-Selbert-Haus」）には次のように書かれている。「家族の催し、また団体の活動、ゼミナールあるいは会議のために我々は、みなさんにふさわしい設備を備えた適切な部屋を提供

します。我々のところでは皆さんはゼミナールの部屋、台所を備えた活動部屋または台所を備えた大きなホールから選ぶことができます。部屋の大きさと催し物の種類に応じて、部屋代は一日15ユーロと120ユーロとの間です。そのほかに最高250ユーロの保証金が徴収されます。定期的な利用者のために割引された年間使用料を準備しています」。

15ユーロで使える場合は、公益の文化的、青少年援助の、公民的あるいは職業教育の催しと認定された場合で、部屋の面積は100cm^{2}以下である。それは市規定によっていて、通常の場合、120ユーロは広さ80cm^{2}以上125cm^{2}以下の部屋使用料である

ヴァルダウ公民の家では、日本の公民館のロビーのような「地区の出会い場所」(ein Stadtteiltreffpunkt) を設けている。「2011年からキッチンユニットと子どもコーナーのあるくつろげるように整えられた部屋がヴァルダウの市民が情報の交換のために、出会いの場所と催し物の場として提供されている。同時にこの場は来訪者の子どものために遊びとお絵かき、読書にふさわしい遊具・本をそろえたコーナーを提供している」[11]。

しかし、こうした部屋等の利用には細かい規則がある。ヴァルダウ公民の家を借りる時に守るべき規則は次のようになっている。また、文化協会が運営しているノルドハウゼン公民の家の利用規則からは、委託運営の場合の賃貸契約が分かるので、資料として末尾に載せておく。

公民の家ヴァルダウ利用規則
公民の家ヴァルダウを借りるみなさん
私たちはみなさんが私たちの部屋を借りることを歓迎します。規則を無視しては良くないので、次のことに注意してください。
・使用をやめる時は、もとどおりにしてください。これは備品の配置にも該当します。掃除のための保障金支払い書に関することにも注意してください。
・台所は食事の準備と温める為だけにあり、炊事、焼いたり、炒めたりするためには利用できません。使い捨て食器の利用はできません（環境保護規則）。
・すべてのごみと持ちこまれたものは、利用者に持ち帰ってもらいます。
・犬、猫そのたのペットは家においてきてください。
・楽団、バンドとスピーカーの使用は許可されません。特に22時から静寂をこわす騒

ぎはしてはなりません。結婚式のための「ポルテルン」は禁止です。
・著作権や芸術家社会保険に必要な催し物の届け出が必要な場合は、利用者が取り計らい、必要な費用をはらわなければなりません。
・床、壁、天井と備品にくぎや留め金を打ち込むことは禁止です。それによって生じた損害は利用者に賠償が請求されます。
・すべての花火の打ち上げは禁止です（線香花火、卓上花火も）。入口、消防用地、車寄せ、戸外の消火栓の前、出口と非常口、ならびに踊り場などには、消防が緊急時に速やかに入れるように物をおいてはなりません。消火器は入口のほかに台所にあります。
・すべての利用者により持ち込まれたものに、カッセル市は責任を負いません。
・利用条件に対する見過ごせない違反のときには公民の家の側から契約が予定より早く破棄されることが出来ます。すでにはらわれた利用料の返済は——一部であっても——できません。
・喫煙は建物内すべてで禁止です。戸外では灰皿が使われなければなりません。捨てられた煙草の吸い殻は掃除され、これにより保証金の控除が利用者になされます。

ご理解ありがとうございます。

私はこれを認めて、利用します。
利用者サイン

4. 専門職が配置されている

　公民の家の職員は、家長（ライター）と事務長（ハウスマイスター）、事務職員が配置されている。公民の家のセンターであるヴァルダウ公民の家には、家長（他の一つの家長も兼務）のほかに専属の社会教育士と事務長がいるが、家長、事務長とも複数の公民の家を兼任している。そのため、開館時間は7時半から8時の間から最長午後10時半までであるが、彼ら／彼女らがすべての時間にいるとは限らない。土日は基本的に休館である。開館時間中に家長、ハウスマイスターがいない場合は、彼らに連絡を取って利用者の代表、あるいは講演者がカギをもらい、家を空け、終わったら、部屋をもとの状態に戻して鍵をかけてもどすことになる。

家長は社会問題の解決を担う社会教育士あるいは学校教育以外の教育を担う教育学士の資格を持っている（社会教育士、教育学士の資格は、ハンブルガー論文の注を参照のこと）。家長は次の能力を持っていることを要求されてきた

1 公民の家の課題についての専門知識
2 自分なりのイニシアティブを発揮できること
3 問題を認識し解決の戦略を発展させる能力
4 交際性
5 組織能力
6 住民の能力と必要性を知ること、地区の構造的問題を受け止めること、適切な企画を導入すること

具体的には

1 社会的結びつきの促進
2 地区のグループへの助言と世話（例えば、協会、老人クラブ、市民活動家、自助グループ、女性グループ、借家人グループなど）
3 個々の出来事の際の助言と仲介（例えば、社会問題の追求、個別の事件に対応する人や行政に仲介する）
4 地区で活動している機関との協議と積極的な協働（例えば、地区協議会（Ortsbeirat）、地区行政、保育園・幼稚園、学校、青少年援助の担い手、協会・団体、社会福祉、市立図書館ほか）
5 民衆大学の講師・専門家との協働（例えば、それぞれの地区で重要だと思わ

写真 12-1　ヒリップ・シャイデマン・ハウス

写真 12-2　ヴァルダウ・ハウス

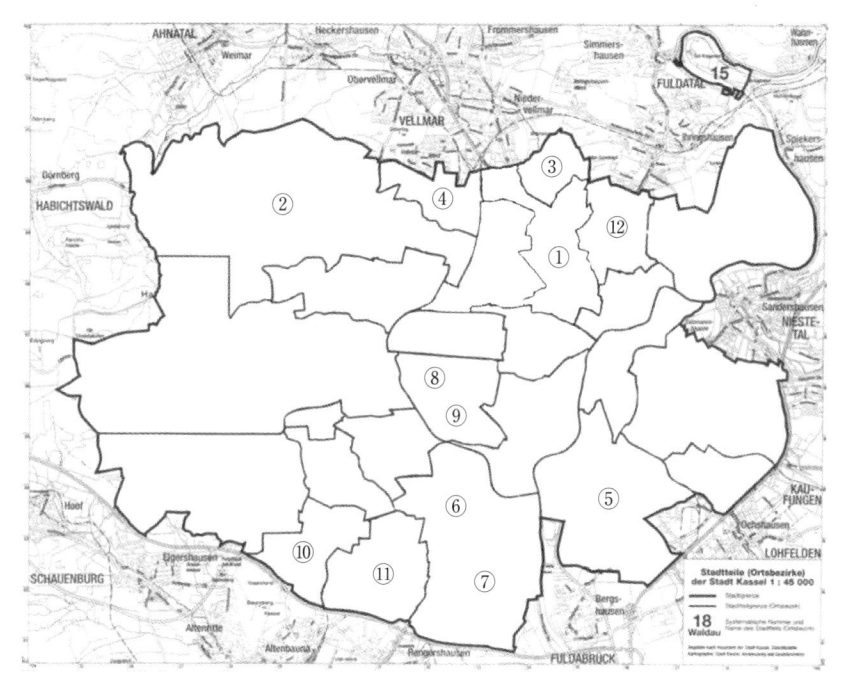

第12章　民衆大学と協働するドイツ公民の家　219

図12-1　カッセル市地区別公民の家
① Nordstadt（北地区）ヒリップ・シャイデマン・ハウス
② Harleshausen（ハーレスハウゼン地区）ハーレスハウゼンハウス
③ Philippinhof/Warteberg（ヒリピネンホフ・ヴァルテベルク地区）ヒリピネンホフハウス
④ Jungfernkopf（ユングフェルンコップ地区）ユングフェルンコップハウス
⑤ Waldau（ヴァルダウ地区）ヴァルダウハウス
⑥ Niederzwehren（ニーダーツヴェーレン地区）エリザベート・ゼルバート・ハウス
⑦ギュンター・ケストナー・ハウス（委）
⑧ Wehlheiden（ヴェールハイデン地区）オロフ・パルメ・ハウス
⑨ヴェールハイデン室（委）
⑩ Nordshausen（ノルトハウゼン地区）ノルトハウゼンハウス（委）
⑪ Oberzwehren（オーバーツヴェーレン地区）社会都市プログラム指定地区（2004）参考のために記載、公民の家はない。
⑫ Fasanhof（ファザンホフ地区）ファザンホフハウス（委）
注）（委）は委託。Bürgerhaus Altenbaunaer Strasse（アルテンバウナーシュトラーセ公民の家）は所在地不明。

れる新しいコースを促進することなど）
6 地区特有のプロジェクトの計画、実行と評価
7 地区祭り、展示（協会・団体、青少年局、市民活動家との協働）、その他[12]

ここに、公民の家の多様性を見ることができる。すなわち、地域性、教育性、社会性である。教育性とは、民衆大学とドイツ社会教育活動の特徴である助言・援助、社会問題解決の主体育成にあらわれている。社会性は、人々の結びつきをつくることと市民活動の育成に示される。しかし、これだけのことをするには専門職員が少なすぎると思われるだろう。公民の家長や事務長が、複数の公民の家長を兼務するようになったのはこの10年くらいの間であったらしい。そのために、民衆大学だけでなく、文化・スポーツ団体、子ども団体への催しものの委託が必要になっているようだ。

すでに、1987年ころには、専属職員が少ないことが次のように問題にされていた。当時、ヒリップ・シャイデマン・ハウスの専属職員は家長、ハウスマイスター、掃除担当の3人で、あとは行事、催し物ごとに担当する非常勤職員（アルバイト）が雇用されていた。そのため、事業の継続性と持続的な人間関係が保障されず、経験も蓄積されない、と[13]いう批判が職員から生まれていた。

5. まとめ

ドイツ・カッセル市の公民の家は、民衆大学と協働することによって、教育活動の核になる部分が民衆大学の行事となっている。しかし、民衆大学の教育内容に、公民の家側の要望がどの程度通っているかといえば、両者の協議を民衆大学側が敬遠しているという不満をきくと、不確かなものになる。

一方で、公民の家側が相互教育の社会的空間と位置付けているため、講座形式の教育活動を行う民衆大学と視点がずれてくると思われるのだが、両者を含んだ教育の論理が準備されてはいない。むしろ、相互教育の社会的空間という位置づけから社会的連帯をめざしていることを考慮すると、ドイツ基本法の基本理念のひとつである社会的国家を地域から作り出していくという発想にもとづいているとも解釈できる。

利用規則からの抜粋　ノルトハウゼン公民の家

第一条
(1) 公民の家の部屋と施設の委託に対する責任は、カッセル市と結ばれた 1994 年 4 月 30 日及び 7 月 15 日付けの委託契約によりノルトハウゼン文化協会にある。
(2) 申込みはハウスマイスター（公民の家事務長）にのみすることができる。催し物カレンダーに記録され、そして催し申込みの入金が必要である。申込みは早くても一年前に受けつけられる。
(3) いかなる場合も催しの始まる前にノルトハウゼン文化協会との賃貸契約が結ばれなければならない。申し込まれた催しが開催されない場合には、三日前までに予約が取り消されることができる、そうでない場合申請者は文化協会に生じた損失を賠償する責任がある。すなわち協定第二条の賃料の 50％が支払われなければならない。
(4) 部屋の利用権は賃貸契約の締結をもってのみ生じる。
(5) 貸し出された部屋は一回限りの利用のためには 10 時から次の日の 9 時まで提供される。数日間の催し物のためには第三条第二項が適用される。

第三条（第二条は記載されていない。）
(1) ごみを廃棄する際には、催し物一回あたり 25 ユーロの費用を支払う。
(2) 2 日以上続く催し物の際には、撤去の日は 11 時までに引き払うなら算定されない。
(3) ―略―
(4) ロビーにおけるクロークの設置と管理は利用者の責任である。

第四条
(1) 賃貸契約の利用者は、賃貸契約による権利と義務を他人に譲ることはできない。
(2) 利用者は使用規則を守り、ハウスマイスターの指示に従うことを義務づけられる。
(3) 利用者は利用期間中に借りた部屋における家宅不可侵権（会場整理）を行使する。利用者は部屋での規律と催し物の予定された進行に責任を負う。
(4) 自転車とミニバイクは公民の家のなかに止めてはならない。ペットの持ち込みは禁止である。
(5) 借りた部屋と設備の利用は最終的に利用者の責任で行われる。利用者は賃貸ないし利用の継続のため人的・物的損害のための建造物所有者の賠償責任を引き受け、ノルトハウゼン文化協会を催しと関係した第三者から提起される損害賠償請求権から免除する。
利用者によって持ち込まれた物品すべてにノルトハウゼン文化協会は賠償責任を負わない。持ってきた物品は催しの終了と共に持って帰らなければならない。

(6) 利用者は利用された食器、キッチンと部屋（トイレも含む）の清掃を催し後行わなければならない。

食器は催し前ないし後に規定通りに受け取る、ないし引き渡されなければならない。食器の準備のために保証金75ユーロが徴取される。それは催し後返済される。その際に壊れたあるいは失われた食器ないし品物は再調達物品のために清算されなければならない。

(7) 公民の家の機械設備（暖房、照明、換気装置、ラウドスピーカー）はハウスマイスターによってのみ操作される。これはエレベーターの操作開始にもあてはまる。

(8) 定員はホール1、ホール2ではそれぞれ75人であり、椅子だけを並べる場合にはホール2は最大150人である。1階にある教室とセミナー室は小さな催しのためにあり、最大35人はいる。

騒音抑制についての警察規則の決定、特に音楽の演奏会に関しては、注意されるべきである。公民の家の中、前における結婚式の際の大騒ぎは禁止される。

利用者は青少年保護規定を守る責任を負う。

禁止期間短縮許可は利用者はカッセル市の担当部局に申請しなければならない。

第5条

(1) 貸し出された部屋の飾りつけはノルトハウゼン文化協会の許可によってのみ行われて許され、舞台装置、セットその他はハウスマイスターとしりきめられなければならない。そして必要であれば、該当の監督局の許可が必要である。

装飾、セットその他の種類と取り付ける前に賃貸契約の中で文章で決められることができる。同様にいつからそれらが取り付けられ、設置されるのか、いつから取り外されるかを決められることができる。

(2) くぎ、留め金などを打つことは、床、壁、天井あるいは備品にたいして禁止である。

(3) 部屋の入口、出口と吹き抜け階段の間は障害物が置かれてはならない。

第6条

(1) ノルトハウゼン文化協会は公民の家の部屋における営業を留保し、ないしは第三者にそれを譲渡できる。

(2) 独自営業の際には次のものが妥当である、飲み物の小売は、びん、かん、蓋付きジョッキあるいは同じような入れ物からだけ行われて良い。

飲み物の小売装置の設置は禁止される。

そのほかの規則は賃貸契約において明確に取り決められることができる。

注
1 ）小林文人・佐藤一子編著『世界の社会教育施設と公民館』エイデル研究所、2001。
2 ）Griep. Hans-Günther: Kleine Kunstgeschichte des deutschen Bürgerhauses, 1992（ドイツ公民の家小造形史）。
3 ）名和田是彦『コミュニティの自治 ― 自治体内分権と協働の国際比較』日本評論社、2009、58-59 ページ。
4 ）「Im Bürgerhaus zu Hause ?」（公民の家に居場所？）『Hessische Allgemeine』1962 年 9 月 25 日。
5 ）「Urkunde AM 15.SEPTEMBER 1960」（1960 年 9 月 15 日の記録）カッセル市文書館、資料番号 SSA3g。
6 ）『Bürgerhäuser der Stadt Kassel』Magistrat der Stadt Kassel, 1969（『カッセル市公民の家』カッセル市参事会）。
7 ）「Vorläufige Dienstanweisung über den Betrieb des Philipp-Scheidemann-Hauses und des Bürgerhauses Helleböhn」ヒリップ・シャイデマン・ハウスと公民の家ヘレボーン経営についての暫定的業務指示。カッセル市文書館資料番号 A1.10S14。
8 ）Kulturamt『Buergerhaeuser in Kassel』（文化局『カッセル市における公民の家』）。
9 ）ヘッセン州継続教育・生涯同伴学習（das lebensbegleitende Lernen）促進法第 1 条、Gesetz zur Förderung der Weiterbildung und des lebensbegleitenden Lernens im Lande Hessen §1.
10）Kulturamt 前掲。
11）http:/www.serviceportal-kassel.de/cms05/dienstleistungen/030127/index.html 2014/12/08.
12）Kulturamt : Aufgaben der Büergerhäuser der Stadt Kassel, 1980（文化局『カッセル市公民の家の課題』1980）。
13）Bodo Böge: Probleme-Pespektiven, Gesamt-Volkshochschule der Stadtkassel『25 Jahre Bürgerhaus in der Kasselnordstadt』, 1987（ボドー・ベーゲ「問題・展望」一般民衆大学編『カッセル北地区の公民の家 25 年』1987）。

第13章

参加、教育と社会教育学
スウェーデンにおけるロマ民衆大学の事例

Participation, Education and Social Pedagogy
the Case of a Romani Folk-High School in Sweden

　筆者の社会教育学に対する最初の出会いは、1994年に筆者がウエスト単科大学で開催されていた、今で言う社会教育学プログラムに参加した時のことであった。筆者は自身の学業を1997年に終え、同年、社会教育者としてソーシャルワークの世界で働き始めた。約10年間の仕事の中で筆者は様々な社会福祉の実践に携わり、主にリスクや家族について問題を抱える若い人々を対象として働きかけを行ってきた。2006年にウエスト単科大学の社会教育学プログラムの教師として働き始め、教育課程で扱われるインターンシップに組み込まれた様々な科目を受け持つようになった。そのため、筆者は現場での実践と多様な方法で行われる教育的文脈の両面から、大変多くの時間を社会教育学の講読に組み込まれた課題に対して取り組んできたといえる。

　スウェーデンでは、大学における社会教育学は確立された学問分野とはなっていない。それは"ソーシャルワーク"という学問分野の一つとしてみられている。スウェーデンにおける社会教育学課程はウエスト単科大学で唯一行われている。数年前から社会教育学は、その他の大学においてソーシャルワーク領域の研究に統合されてきている。スウェーデンの社会教育は実践の現場において、リスクに直面する若者や家族の問題、精神医学、学校と就学前教育、高齢者介護、身体障がい者、薬物依存、難民などの社会への統合といった多様な実践を扱うものとして認識され、伝統的にソーシャルワーク、ソーシャル・ケアと強く関連づけられてきた。

　筆者はこれまで、現代のスウェーデンにおける社会教育学のいくつかの動向と、ヨーテボリのアグネスベリィ（Agnesbergs）民衆大学におけるロマ民族のための民衆大学について議論するように努めてきた。

第13章 参加、教育と社会教育学 —— スウェーデンにおけるロマ民衆大学の事例 —— 225

　したがって、本論の目的は社会教育学に対するいくつかの懸念について、アグネスベリィ民衆大学の事例をもとにして、これら2つの問題（社会教育学の動向とアグネスベリィの事例）を統合させようという試みである。より具体的には、アグネスベリィ民衆大学という特定の文脈において、社会教育的な問題である参加の概念と教育とを関連させて検討したい。この議論の出発点のポイントとして次の2点が挙げられる。ロマ民族は疎外されているということと、教育を通じてそうした社会における立ち位置を変化させる可能性が増加するということである。本論における筆者の社会教育学に対するアプローチは、人々を包括的なプロセスへと密接に結びつけ、民主主義社会の一員となるように支援するという点で、Erikson & Winman (2010) と Madsen (2006) が示したアプローチに共鳴するものである。Madsen (2006, p.52) は、社会教育学の主な目的は個人と個人の間に、相互に関係性を持った社会的な連携を発展させることである、としているが、特に個人と社会的な諸機関（例えば家族、幼稚園、学校、職場など）との関係性が重視されるとした。そこで、最初にスウェーデンの社会教育実践の発展を詳しく見ていくこととする。

1. 社会教育的実践の発展

　個人は自己の所属する社会のレンズを通して見られがちであり、その社会において正常とされているものに従う（Madsen, 2006）。そして必要とされる能力についての考え方を社会の中で確立する。この見地からみると、社会的に期待される人生を生きても、社会条件のために個人またはグループに成果が実らないという問題に対して、社会学的アプローチが出現するという主張は妥当である。Blumer (1972) によれば、社会的な問題は客観的な条件によるものではなく、むしろ集団的定義のプロセスに起因するものである。Blumerの主張によれば、正当性は行動を考え問題を制御するための努力においてどのように再構成されているのかによって決定づけられている。Hacking (2000) の観点によれば、我々は社会秩序からの逸脱の度合いによって人々を分類する傾向がある。これによれば、我々はその人の持つ問題と同じくらいその人が問題に対してどう対処するのかに重点を置く。価値観の分類は、その社会に属する人々が受け入れている、あ

るいは受け入れていないものによって示される。社会問題が非常に明瞭に意味するものは特定のカテゴリを構成する問題の一側面との関連である（Mäkitalo, 2002）。カテゴリはその仕様に従って順番に処理され、使用される。同様の立場をとる Van Dijk（2009）は、人々は自分の属する社会について、社会的・コミュニケーション的状況とその参加者について共有される社会文化的知識を図に描いた精神的なモデルを開発すると主張している。こうした表現が社会での議論を生み出し、問題の状況の理解に影響を与えている。社会における議論は問題の定義に関わるだけでなく、社会変革を疎外する傾向にある。社会問題を言い換えるならば、問題解決のための戦略に対する政府の関心である。

社会教育学は、社会へ帰属しているかどうかといった人々の立ち位置に影響を与えるプロセスに関与している。しかし、歴史的に見れば社会教育学は時代の移り変わりに伴って変化していることは明らかである。過去数十年にわたって見られた変化は、関連する機関の増加と人々のウェルビーイングに関する問題へ対処する責任であり、例えば労働市場や教育、社会的・専門的な支援が挙げられる（Madsen, 2006）。社会の変化に伴って、社会教育実践は対象とする集団における、現代的なニーズと状況を満たすように適応してきた（Erikson & Winman, 2010）。そうした社会教育学の適応機能は状況や文脈の範囲内で適用されうる。社会教育学のこうした適応力は特にナトルプやメアリー・リッチモンド、デューイ、フレイレらの思想と関連づけられることによって、より安定した歴史的基盤の上に成立することができる（Gustavsson, et. al, 2003）。

だが、過去数十年の間に社会教育学は社会学的な構成主義の立場から転換し、現代のスウェーデンの社会教育学は極めて最近のアンソロジーの手法によって記述されるようになった（Molin, et al, 2008）。この新しい社会教育学的な転換は、疎外や逸脱、従属が社会的に構築されたものとするアプローチによって特徴づけられている。これはそうした人々を変わり者や異常者と見なさないことを意味する。その代わりに、疎外に関する複雑なプロセスに焦点をあて、正常、逸脱、参加、疎外がどのように構成されているのかを対象とする。

Madsen（2006）はデンマークにおける社会教育学的言説の発展に関して、3つの異なる性格を指摘している。彼は過去60年間における社会問題への社会的な介入の特徴について、治療、社会的行動、話し合いの3つが挙げられると主

張している。これらの言説はスウェーデンにも当てはめることができ、人的資源を動員するために、全体の諸機関に焦点をあてた開発と社会的状況に人々を適応させることを説明している。もう1つの方法は、ディフェンシブな解決方法をとっている社会教育学的実践をよりオフェンシブにし、行動をプロジェクトやプロセスへの参加の方法に向けることである。スウェーデンでは、「家庭に基づいたケア」や「オープンな介入」といった実践的解決方法は、リスクに直面していたり、家族に問題を抱えていたりする若者たちのために、彼らの置かれた環境において、学習プロセスを開発するための努力として認識されている。この種の介入の目的は、問題を抱えた若い人々がケアに取り込まれるのを避けるためである（Bolin, 2011）。この焦点の当て方は人的環境に資源を動員するために、異業種間のコラボレーションに対して強く前向きな姿勢をもたらした。社会福祉施設に置かれる少年の数をより少なくすることで、それに応じてより多くの努力を地域の問題解決にあてることができる。スウェーデンの家庭を基盤とした問題解決に一つの視座を得て、Bolin は学校において一つの場所に教師、ソーシャルワーカー、社会教育者を配置することによる異業種コラボレーションについて研究している。

　介入を開放的なものにするための別の傾向として、マニュアルに基づくプログラムの使用が増加している。マニュアルの使用は、過去10年間に高まった需要に対し、ソーシャルワークにおけるエビデンスに基づいた方法論への応答として見ることができる。こうしたプログラムの1つの例として、規範意識が欠如しており問題行動を起こす若者に対するアグレッシブ交換研修（ART）がある。もう1つの例として、保護者を対象とした様々な研修プログラムが挙げられる。だが、社会教育者が関与し、マニュアルに基づいた方法論を大いに用いたとしても、具体的に社会教育的な実践として見ることができるのは、参加に貢献することと人々の日常生活を学習のプロセスと関連づけることしかない。ここ数年間で参加やアイデンティティ、意味づけのような概念は社会教育学と密接なつながりを持つようになってきた（Molin, et al, 2008）。これは、個人やグループの社会への参加の困難は、参加と包摂を作り上げる、あるいは妨げている社会の、異なったレベルでのプロセスに結びつけられているということを意味する。そのため、参加の概念は社会問題に対する社会教育的な解決方法に結びつけられた中心

的な概念として、つまり現代の社会教育学的な言説として主張されている。

本論文では、参加と社会的包摂は、ロマ民族の民衆大学の事例を用いて社会教育的実践に対して光を当てるための中心的な概念として扱う。ロマ民族民衆大学は社会における包括的プロセスを支援することを目指し、社会教育的な実践を志向したプロジェクトとして見ることができる。このケースは多くの点で興味深いが、ある1点において、つまり教育政策とマイノリティー・ポリシーの出会いに対して、ロマ民族の事例は市民の権利と社会的包摂という意味で問題提起をしている重要な領域である。しかし、人生における機会が分散している時、社会という舞台で行われる市民の権利のための戦いは参加する権利に依存している（Madsen, 2006）。そのため、行動を起こし認められることのできるシステムは、そこに参加するための手段も含められる。今日の能力／スキルのようなものは教育学の枠組みにおいて、知ることと読み書きを基本として、高度に開発されている

2. ロマ民族と教育

ロマ民族は2000年からスウェーデンの少数民族として認められている。スウェーデンには約4万～5万人ほどのロマ民族がおり、ヨーロッパ全体では約1500万人にも上るとされている。ロマ民族の歴史は、社会の諸機関との関係における疎外と差別を特徴としている。ロマ民族について、1637年にはスウェーデンにおいて、すべてのロマ民族の男性は絞首刑にすべきであり、女性と子どもは追放されるべきであるとした判決があった。したがって、彼らはどこの国にも歓迎されず、冬季であれば少しだけ長かったが、同じ場所にたった3週間しかとどまることを許されなかった。1965年までのスウェーデンの法律にはロマ民族の子どもたちへの就学義務は含まれていなかった。この事実はスウェーデンのロマ民族の成人の非識字者の割合が高い理由の1つとして見ることができるとともに、これに伴って学校や教育についての伝統が欠如していることが言える（Winman & Palmroth, 2010）。代わりに知識や経験を媒介する語りの伝統があった。加えて、1965年までロマ民族には永住するための合法的な権利を持っていなかった。疎外の歴史はロマ民族に対する偏見を確固たるものとし、ロマ民

第 13 章　参加、教育と社会教育学 —— スウェーデンにおけるロマ民衆大学の事例 ——　*229*

族を公職や政党といった社会に対して影響力を持つ様々な空間への参加から排除した。また、ロマ民族の非雇用や長期の病気休暇、早期の退職金給付に関して過剰な表現がなされた[1]。しかし、ロマ民族は均質な集団ではない（Winman & Palmroth, 2010）。彼らは多様な社会的背景、言語、宗教を持つ、様々な文化、民族によって現される。上述したような疎外の歴史が、このようにロマ民族が一致していない要因の一つとなっている。

　スウェーデン議会は 1999 年 12 月に欧州評議会の少数民族保護枠組条約とヨーロッパ地方言語・少数言語憲章に批准することを決定した。これに伴い、政府は少数民族政策を採用し、ロマ民族とその言語を 5 つの少数民族のうちの一つとして認めた。2006 年に政府はロマ民族の置かれた条件を改善に向けて、例えば地方における状態の改善のための実践の支援を行うために、ロマ民族問題のための代表団の設立を決定した。

3. スウェーデンの民衆大学

　民衆大学は 1868 年からスウェーデンに存在する特別な学校である。現在、スウェーデンには約 150 の民衆大学があり、その大部分が財団法人や NGO、市民運動に結びついたものとなっている。ボトムアップ型の創意によって学校は始められ、既存の教育方法論に基づく知識の代わりに、オルタナティブ教育の考え方に基づき教育の可能性をひらくことを目指していた。その目的はシティズンシップと結び付けられた知識による陶冶によって、人々に自分の人生を統御する感覚や、ともに社会におけるプロセスに影響を与えることを自覚させ、エンパワーさせることであった。民衆大学の教育は民主主義と平等、お互いの経験やニーズ、関心の尊重によって特徴づけられている。スウェーデンの民衆大学の中心的な特性は人間形成（陶冶）に焦点を当てていることであり、Madsen（2006）が書いているように、それはしばしば社会教育的な形成過程と結びついていると見ることができる。すなわち、社会的な国境を越え、社会の中の新しい空間、役割、立ち位置へのアクセスを可能にするプロセスは、新しい意味、アイデンティティ、コンピテンシーの開発を可能にする。そのため民衆大学の狙いは人々をアクティブな市民にすることと、広い範囲での参加と関与を支援することにある

(Eriksson, 2010)

4. アグネスベリィ民衆大学

ここ数年間でロマ民族を対象とし、かれらを社会へと包摂するためのプロセスを支援する試みが促進されているにもかかわらず、アグネスベリィ民衆大学はロマ民族のための学校という性格を持つ世界で最初の学校であり、唯一であるかもしれない。アグネスベリィ民衆大学は2007年1月に始まって以来、主要な科目とロマ民族の歴史と文化に焦点をあてたコースを開設している。1つの将来として、社会教育学的なアプローチを学校教育に取り入れることが考えられる。

ロマ民族民衆大学はロマ民族の人々とウエスト単科大学が共同で始めたプロジェクトであった。プロジェクトの目的の1つは、学校をロマ民族の人々のニーズや条件に適応した形で運営、組織することに関して彼らを巻き込み、やる気を引き出すことであった。この始まりは、社会教育プログラムに参加していたある学生がロマの民族についての記事を読んだ際に動揺し、怒って教師のもとにやってきたことがきっかけであった。その記事を書いた人はロマ民族ではなかったため、外部の視点で書いていたのだ。これこそが学生が怒りを感じたことであった。その学生はロマ民族に属していたので、問題となった記事について、内部の視点からの考察を交えた異議と意見を持っていた。こうしたことから、その生徒(現在のアグネスベリィ民衆大学の校長、Keith Palmroth)はロマ民族の置かれている条件に関して、自分自身のことを書くように教師によって課題を出された。これがウエスト単科大学の教授 Hans-Erik Hermansson との刺激的なコラボレーションの出発点となった。そして、ヨーテボリでロマ民族のための民衆大学への道のりが始まったのだ。それ以来、ウエスト単科大学ではロマ民族の歴史の中での社会における役割やアイデンティティ、シティズンシップを出発点として研究が進められている。

5. オルタナティブ教育の一つのあり方

　スウェーデンの教育政策では、教育はすべての市民が持つ民主的な権利であると見られている。これはロマ民族の歴史や事情について扱う学校であったとしても同様である。すべての人々はお互いに類似しているとする支配的な概念が、スウェーデンの包摂に対する考え方として学校も含めて社会全体に存在していた（Winman & Hermansson, 2008）。多くの場合、こうした考えがロマ民族の事例のように人々の疎外を増加させている。このことから、プロジェクトへの統合と包摂のためには代替的な視点を強調することが重要であった。したがって、学校はロマ民族のアイデンティティ強化の必要性に動機づけられ、包摂への逆転の発想、社会における社会的モビリゼーションとして、ロマ民族の歴史、文化、言語はオルタナティブを体現するものとなった。アイデンティティは社会教育学において中心的な概念であり、人々がいかにして社会のなかでの自分の可能性を理解するかという点で、強い意義を持ちうるものである。Madsen（2006）が主張するように、アイデンティティ形成のための条件は我々の社会環境との相互作用へのアクセスに結びついたものである。このような観点から、ロマ民族が社会に関与する可能性の向上としての自民族の歴史、文化についての知識を発展させるプラットフォーム開発はオルタナティブ教育として見ることができる。それに伴った1つの展望として、教員やスタッフの少なくとも半分はロマ民族によって構成したいと考えている。社会教育学的な観点から見ても、ロマ民族の人々の関与はこのプロジェクトを正当化させるための必要不可欠な要素である。この過程におけるウエスト単科大学の1つの役割は、ロマ民族の人々が自分たちの人生の機会の改善へと向けられる協同的な行動に対して、包括的なプロセスで支援することにある。Pierson（2002）が主張するように、関与は包摂プロセスを実施するための前提条件である。

6. 参加、認識と社会的包摂[3]

過去数十年間の間に社会的、政治的な生活においてアイデンティティ形成と公的な集団としての意識の両方が主題となってきた (Taylor, 1994)。正当性の認識を社会的包摂のための前提条件として見ることができる。アグネスベリィ民衆大学の目的は、ロマ民族の成人が教育を受け、高等教育や労働市場に接続するための条件を整えることに貢献することである。その中には読み書きの方法を学ぶことも含まれている。だが、教育は家族や社会の両方に関する認識を獲得するという文脈において行われる。Honneth は認識のための3つの異なる集団として、私的領域（プライベート）、公的領域（オフィシャル）、社会的領域（ソーシャル）を挙げて説明している (Madsen, 2006)。プライベートな領域の特徴は愛である。これは親密な関係になることを前提とし、自信を高めるための基礎となる。オフィシャルな領域では、国家による保護によって表現される尊重を人々は認識する。これは勤労の権利、教育を受ける権利、生存権といった市民の権利や民主的なプロセスに参加するための人々のケイパビリティへの尊重として現れる。ソーシャルな領域では、私生活や学校、仕事、その他の活動といった様々なコミュニティに参加した時の連帯感によって認識される。これまで個人の能力は一般的な生活慣習への貢献に関連して評価されてきたため、コミュニティは生活に必要なポテンシャルを実現するための前提条件として見られている。個人の貢献が周囲の環境によって認識された時、自尊心は高められる。

教育的な側面によって、ロマ民族の社会における除外された立ち位置を社会へと統合することが重要となる。これはただスウェーデン社会のよりよい理解を支援するだけでなく、彼らが様々な方法で社会に貢献できるようにする (Aberg, 2010)。これは彼らの持つ経験やスキルを教室の中だけでなく、社会全体において、資源として見なければならないことを意味する。ここで1つの教育的な課題となるのが、彼らの生活環境において、自分の役割と責任を理解する段階に到達するために支援することと、それをどう統御できるのか、つまり個別の包摂過程にどう巻き込んでいくのかということである。これを達成するために教育者は意味作りと学習の共同プロセスの基盤を開発するために、つまり実践共同体を社

会的に組織しなければならない（Lave & Wenger, 1991）。

　とはいえ、グループというのは共通理解と行動のためのリソースとなる。社会文化的な視点から、学習は実践共同体への参加と周囲の環境にある人々とツールとの相互作用における文化的実践を通じて現れるものとして見られている（Säljö, 2005）。このことから学習は状況によって位置づけられ、その性格と関連付けられる（Lave & Wenger, 1991）。しかし、学習プロセスへの参加の位置取りをするために学生をモビライズする教育者は、参加を可能にし、意味あるものとするために全面的な信頼関係を作り上げ維持しなければならない。ロマ民族の多くはこれまで社会の中で当局による否定的な経験を有しているため、教育者にとっては時間がかかり、困難なプロセスとなる可能性がある。もう一つの様態として、そのうちのいくつかはある種の破壊的な依存関係に貢献している社会において、公共機関との接触によって制度化されている可能性がある。したがって、仕事の重要な側面は、彼ら自身で公共機関と接触をとるように学生を支援することである。子どもを持つ学生にとっては、両親と子どもの通う学校との関係を主題とすることができる。教育者の役割は関係の管理と関係者全員に実りをもたらすために貢献することにある。これは問題解決型学習に関係した対話型プロセスと関係づけられる（Rogoff, 1993）。そのため、学生の日常生活の状況が教育的な作業の出発点として用いられる。このことから、学生は社会や自分自身に対して関心を持ち、調査するための動機づけを行い、さらに、新しく得る知識が社会への包摂や仕事にどう関係するのかという課題に巻き込まれていく（Palmroth & Winman, 2010）。Palmroth & Winman が主張したように、社会教育学的アプローチの仕事が関わる知識は、モチベーションや関与、学生が自分の学習に責任を持つことを意味する。また、互いの違いを尊重することが重要となる。それはいわば、社会教育が行われるような状況についての知識だけでなく、発生する状況を詳細に処理するための知識も同様に、事前に想定して扱われる。

7. 通過点としての教育と目的

ここで明らかになることは、アグネスベリィ民衆大学での教育は二重の目的を持つものとして理解できるという点にある。ある観点からは民主的な権利として見ることができる。別な観点からは、人々が社会の中の様々な舞台に参加し影響力を持つこと、人々の参加の可能性を増加することのために、包摂過程を支援するための社会教育的な支援を中心に焦点があてられる。こうした理由に基づくと、教育は人々が自らをエンパワーメントするために、知識や技術を身につけるための学習や共同での意味作りのプロセスに現れ、異なる文化、経験、付帯物を洗練しうる場としての文脈となる。いうなれば、教育は仕事につながる可能性の認識や自身の家族についての認識のための舞台となる。こういった種類のプロセスを有効化するために参加は中心に位置付けられる。

参加は過去数十年間の間、民族、性別、障がいなどに関連する大規模な領域で疎外と従属の問題とリンクされてきた概念のひとつである (Gustavsson, 2008)。したがって、Gustavsson (2010) が言うように、社会教育学の根本的な問題は自身と異質な他者との所属と疎外である (p.24)。これは翻って民主主義の問題についての警告となる。ロマ民族との関係で、この問題は普遍的な人権と特定の文化・アイデンティティとの間の緊張関係を伴うものとして理解できる。アグネスベリィ民衆大学のケースではこの普遍的な人権と特定の文化・アイデンティティとの間のギャップは、社会で共有するルールや合法的なものを無視することなく、人々のニーズを満たすために、教育における社会教育学的アプローチによって橋渡しを行うことが求められる。

Madsen (2006) によれば、包摂は様々なレベルにおいて重要性を伴う概念である。社会的な観点からすると、市民はその特定のニーズにかかわらず、民主的なプロセスに参加する権利を有する。社会教育学的な観点からすると、これは学習のためのインクルーシブな環境を作り上げ、平等を促進するために発展させる必要性があることを意味している。参加する立場からすると、これは誰もが制度的なコミュニティ（学校、幼稚園、教育、仕事など）に参加が可能な状態にならなければならないことを意味する。さらに、すべての市民が能力を獲得すること

ができ、人生における機会が手に入る社会的な舞台に参加する機会を持たなければならないことを意味する。

アグネスベリィの1つの基本的な考え方として、ロマ民族のアイデンティティを強化すると同時に、マジョリティの社会における活動に参加する学生を増やすことがある。したがって、重要なことは彼らの集団のアイデンティティを強化し、個人がグループの状況に責任を持って包摂過程に貢献することによって、学生にとって教育を意味あるものすることである。これについて、アグネスベリィ民衆大学で開発されているコミュニティは連帯を体験し、例えば仕事といったライフプランを実現する可能性を促進することに対する高い認識を得るためのプラットフォームになることが可能である。少数民族はこれまで長い間強く社会から排除されてきた。参加は社会的な認識と包摂のための中心的な概念として、必須の前提条件として見ることができる。Palmroth & Winman（2010）が主張したように、社会教育学を民衆大学に導入する際に関わる課題はたくさん存在する。それは例えば、参画社会の推進に貢献するための、教師の責任と可能性の両方がある。

参考文献

Bolin, A. (2011). Shifting subordination. Co-located interprofessional collaboration between teachers and social workers. University of Gothenburg. Department of social work. Dissertation.

Blumer, H. (1972). Social problems and collective behavior. Social problems, Vol.18. No.3, Winter (1971), S.298-306.

Eriksson, L. & Markström, A-M. (2003). Interpreting the concept of social pedagogy. In Gustavsson, A., Hermansson, H. & Hämäläinen, J. (red.) (2003). Perspectives and theory in social pedagogy. Göteborg: Daidalos.

Eriksson, L. (2010). The tradition of social pedagogy and active citizenship. In Eriksson, L: & Winman, T. (red.) (2010). Learning to fly: social pedagogy in a contemporary society. Göteborg: Daidalos.

Eriksson, L: & Winman, T. (red.) (2010). Learning to fly: social pedagogy in a contemporary society. Göteborg: Daidalos.

Eriksson, L (2011). Community development and social pedagogy: traditions for understanding mobilization for collective self-development. Community Development Journal. Vol.46. No.4 pp.403-420.

Gustavsson, A. (2008). Vår tids socialpedagogik. In Molin, M., Gustavsson, A & Hermansson, H. (red) (2008). Meningsskapande och delaktighet: om vår tids socialpedagogik. Göteborg: Daidalos.

Lave, J. (1993). The practice of learning. In S. Chaiklin & J. Lave (Eds.), Understanding practice: Perspectives on activity and context (pp.3-32). Cambridge, NY: Cambridge University Press. Lave, J. & Wenger, E. (2009[1991]). Situated learning: legitimate peripheral participation. Cambridge [England]: Cambridge University Press.

Palmroth, K. & Winman, T. (2010). Social pedagogy in swedish folk high schools. In Eriksson, L.; & Winman, T. (red). Learning to fly: social pedagogy in a contemporary society. Göteborg: Daidalos.

Madsen, B. (2006). Socialpedagogik: integration och inklusion I det moderna samhället. Lund: Studentlitteratur.

Mäkitalo, Å. (2002). Categorizing work: knowing, arguing, and social dilemmas in vocational guidance. Diss. (sammanfattning) Göteborg: Univ., 2002. Göteborg.

Pierson, J. (2002). Tackling social exclusion. London: Routledge.

Rogoff (1993). Children's Guided Participation and Participatory Appropriation in Sociocultural Activity. In Wozniak R. H. and Fischer K. W. (1993) Development in Context. Acting and Thinking in Specific Environments Hillsdale, New Jersey Hove and London: Lawrence Erlbaum Associates Publishers.

Säljö, R. (2005). Lärande I praktiken: ett sociokulturellt perspektiv. (1. uppl.) Stockholm: Norstedts akademiska förlag.

Taylor, C. (1995). Det mångkulturella samhället och erkännandets politik. Göteborg: Daidalos.

Dijik, T.A.V. (2009). Society and discourse: how social contexts influence text and talk. Cambridge: Cambridge University Press.

Winman, T. & Hermansson, H-E. (2008). Skola, social integration och pedagogie. In Molin, M. et al (2008). Meningsskapande och delaktighet. Om vår tids socialpedagogik. Göteborg: Daidalos.

Winman, T. & Palmroth, K. (2010). Social pedagogy in Swedish folk high schools. In Eriksson,L. &Winman, T. (red.) (2010). Learning to fly: social pedagogy in a contemporary society. Göteborg: Daidalos.

Aberg, L. The impact of categorization in social pedagogy. In Eriksson, L. & Winman, T. (red.) (2010). Learning to fly: social pedagogy in a contemporary society. Göteborg: Daidalos.

注

1）アグネスベリィ民衆大学のホームページからの情報による

2）ロマ民族の民衆大学の教員がどのように教育とインテグレーションの問題に取り組んでいるのかについての社会教育学的な観点からの研究は、Winman & Palmroth と Aberg によっ

てなされている (in Erikson & Winman, 2010)。
3) 教育の状況についての記述は、Åberg と Winman & Palmroth による研究からの引用と、Åberg の話した情報と与えられたコメントによる。

第14章
スウェーデンにおけるセツルメント運動の歴史と現在
民間団体による地域福祉と教育文化活動

The Settlement movement in Sweden
Voluntary organization for education and social services in the welfare state

1. ローカル・デモクラシーと社会教育福祉
——ヘムゴード（セツルメント）運動への着目——

「社会教育福祉」を構想するという課題に取り組むにあたり、代表的な福祉国家として言及されることの多いスウェーデンから得られる示唆にはどのようなものがあるだろうか。本書序章では、松田がヨーロッパ諸国の社会教育学の動向に言及する中でスウェーデンの社会教育学（socialpedagogik）にも注目しており、それを受けて本書にはスウェーデンの社会教育学について論じた現地研究者の論考が複数収められている（第10章、第13章）。松田らによれば、スウェーデンの社会教育学は「心理社会的に不利な状況にある個人や集団、また同時にかれらを支援するプロセスのための条件に関する学問」（松田2011:1）であり、「『ノーマルな』社会からはじき出された人びとが世間とのつながりを取り戻す」（Berglund 2000）ことを志向するもので、旧来より青少年を主たる対象としてきたが、近年では「年齢に関わりなく、周辺化された集団や問題を抱えた人びと」（松田2011:1）が対象に含まれるようになった。また、1970年代以降、社会的問題を抱えた人びとの民衆教育（folkbildning）への参加が急増したことを背景として、民衆教育と社会教育学との間の線引きが難しくなり、社会教育学と地域づくりとの関係も深まっていることが指摘されている（序章参照）。

他方、スウェーデンにおけるコミュニティの実態や民衆教育の成立過程をふまえるならば、社会教育学や社会教育士（socialpedagog）とともに、地域社会で数多く組織されている多様な「フェレーニング（förening：自発的に組織された民間非営利団体）」の活動、および地域の余暇活動に関わる専門職「余暇リーダー（fritidsledare）」の仕事も、「社会教育福祉」について考察する際の検討対象とな

りうる。

　フェレーニングの活動には、多様な年齢層の人びとが、家庭人としてでも職業人としてでもなく一市民として参加する。スウェーデンでは近代化過程を通じて高度に組織化された市民社会が形成されたといわれているが、その実態は各地域に設立された多種多様なフェレーニングであり、現在でもフェレーニングは地域における市民社会の基盤をなすものとみなされている。そして、そうしたフェレーニングの活動を促進する裏方の役割を期待されているのが余暇リーダーであり、地域住民の余暇活動の支援を通じてローカル・デモクラシーを活性化することが専門職としての余暇リーダーの仕事の一つであるとされている。（ただし、後述するようにこのような役割期待は理念上のものであって、実態とは大きな隔たりがある。）

　また、社会教育学と同じく、フェレーニングと余暇リーダーはいずれも民衆教育と密接な関わりをもっている。余暇リーダーの主な活動場所である「余暇センター（fritidsgård）」は、20世紀初頭に都市部でフェレーニングとして始まった「ヘムゴード（hemgård）」を前身とする。ヘムゴードはイングランド発祥のセツルメント運動にヒントを得始まった民間福祉活動で、かつては地域住民の文化活動や学習活動の拠点として民衆教育運動の一翼を担っていた。これに倣ったものとして、公設の余暇センターが設置されるようになったのである。

　本章では、スウェーデンにおけるフェレーニングの活動と余暇リーダーの役割、およびそれらと民衆教育との関係について、特にヘムゴード（セツルメント）運動の歴史的展開に焦点を当てて検討し、それらが担ってきた地域福祉と教育文化活動を「社会教育福祉」の一端を示すものとして描いてみたい[1]。

2. フェレーニングと民衆教育

　やや古い数字だが、2000年の統計によれば、スウェーデンの成人（18歳以上、約620万人）の90.2％が1つ以上のフェレーニングに所属しており、約400万人が労働組合の組合員であった（SCB 2003:25）。日本と比べると組織率は格段に高い。ただし、近年ではフェレーニングへの参加者が減少傾向にあることが指摘されており、特に若者のフェレーニング離れが憂慮されている（Amnå

2007)。

　スウェーデンのフェレーニングは、19世紀後半以降に活発化した各種の民衆運動（主なものとして、自由教会運動、禁酒運動、労働組合運動、社会民主主義運動）に連なる歴史をもっており、民衆運動の分類に即して、政治フェレーニング（政治団体）、利益フェレーニング、連帯フェレーニング（国際援助団体など）、宗教フェレーニング、ライフスタイル・フェレーニングなどに類別される（SCB 2003）。利益フェレーニングの代表格は経営者連合や労働組合であるが、そのほかにも女性団体、移民団体、障害者団体、禁酒運動団体、消費者組合、住宅協同組合、学生組合などもこれに含まれる。ライフスタイル・フェレーニングは、各種の文化団体、地域ごとのスポーツクラブ、野外活動団体、狩猟愛好者団体など、趣味を同じくする人びとの集まりである。

　スウェーデンでは、いずれのフェレーニングも「市民の学校」あるいは「民主主義の学校」としての機能をもつと認識され[2]、「代表制民主主義の苗床」ともいわれてきた（SCB 2003:11）。フェレーニングへの参加は自由意思に基づく自発的なもので、組織運営には民主主義が貫かれており、国や自治体の行政委員会への参加やレミス制度を通じて、各フェレーニングが政策過程に関わるルートもある。

　フェレーニングの活動に、民衆教育組織が主宰する学習サークルが組み込まれるケースも少なくない。そもそも、19世紀末以降の民衆教育の組織化を牽引してきたのは、労働組合や各政党、宗教団体や禁酒運動団体などのフェレーニングであり、これらのフェレーニングは現在でも民衆教育組織の運営に関与している[4]。民衆教育組織として代表的なものは、学習サークルや文化プログラムなどを開講する学習協会（studieförbund）、および学校教育制度の外でノンフォーマルな学習の場を提供している民衆大学（folkhögskola）である。2014年現在、政府公認の学習協会は10団体ある。民衆大学は全国に150校存在し、そのうち107校はフェレーニングが、43校は自治体が設置・運営するものである。民衆教育の活動は、多様なフェレーニングとゆるやかにつながりながら、人びとに身近な学習の場を提供しているのである。

3. 余暇リーダーの役割

　フェレーニングの責任者には特別な資格は必要ないが、専門職としての余暇リーダーを、フェレーニング運営に必要な専門性を備えた職業とみなす立場もある（Olson 2008:1）。「余暇リーダー養成校連盟（Fritidsledarskolorna）」によれば、余暇リーダーとしての専門教育を受けた者の一部は、各種フェレーニングの管理業務やコンサルタント、インストラクターとして職を得ている[5]。

　余暇リーダーの前身は、1960年代に養成が始まった「ユースリーダー（ungdomsledare）」である。詳しくは後述するが、スウェーデンでは1930年代から、若者のための施設である「ユースセンター（ungdomsgård）」が各地に設立されるようになっていた[6]。1971年には、学校監督委員会（学校教育を所管する中央行政機関）が実施したユースリーダー養成調査の報告書において、ユースセンターは「余暇センター」へ、ユースリーダーは「余暇リーダー」へと活動の幅を拡げることが提言された（SULU 1971）。これは、若者だけを対象とするユースセンターを、あらゆる年齢層の人びとを対象とする余暇センターへと再編し、地域社会の拠点としていくことを意図していた。これを受けて多くのユースセンターが余暇センターへと名称を変更し、そこで働くユースリーダーも余暇リーダーと呼ばれるようになったのである。

　だが、こうした名称変更にもかかわらず、現在でも、余暇センターの多くは中高生が放課後に集まってゲームや音楽などを楽しむ施設であり、余暇リーダーは余暇センターにおける中高生の活動の支援者である、という認識は根強く残っている[7]。余暇リーダー養成校連盟のウェブサイトには、修了後の就職先候補として、余暇センターのほか、地域組合、宗教団体、政党などの各種フェレーニングや、公務員、医療機関、リハビリ施設などが列挙されているものの、修了者の約7割は、余暇センター、学校、学童保育所など子ども・若者に関わる職場に就職している（Fritidsledarskolorna 2014:7）。

　余暇センターの現状について研究しているウールソン（Hans-Erik Olson）は、ほとんどの余暇センターが若者のみを対象にしている現状を批判し、実態に合わせて余暇センターを再び「ユースセンター」と改称すること、すべての年齢層に

対応した活動を行っている余暇センターとユースセンターとを区別することを提案している（Olson 2008:5）。さらに彼は、余暇リーダーとユースリーダーの区別を明確にすることや、「人びとを身体的、文化的、政治的、社会的な活動に向けて刺激する」ことを専門とする「アニマシオン教育者（animationspedagog）」という専門職を新たに設けるといったアイデアも提出している（Olson 2008:5）。

スウェーデンでは、20世紀半ば以降、市民性教育や民主主義の促進に向けた教育は民衆教育組織が担うものとされ、そのことが民衆教育への国庫補助の根拠にもなってきた。しかしながら、現在の民衆教育の活動は若者にとって魅力的ではなく、先述のとおりフェレーニングへの若者の参加の減少も憂慮されている。ウールソンによる提案は、かつて民衆教育の担い手であった「民衆教育家（folkbildare）」に代わる役割を余暇リーダー、ユースリーダー、アニマシオン教育者に期待するものであり、それによって余暇センターを地域住民の余暇活動の拠点として実質的に機能させることを目指しているといえる。これは、余暇活動を支援する専門職の役割を明確化し、それを民衆教育と連動させることで、地域社会を活性化させようという構想でもある。

ウールソンのこうした課題認識は、余暇センターの前身であったヘムゴードへの部分的な回帰を志向するものであると考えられる。公的福祉が未整備だった時代にヘムゴードが担っていた役割は、今では公設のユースセンターや余暇センターに取って代わられているが、そのような中で地域社会における福祉と教育の供給主体としてのヘムゴードの機能を再生させようとする声が上がっているということは、現在のスウェーデンで「多様な福祉供給主体の協力関係のなかに将来の福祉のあり方を展望する見方が強まっている。いわば、福祉国家から福祉社会への道が模索されている」（有原 2012:241）[8] ことと無関係ではないだろう。

社会保障の制度化が進んだ現在のスウェーデンにおいても、地域社会の福祉と教育は行政機関のみによって供給されているわけではなく、活発に活動している民間福祉組織は都市部を中心にいくつも存在している。わずかではあるが活動を継続しているヘムゴードもその一つであり、そこでは現代的課題に対応するための新たな挑戦も行われている。次節以下では、ヘムゴードの歴史的変遷と現在の活動について見ていくことにしたい。

4. ヘムゴード運動の展開と衰退

　スウェーデンの福祉政策は、1932年に社会民主労働者党が政権に就いたことによって本格的に始動したとみなされることが多いが、リベラル派の政治家や社会事業家たちによる福祉システムの模索は19世紀末から始まっていた。石原によれば、福祉国家成立以前の20世紀初頭には、民間団体が連携して、あるいはそれらと国家や自治体が協調関係を築きながら社会問題を解決しようとする動きが進んでいたという（石原2012:241）。そうした動きは、1903年に設立された社会事業中央連盟（Centralförbundet för socialt arbete：CSA）に代表される。CSAには、慈善団体や女性運動団体、民衆教育団体、協同組合などの団体や、個人の社会事業家らが参加し、諸団体の協力体制を構築すること、そのために社会問題全般に関する知識や情報を収集することなどが目指された。行政担当者や政治家に積極的に働きかけ、当時の社会立法のほとんどに関与したほか、1913年の社会庁の成立、1920年の社会省の成立にも大きな影響力を発揮したといわれている（石原2012:262-264）[9]。

　イングランドにおけるセツルメント運動がスウェーデンに伝来したのは、リベラル派の政治家でのちにCSAの中心人物となったコック（Gerhard Halfred von Koch）が1898年にイングランドを視察した際、消費協同組合とセツルメント運動に触れたことによる（Johnson 2006:2）。コックは帰国後、スウェーデン消費協同組合連盟の設立に尽力し、セツルメント運動のほうは、コックと同年にロンドンを訪問していた宗教家ナタナエル・ベスコヴ（Natanael Beskow）と、CSAで貧困問題に取り組んでいたエッバ・パウリ（Ebba Pauli）らによって展開されることとなった。セツルメントの語は、スウェーデン語ではヘムゴードと訳されて定着した[10]。

　ベスコヴらが接したイングランドのセツルメント運動は、階級間の格差や対立を埋め労働者に教養を高める機会を提供するという理念を掲げ、貧困地域に知識人が移り住んで生活環境の向上に努めるとともに、衛生知識の普及や文化的環境の改善を目指して教育文化活動に取り組むものであった。ベスコヴとパウリは、急激な都市化と工業化の進展により貧困に苦しむ労働者が増加していたストック

ホルムにおいてもセツルメント運動が必要であると考え、「さまざまな労働に携わる人びと、さまざまな社会階層の人びとが、対等な立場で出会い、互いの生活経験を分かち合う機会を提供すること」(Beskow 1917/2012:58) を目指し、そのための「交流の場 (mötesplats)」として、1912年にストックホルム市ビルカ地区に「ビルカゴーデン (Birkagården)」を設立する。当初は、ベスコヴの友人らの資金に頼って運営されていた。

当時、ビルカ地区近隣には、陶磁器メーカーのロールストランド (Rörstrand) 社や産業機械メーカーのアトラス (Atlas) 社などが工場を置いており、それらの工場で働く女性労働者が多く暮らすビルカ地区は、貧困層の集まる地区として知られていた。ビルカゴーデンには労働者のための図書室が設置され、夜には地域住民を招いたイベントや女性労働者向けの各種講座が開催されたほか、労働者家庭の子どものための保育所が開設され、少年クラブ、少女クラブなどの活動も行われた。1916年には学習協会 ABF などと協力して、失業中の季節労働者を対象とする民衆教育機関として「ビルカゴーデン民衆大学 (Birkagårdens folkhögskola)」を開校し、民衆教育の活動に一層積極的に関与するようになる。1918年に同じビルカ地区内に地上6階地下1階建ての建物を取得してからは、より幅広い活動が可能になった。

二番目のヘムゴードは、1916年にストックホルム市セーデルマルム地区に設立された「セーデルゴーデン (Södergården)」である。セーデルマルム地区にも、タバコ専売公社の工場をはじめとして女性労働者が多く勤務する工場が複数あり、ビルカ地区と同様に、女性の労働環境および生活環境と、就業中の子どもの世話が地域的な課題となっていた。セーデルゴーデンの設立は、タバコ工場の従業員コンサルタント[1]として雇われたヘッタ・スヴェンソン (Herta Svensson) が、近隣の工場や市当局、およびセーデルマルム地区に集合住宅の建設を予定していた住宅供給会社などに呼びかけたことによって実現した。ここでも、主な活動は保育と女性労働者を対象とする各種講座の開講であった。建物はタバコ専売公社が提供したが、運営財源は近隣企業からの寄付金と市からの助成金に頼っていた。

英国やアメリカなどのセツルメント運動とは異なり、スウェーデンのヘムゴード運動は女性労働者の支援を目的として始まったことに特徴がある。1919

年にイェテボリ市に設立されたノルドゴーデン（Nordgården)[12]、1923年にエーレブロー市に設立されたヴィンテルゴーデン（Vintergården)[13]、1926年にノルシェーピン市に設立されたノルシェーピン・ヘムゴード（Norrköpings hemgård)[14] など、1920年代までに設立されたヘムゴードは全て女性労働者を対象とするものだった。現在の北欧諸国は女性の社会進出が進んでいることで知られているが、当時の女性の社会的地位は非常に低く、スウェーデンで女性参政権が認められたのは1919年で、北欧諸国の中では最も遅かった。

1920年代から1930年代にかけては、世界恐慌の影響によりスウェーデンにおいても失業率が急激に上昇し、ヘムゴードでは失業対策にも取り組むようになった。ビルカゴーデンやノルドゴーデンでは早くから失業者向けのコースを開設し、読み書き計算や体育、経済、歴史などを教えたほか、安価な食事も提供したという（Olson 1982:100-104）。1933年には、ストックホルム労働組合連合の女性部が女性失業者を対象とする「女性たちのヘムゴード（Kvinnornas Hemgård）」を設立し、基礎教育や職業訓練のコースを無料で開講した（Olson 1982:96-97）。

他方、この時期には若者の失業や居場所のなさが問題視されるようにもなっていた。1930年代に開設されたヘムゴードの大半は若者を対象とするもので、それらの多くは「ヘムゴード」ではなく「ユースセンター」を名乗った。若い世代のフェレーニング離れもすでに懸念されており、これらのヘムゴードでは、若者をヘムゴードの活動に参加させ、その経験を通じて民主主義を学んでもらうことを意図したプログラムも開発されたという（Fritidsforum, *Vår historia*）。これらのセンターでは、成人や高齢者が活動の対象から外れたわけではなかったが、実態としては子どもと若者が放課後や休日を過ごす施設としての利用が中心となり、それにしたがってヘムゴードについての人びとの認識も徐々に変容していったと考えられる。

ただし、ヘムゴード運動の理念はあくまでも、さまざまな立場にある人びとの交流の場を提供することにあった。1937年に設立されたヘムゴード全国組織の規約には、「ヘムゴードは、あらゆる年齢層の人びと、あらゆる意見、職業、生活上の関心をもつ人びととの共同性と相互理解をもたらすこと、ならびに個々が成長し続けることを志向する相互扶助の促進を目指す、社会事業の場所である」

(Riksförbundet Sveriges Hemgårdar 1946:50) と記されている。

1940年代には自治体が若者支援事業を本格的に開始し、公立のヘムゴードやユースセンターが次々と設置されるようになった。これらは、ヘムゴードと名乗るものであっても活動内容は若者のみを対象とするものがほとんどで、「あらゆる年齢層の人びと」を対象にするというヘムゴード運動の理念を重視する立場からは反発の声も上がっていたが、1950年代、60年代には、実態としてはほとんどのヘムゴードが若者対象の活動を中心に据えていたという (Fritidsforum, *Var historia*)。ヘムゴード運動もこの時期には下火となり、40年代までに民間の活力によって設置されたヘムゴードは、閉鎖されたり公立化されたりして姿を消していった。第2節で見たように、1970年代にはこの状況が問題視され、ユースセンターはすべての年齢層の人びとを対象とする余暇センターとして再編されるべきことが提言されたわけだが、活動の実態は現在に至るまでさほど変わっていない。

ところで、スウェーデンのヘムゴード運動は、英国やアメリカのセツルメント運動と比べると規模も小さく、社会事業の領域で特に目立った貢献をしてきたとは言いがたい。だが、初期の指導者たちの中には、CSAやスウェーデン貧民救済協会などヘムゴード以外の活動で著名だった人物も少なくない (Mattsson 1997:152)。たとえば、CSAで活動していたパウリは、1905年に実施されたスウェーデン初の貧困実態調査で事務局長を務めるなど救貧事業を主導する立場にあり、当時の福祉政策に多大な影響を与えていた。

また、ベスコヴのヘムゴード構想と、1928年に社民党党首ペール・アルビン・ハンソン (Per Albin Hansson：1932年から36年まで首相) が提唱した「国民の家 (folkhemmet)」構想との間に思想的なつながりがあることも指摘されている (Mattsson 1997:152)。「国民の家」は「労働者階級を中心とした国民が安定した生活を享受できる環境」(Hirdman1989:88, 宮本1999:69) を「良い家」に喩えたもので、以後のスウェーデンにおける福祉国家形成のシンボルとなった。「国民の家」を支える社会保障制度は、1976年までの社民党長期政権下で次々と確立されていったが、これと並行してヘムゴード運動が徐々に下火になっていったことは、ヘムゴード運動と「国民の家」の理念的な親和性を示すものと解釈することもできるだろう。つまり、初期のヘムゴード運動は1930年代

以降の福祉国家形成に連なる理念的基盤を有しており、社会保障制度の整備が進むにつれて、その機能は公的な福祉システムに吸収されていったと考えられる。

さらに、ヘムゴード運動と民衆教育運動との活動内容の重複にも注目しておきたい。学習協会や民衆大学などの民衆教育団体が多く設立されたのは 20 世紀前半であったが[16]、ヘムゴードではそれ以前から学習サークルや講座を開講しており、ビルカゴーデンのように自ら民衆大学を開設するヘムゴードも複数存在していた。20 世紀前半に学習協会が相次いで設立され、一般向けの学習サークルや文化プログラムを多く提供しはじめたことで、ヘムゴードは地域の学習拠点としての役目をも終えることになったと考えられる。ヘムゴード運動の理念が福祉システムと民衆教育のシステムに継承されたのであれば、運動の衰退は必然であったといってもよいかもしれない。

とはいえ、都市部では現在もいくつかのヘムゴードが活動を続けており、次節でみるように、現代的課題に対応するための新たな挑戦ともいうべき試みも実施されている。これらのヘムゴードは、いかなるニーズに支えられて今日まで存続しつづけてきたのだろうか。それらは現在の福祉システムや民衆教育のシステムといかなる関係にあるのだろうか。こうした問いに迫ることは、第 2 節で見たウールソンの問題提起の意義を吟味するためにも、「社会教育福祉」において民間団体の活動が果たす独自の役割を探り出すためにも重要であろう。

5. ヘムゴードの現代的意義

現在、首都ストックホルムでは 6 つのヘムゴードが活動している。筆者は 2014 年 3 月に 4 つのヘムゴードを訪問し、活動内容、財政状況、スタッフの雇用状況などについて事業責任者に聞き取り調査を行った。あわせて、ヘムゴードの現代的役割に関する事業責任者の見解も聴取した[17]。

ビルカゴーデンは現在でも最も大規模に活動しているヘムゴードで、複数の保育所や学童保育所を運営しているほか、市からサマーキャンプなどの子ども向けプログラムの委託を受けたり、成人向けの学習サークルや講習会を開講したりしている。基礎学校と学童保育が入居している本部ビルは常に子どもたちでいっぱいで活気があり、併設されているカフェを訪れたり講座に参加したりする高齢者

も多い。複数の不動産を所有している強みを活かして、市立の基礎学校にフロアを提供したり、関連団体のオフィスや個人の住居として部屋を賃貸したりして収入を得ており、他のヘムゴードと比べると財政状況は格段によい。スタッフとして、保育士、余暇リーダーなど約60人が雇用されている。

旧市街に拠点を構えるメステル・ウーロフスゴーデン（Mäster-Olofsgården）は、1931年にキリスト教学生連盟が設立したヘムゴードで、当初から若者支援に焦点を当てた活動を展開してきた。ここでもカフェが併設されており、旧市街を訪れる観光客らも利用している。現在の中心的な活動は、ストリート・キッズを対象とする「ドア（Dörren）」というプログラムで、居場所を求めて街にたむろする若者たちに声をかけ、クリエイティブな活動の場を提供しているという。ここでは、若者たちがグループを作り、週に1～2回集まって音楽や映画製作、各種イベントの企画などを行っている。そのほか、小学生向けの学童保育、中高生向けのダンスや音楽などの教室や、高齢者のための文化プログラムもある。理事会には近隣で活動する17のフェレーニングが参加しており、会費を支払って活動をサポートするとともに、メステル・ウーロフスゴーデンが所有する建物の部屋を活動場所として利用している。余暇リーダーや講師、事務スタッフなど25人が雇用されている。

ティンメルマンスゴーデン（Timmermansgarden）は、セーデルゴーデンと同じセーデルマルム地区にある。この地区で働く女性労働者が増え続けたことを受けて、セーデルゴーデンと同じくタバコ専売公社や近隣の企業の協力により1943年に設置された。地域住民のための講座やサークルが活動の中心で、スタッフは3名、市からの補助金や民間の助成金で運営されている。平日午後には近隣の子どもや若者たちが多く集まり、思い思いの活動をして時間を過ごす。夜間には成人向けの講座やサークルが開講されている。どれも小規模ではあるが人気があり、地域住民のニーズに即したものとなっていることがうかがえる。安価でコーヒーやお菓子を提供するカフェもあり、地域住民やサークル参加者らの交流の場になっている。設立当初は建物を所有していたが、現在は市から借り受けた2階建ての建物を拠点としている。長通りに5階建ての建物を所有しているセーデルゴーデンと比べると規模は小さく、財政基盤も脆弱で、活動資金は年々減少の一途をたどっているという。

ストックホルム市郊外にあるミッドソンマルゴーデン（Midsommargården）は、ヘムゴード運営の難しさを体現する事例である。このヘムゴードは、かつてこの地区に工場を構えていた通信機器メーカーのエリクソン（Ericsson）社の主導により、工場で働く労働者家族の交流の場、学習活動の場として 1946 年に設立された。以来、地域のヘムゴードとして活動を継続してきたが、財政状況が悪化したため、初期にエリクソン社が出資して建設した地上 4 階地下 1 階建ての建物は 2012 年に売却された。現在、その建物には市立の特別支援学校が入居し、ミッドソンマルゴーデンは建物の管理業務を請け負う立場となっている。ミッドソンマルゴーデンが主催する講座やサークルは極端に減り、現在のスタッフは 1 名のみで、業務は近隣のフェレーニングや地域住民への部屋貸しがほとんどであるという。

 全国にいくつか残っている民間のヘムゴードの多くは、ティンメルマンスゴーデンやミッドソンマルゴーデンと同じように財政基盤が脆弱で、不安定な運営を強いられている。ヘムゴードで行われる講座や文化プログラムなどの活動が、公的な施設や民衆教育組織で提供されているものと実質的には同様であることを考えれば、近隣の住民がヘムゴードの活動に参加しているとしても、それはヘムゴードの独自性を支持しているからなのか、単に地理的な利便性によるものであるのかはわからない。こうした状況の中で、運営に苦しみながらも民間のヘムゴードが活動を続けているのはなぜなのだろうか。

 メステル・ウーロフスゴーデンの事業責任者シュルツ氏は、「スウェーデンは福祉国家だが、いくら制度が整っているとしても、ソーシャルな活動は必要だ」と述べる。ビルカゴーデンの事業責任者ローメッド氏も、「公的福祉が充実してさまざまな福祉の窓口ができ、ヘムゴードが果たしてきた役割は公的機関によって担われるようになったが、それでも、民間組織としてヘムゴードが存在していることにはデモクラシーとしての意義がある」という。両者が強調する「ソーシャルな活動」「デモクラシーとしての意義」とは、社会福祉の制度化が進むことによって希薄化しかねない地域住民の相互のつながりを意識した表現であると解釈できる。

 ヘムゴード運動は当初から、「さまざまな労働に携わる人びと、さまざまな社会階層の人びとが、対等な立場で出会い、互いの生活経験を分かち合う機会を提

供する」という目標を掲げ、対象が若者に偏りがちであった時期にあっても、「あらゆる年齢層の人びと」を対象とすることにこだわってきた。地域の住民が定期的に顔を合わせ、ともに楽しむことができる「交流の場」があること、それが公的な制度によるものではなく、民間の自発的な活力によって作り出されたものであるということが重要なのである[18]。

ストックホルム市内の6つのヘムゴードは、数年前に共同で「ストックホルム・ヘムゴード (Stockholms Hemgårdar)」というフェレーニングを設立し、ヘムゴードの認知度を高めるためのPR活動を展開している。ウェブサイトでは、各ヘムゴードで開講されている講座等が日付ごとに一覧できるようになっており、活動の様子を紹介する動画も観ることができる[19]。

また、ストックホルム・ヘムゴードの活動の一環として、市内に新たなヘムゴードを設立することも試みられている。ミッドソンマルゴーデンの唯一のスタッフであるブルーセヴィッツ氏とメステル・ウーロンフスゴーデンのシュルツ氏とがプロジェクト・リーダーとなり、郊外のシスタ地区で2014年4月から「シスタ・ヘムゴード (Kista Hemgard)」プロジェクトが開始された。シスタは外国にルーツをもつ住民が集住している地区で、とくにムスリムが多く住んでいる。2007年にはムスリムを主な対象として「シスタ民衆大学 (Kista folkhögskola)」が開校しており、ストックホルム・ヘムゴードはこの学校と協力してプロジェクトを進めている。2014年10月現在、ムスリムのフェレーニングや個々の住民を対象とするパイロット・プログラムとしてさまざまな文化活動や講座を開き、地域住民のニーズを探っている最中である。

ミッドソンマルゴーデンのブルーセヴィッツ氏は、「このプロジェクトは、ヘムゴードの強みを発揮できる、とても意義深いもの」だと述べている。世界各地からの移民が住民のほとんどを占めている地区において、さまざまなバックグラウンドをもつ人びとが互いに直接関わりあうことは大変重要であり、そうした人びとがくつろいで交流できるような仕組み、ネットワークを生み出していく仕組みが必要だが、それには単なる集会所ではなく、家庭的な空間をもつヘムゴードが適しているのだという。また、シュルツ氏は、「これは大きなチャレンジだが、ヘムゴード運動の歴史を見れば、不可能ではないと思う」と語っている。ブルーセヴィッツ氏は、同様の思いでミッドソンマルゴーデンの再生にも取り組んでい

る。現代のヘムゴードは、かつてと同様に教育文化活動を通じて地域住民のネットワークを形成し、それによってよりよい生活環境を作りあげようとしているのである。

6. 社会教育福祉の担い手

　上述のようなヘムゴードの現状をふまえて、第2節で確認したウールソンの余暇センター再生に関する問題提起に立ち戻ると、ウールソンの提案は、地域社会を活性化するにあたってヘムゴードへの部分的な回帰を志向するものでありながらも、余暇リーダーなどの専門家による教育的活動により多くの期待を寄せていることが見えてくる。他方、ヘムゴード関係者への聞き取りで、そこで働く専門職の役割に言及されることはほとんどなかった。ヘムゴードの活動において余暇リーダーらが果たしている役割は言うまでもなく重要だが、より強調されていたのは、「交流の場」「家庭的な空間」といった要素であった。このことは、専門職化が進展した公的セクターとは対照的に、近所に住む人びとがゆるやかにつながりあうことで実現する地域福祉や、互いに学び合う学習活動や文化活動の意義を示しているように思われる。

　現在のヘムゴードの活動からは、その地域で活動するフェレーニング同士がヘムゴードを通じてつながりあう構造も垣間見える。ヘムゴードは人びとを互いに結びつけるフェレーニングであると同時に、福祉や教育に携わるフェレーニングがゆるやかにつながる結節点でもある。こうした機能は、すでに広く普及している公設の余暇センターやユースセンターではなく、民間の教育福祉団体であるからこそ担えるものなのかもしれない。

　「福祉の複合体」論を援用した「教育の複合体」論では、教育を支えてきたアクターが国家以外にも多様に存在してきたことをふまえて、福祉国家と教育の連関の形成史を検討することが提唱され、今後の教育のありかたを展望するための議論が重ねられている（橋本・広田・岩下編 2013）。福祉と教育が重なりあう「社会教育福祉」の領域においても、福祉や教育の多様な供給主体がつくりあげてきた協力関係とそこでの実践のありようについて、歴史的に検討していく必要があるだろう。現在のヘムゴードの活動はきわめて限定的なものではあるが、そ

の歴史と現状から、「社会教育福祉」の領域における「複合体」のありようを見据えるための手がかりが得られるのではないかと思われる。

参考文献
石原俊時（1996）『市民社会と労働者文化　スウェーデン福祉国家の社会的起源』木鐸社
石原俊時（2010）「スウェーデン　福祉社会の模索」『大原社会問題研究所雑誌』No.626、35-42頁
石原俊時（2012）「福祉国家のオルターナティヴ？　二〇世紀初頭スウェーデンにおける福祉社会」高田実・中野智世編『近代ヨーロッパの探究15　福祉』ミネルヴァ書房、239-280頁
太田美幸（2011）『生涯学習社会のポリティクス　スウェーデン成人教育の歴史と構造』新評論
高田実（2001）「『福祉国家』の歴史から『福祉の複合体』史へ―個と共同性の関係史をめざして」『社会政策学会誌』第6号、23-41頁
橋本伸也・広田照幸・岩下誠編（2013）『福祉国家と教育―比較教育社会史の新たな展開に向けて』昭和堂
松田武雄（2011）「スウェーデンにおけるSocialpedagogikの動向」名古屋大学大学院教育発達科学研究科附属生涯学習・キャリア教育研究センター『生涯学習・キャリア教育研究』第7号
宮本太郎（1999）『福祉国家という戦略　スウェーデンモデルの政治経済学』法律文化社
Amnå, E. (2007) "Associational Life, Youth, and Political Capital Formation in Sweden: Historical Legacies and Contemporary Trends", in Trägårdh, L. ed. *State and Civil Society in Northern Europe -The Swedish Model Reconsidered*, New York: Berghahn books.
Berglund, S. A. (2000) *Socialpedagogik -i goda möten skapas goda skäl*, Lund: Studentlitteratur.
Björck, H. (2002) "Den sociale ingenjören på intressekontoret: en studie i svensk välfärdshistoria", i *Lychnos: Årsbok för idé och lärdomshistoria 2002*, s.103-137.
Beskow, N. (1917/2012) "Vad vi vilja och hur det började", i Öhman, Sara red. (2012) *Birkagårdens 100 år: 1912-2012*, s.58-59.
Beskow, N. (1946) "Hemgårdsrörelsens väsen", i Riksförbundet Sveriges hemgårdar red. *Den svenska hemgårdsrörelsen*, Stockholm: Birkagårdens förlag, s.4-13.
Eriksson, L. (2010) "Community development and social pedagogy: Traditions for understanding mobilization for collective self-development", in *Community Development Journal*, No.46, vol.4, pp.403-420.
Fritidsforum, *Vår historia*, (http://www.fritidsforum.se/om-oss/eempowerment/#.VEyFPbkeRD8, 2014/10/26閲覧）
Fritidsledarskolorna (2014) *Vart tog de vägen: Undersökning av hur det gått för de som avslutade sina studier vid någon av fritidsledarskolorna under 2013*, Fritidsledarskolorna.

第14章　スウェーデンにおけるセツルメント運動の歴史と現在 —— 民間団体による地域福祉と教育文化活動 ——　*253*

Hirdman Y. (1989) *Att lägga livet till rätta: Studier i svensk folkhemspolitik*, Stockholm: Carlssons.

Johansson, H. (1952) *Folkrörelserna och det demokratiska statsskicket i Sverige*, Lund: Gleerup.

Johnson, A. (2006) *Folkhemmet före Per Albin: Om välfärdssamhällets liberala och privata rötter*, Timbro briefing papers nr.3, 2006, Stockholm: Timbro.

Landström, I. (2004) *Mellan samtid och tradition: folkhögskolans identitet i kursutbudets yrkesinriktning*, Linköping: Linköpings universitet.

Mattsson, M. (1997) *Det goda samhället: Fritidens idéhistoria 1990-1985 i ett dramatiskt perspektiv*, Stockholm: RSFH:s förlag.

Mattsson, M. (1997) "Samhällsarbetets idéhistoria", i Lundberg, B. & Mattsson, M. red. *Landet lagom: Folkhemmet på lokalplanet*, Stockholm: Byggforskningsrådet, s.149-166.

Olson, H.-E. (1982) *Från hemgård till ungdomsgård: En studie i den svvenska hemgårdsrörelsens historia*, Stockholm: RSFH:s förlag.

Olson, H.-E. (2008) "Högskola eller folkhögskola? Det är frågan!" i *Fria tider*, nr.4-5, Göteborg: Fria tider. (http://www.fritidsvetarna.com/6_Ungdomsarbete/Fria_Tider_2008-4-5-Olson_Hogskola_eller_folkhogskola.pdf, viewed 2014.08.02)

Riksförbundet Sveriges hemgårdar (1946) *Den svenska hemgårdsrörelsen*, Stockholm: Birkagårdens förlag.

SCB (2003) *Föreningslivet i Sverige -värfäld, social kapital, demoktratiskoka*, Stockholm: Statistiska centralbyrån.

Skolöverstyrelsen (1971) *SULU, SÖs ungdomsledarutredning*, Stockholm: Skolöverstyrelsen.

注

1）ヘムゴードの歴史とその後の余暇センターの動向に関する研究は、スウェーデン国内においても多くはない。主な先行研究として、スウェーデン全土における各ヘムゴードの設立の背景を丹念に明らかにした Olson（1982）、ヘムゴードから余暇センターへの変遷を軸として余暇の概念と実態を歴史的に描いた Mattsson（1986）がある。ヘムゴードの具体的な活動については、1937年に設立された「ヘムゴード全国組織（Riksförbundet Sveriges Hemgårdar)」（のちに「余暇センターおよびヘムゴード全国組織（Riksförbundet Sveriges Fritids- och Hemgårdar)」と改称し、現在は「余暇フォーラム（Fritidsforum)」）による出版物からも知ることができる。

2）スウェーデンでは、フェレーニングの活発な活動が民主主義の基礎になるとの認識が根付いている。スウェーデンにおけるこのような民主主義の構造を、ヨーハンソンは「アソシエーション民主主義」（Johansson 1952）と特徴づけている。詳細は石原俊時（1996）を参照。

3）国会に法案が提出されると、その法案について調査する委員会が国会内に立ち上げられ、委員会報告書に基づいて法案が審議される。委員会が報告書を作成する過程で関係団体

(フェレーニングや行政機関など)への意見聴取を実施することを、レミス (remiss) と呼ぶ。関係団体は、これに回答することで自らの意見を国会に届けることができるようになっている。

4) 民衆教育の組織化の歴史、および民衆教育へのフェレーニングの関与の具体的なありかたについては、太田 (2011) を参照。

5) 余暇リーダー養成校連盟のウェブサイト http://www.fritidsledare.se/arbetsmarknad (2014/10/30 閲覧)、および 2013 年度の就職状況報告書 (Fritidsledarskolorna 2014) を参照。

6) ユースセンターで働くユースリーダーは、1963 年にストックホルム市がユースリーダー養成所を設立したことを契機に教育と児童福祉に関わる専門職の一つとなり、同様の養成所が他の都市にも設置された (Olson 2008:2)。1975 年には、余暇リーダーの養成は民衆大学が学校監督委員会から委託を受けて行うものとなり (Landström 2004:221)、上述の余暇リーダー養成校連盟には、余暇リーダー養成を行っている民衆大学 21 校が加盟している。民衆大学の余暇リーダー養成コースは 2 年間で、2013 年度に連盟加盟校でこのコースを修了した学生数は 294 名であった (Fritidsledarskolorna 2014)。ただし、近年は職業教育の多チャンネル化が進み、公立成人学校 (Komvux) や職業大学 (Yrkeshögskola) にも余暇リーダー養成コースが置かれているケースがある。

7) ストックホルム市郊外のエンシェーデ地区にある余暇センター (Kvartersgarden Dalen) の施設責任者 Malin Öberg-Holmlund 氏は、筆者による聞き取り調査 (2012 年 3 月 13 日 15 時半〜16 時) において、「余暇センターとユースセンターは同じもの」と断言した。

8) ここでの有原の議論は、「国家福祉だけに限定されない、構造的複合体」としての福祉システムのありかたをトータルに捉えなおそうとする「福祉の複合体 (Mixed Economy of Welfare)」論 (高田 2004:24) を背景としている。

9) ただし、CSA は福祉を供給する民間団体同士の、あるいはそれらと福祉供給主体としての国家との協調を目指しており、普遍主義的社会福祉を目指す社会民主主義勢力とは異なる志向をもっていた。

10) ヘムゴードの語は、直訳すると「家庭の庭」「近所の庭」といった意味である。のちにベスコヴは、この訳語は「いわば自生的なもの」であったと述べている (Beskow 1946:4)。

11) 従業員コンサルタントは、タバコ工場の従業員の労働環境の悪化が目立つようになったことへの対応として導入されたポストであった。ベスコヴらと知己の関係だったスヴェンソンは、コンサルタントとして仕事をする傍ら、勤務時間外にセーデルゴーデンの活動に携わった (Fritidsforum, Vår historia, Olson 1982:88-89)。

12) ベスコヴらと活動を共にしていた女性たちが、キリスト教女子青年会 (KFUK) が行っていた活動を基盤として設立した (Olson 1982:90-92)。

13) 同時期に展開されていたコテージ運動 (stugrörelsen：配偶者のいない女性労働者に夏期休暇を楽しむためのサマーコテージを提供する活動) の団体によって設立された (Olson 1982:78, 95)。

14) 紡織業が盛んなノルシェーピン市で、テキスタイル工場に勤務していた女性労働者たちが

ヘッタ・スヴェンソンらの協力を得て設立した（Olson 1982:92-95）。
15)「国民の家／人民の家 (folkhem)」という概念が 19 世紀末に別の形ですでに登場していたことはあまり知られていない。ヨンソンによれば、スウェーデンで初めてこの用語が使われたのは、1986 年のストックホルムにおいて、階級や政治的信条の違いを超えた共同性をつくりあげることを目指し、図書館や集会所を備えた建物として「人民の家 (folkhem)」の建設が呼びかけられたときであったという（Johnson 2006:2）。このとき用いられた「人民の家」という用語は、1890 年代のドイツの産業都市に見られた「人民の家 (Volksheim)」からの借用であり、ドイツの「人民の家」はイングランドのセツルメント運動にインスピレーションを得たものであった（Björck 2002）。
16) 農村地域の民衆大学は 19 世紀半ばから存在していたが、都市部に民衆大学が設立されるようになったのは 20 世紀に入ってからのことで、20 世紀前半には民衆運動諸団体が自らの教育活動の拠点として民衆大学を開設するようになった。また、学習サークルなどを主宰する学習協会は 1912 年に創設された ABF が最初で、現在も継続している学習協会の多くは 20 世紀前半に設立された（太田 2011）。
17) 聞き取り調査の対象は以下のとおり。ビルカゴーデン事業責任者 Roland Romehed 氏（2014 年 3 月 6 日 14 時〜15 時 40 分）、メステル・ウーロフスゴーデン事業責任者 Cristel Schultz 氏（2014 年 3 月 6 日 17 時〜18 時）、ティンメルマンスゴーデン事業責任者 Mikael Lindström 氏（2014 年 3 月 5 日 14 時〜15 時）、ミッドソンマルゴーデン事業責任者 Ebba Brusewitz 氏（2014 年 3 月 7 日 10 時半〜11 時半）。
18) ビルカゴーデンのローメッド氏は、インタビューの際、「現代のヘムゴードは一種のソーシャル・ビジネスだ」とも述べている。ヘムゴードが公的福祉を補完するだけのものではなく、独自の役割を果たしていることを示していくためにも、公的な補助金に頼って運営することを避け、収益事業としての取り組みを強化していく必要があるという。
19) ストックホルム・ヘムゴードのウェブサイト（http://www.stockholmshemgardar.se/index.php、2014/10/30 閲覧）。

第15章
アメリカにおける就業支援とソーシャル・サービス
― 公共図書館の取り組みを中心に ―

Support for Job-Seekers and Social Service in the United States
Focusing on Public Libraries

はじめに

今日人種的にも社会文化的にも多様なアメリカにおいて、公共図書館は、社会的少数派や社会的に不利な人々にとって、情報を入手する場、学習の場として重要な役割を担っている。実際アメリカの公共図書館を訪れると、開館と同時に多くの失業者や住む場所を持たない人々が、インターネットのアクセスを求めてPCのある部屋へと殺到するのを目にすることが少なくない。このような事態に対応するために、例えばサンフランシスコ公共図書館では、ホームレスの人々を支援し社会サービスを提供するための専門のソーシャル・ワーカーを配置している[1]。

しかしこのような対応は一般的ではなく、多くの図書館が社会的に不利な立場の訪問者を「問題」ととらえていることも事実である。たとえばマース（A. Mars）によれば、多くの公共図書館は住む場所を持たない利用者の図書館への来館を制限する様々な対策（臭いや不用な持ち物に対する制限）を講じたり、館内の施設の利用（閲覧室や洗面所など）に関する細々とした規則を設けたりして、彼らの入館を阻止しようとする[2]。ここに公共図書館にとってのジレンマがある。すなわち、社会的に不利な人々を排除することは、倫理的に、法的に許されることであるか否か、公共図書館は社会的に不利な人々を「問題」ととらえるのか、「利用者」ととらえるのかというジレンマである。

これに対して、彼ら「利用者」の求める多様な情報を提供し、彼らの自立を支援するための様々な取り組みを行っている図書館も少なくない。この研究プロジェクトにおいて、筆者はアメリカの公共図書館を訪問し、社会的に不利な

第15章 アメリカにおける就業支援とソーシャル・サービス —— 公共図書館の取り組みを中心に —— *257*

人々の求める多様な情報（資金調達、人間関係、子育て、住居、医療・健康、雇用、教育、交通、公共の福祉）の提供や ESOL（English for Speakers of Other Languages, 他言語話者のための英語）などの成人教育プログラムの充実のために奔走する図書館職員に会い、面接調査を行ってきた。ここでは、その調査に基づき、ニューヨーク市とその近隣の公共図書館が取り組む、社会的に不利を被っている人々の自立のための支援について、就業支援を中心に論じ、社会教育福祉の視点から考察を加える。

ところで、アメリカにおいて公共図書館は「公共的な文化施設」であり、日本のように「社会教育施設」として位置づけられていない。また、公共図書館の設置は地方自治体もしくは学校区や行政区などが独自の判断において行っており、その設置の根拠となる連邦法は存在しない[3]。図書館サービスの基本は、「資料・情報の提供」であることは言うまでもないが、公共図書館協会（Public Library Association, PLA）が1986年に導入した公共図書館発展プログラム（Public Library Development Program, PLDP）では、次の8つを図書館の潜在的役割として提示している。すわなち、①コミュニティ活動センター、②コミュニティ情報センター、③正規教育支援センター、④自主的学習センター、⑤人気があり利用の多い資料の図書館、⑥小学校入学前児童の学習への扉、⑦参考図書館、⑧研究センターである[4]。このことから、公共図書館にコミュニティ教育センターとしての役割が期待されていることは明らかである。

1. ニューヨーク市の公共図書館

(1) ニューヨーク市の行政区と図書館システム

ニューヨーク市は、ハドソン川の東に位置するマンハッタン区とブロンクス区、ハドソン川の河口に位置するスタテン・アイランド区、イースト川を挟んでマンハッタン区の東に位置するクイーンズ区とその南にあるブルックリン区の5つの行政区（borough）からなる。ニューヨーク市は1898年に州議会が、カウンティ、市、タウンおよび村を集めて市を編成し、現在の姿になった。その際、カウンティの境界と区の境界が同一に定められ、5区を統合してニューヨーク市が構成された[5]。その歴史的経緯から、図書館システムもマンハッタン区、ブロ

ンクス区、スタテン・アイランド区を対象地域とするニューヨーク公共図書館システム（NYPL）、クイーンズ区を対象地域とするクイーンズ図書館システム（QL）、ブルックリン区を対象地域とするブルックリン公共図書館システム（BPL）の3つのシステムに分かれている（図15-1）。今日では、3つの図書館システム間で相互貸借等の協力体制が取られており、特にNYPLとBPLは、両者の予算の削減を視野に入れて、図書の購入や図書館運営において協力を強めている。

ニューヨーク市は人口の20%以上が外国生まれであり、人種的に多様な地域である。表1は、2010年の国勢調査の結果を示したものであるが、ニューヨーク市の白人人口比は際立って低く、すでに50%を切っていることがわかる。なお外国生まれの人口比はクイーンズ区（後述）のそれが突出して高い。

図15-1 ニューヨークの5つの行政区
1 マンハッタン区、2 ブロンクス区、3 スタテン・アイランド区、4 クイーンズ区、5 ブルックリン区
出所：Kids britannica.com 〈http://kids.britannica.com/comptons/art-166363/The-five-boroughs-of-New-York-City〉 2015/1/17.

表15-1 人口動態の比較

	合衆国	NY州	NY市	クイーンズ区
人口（2013年予測）	316,128,839	19,651,127	8,405,837	
人口（2010Census）	308,745,538	19,378,102	8,175,133	2,230,722
白人人口比	72.40%	65.70%	44.00%	49.70%
ラティーノ以外白人人口比	63.70%	58.30%	33.30%	26.70%
ラティーノ以外黒人人口比	12.30%	15.90%	25.50%	17.70%
ラティーノ人口比	16.30%	17.60%	28.60%	27.50%
外国生まれ人口比（2000）	11.10%	20.40%	約20.00%	47.70%

出典：Census Bureauのデータをもとに、筆者が作成〈http://www.census.gov/2010census/〉。なお外国生まれ人口比はCensus 2010では調査が行われなかったため、Census2000のデータを示した。

(2) NYPLにおけるコミュニティ教育と就業支援
〈NYPLの歴史と概要〉

　NYPLは、19世紀後半に元ニューヨーク州知事サムエル・ティルデン（Samuel J. Tillden）が設立した公共図書館と、それ以前に設立されていた私立のアスター図書館とレノックス図書館が合併して、1895年に設立した公共図書館である。その後16年の時を経て1911年、マンハッタン区5番街の現在の地に本館が開館した。また本館の開館と前後し、ニューヨーク市内の3つの区にある61の地域図書館と合併し、本館と地域分館という現在のシステムの原型ができたのである。現在は4つの学術図書館と87の地域図書館から成る全米一の規模を誇る公共図書館システムを形成している[7]。

　このような歴史的経緯からも明らかなように、NYPLの学術図書館と地域図書館は同じ図書館システムのもとに、2つの異なった性格の図書館群を形成している。これについて、Library Journal誌の編集主幹のF・フィアルコフ（F.Fialkoff）は2012年5月の社説で、NYPLには二重構造が顕在化し、潤沢な寄付、投資による収益など、資金が豊富な学術図書館と、多くの資金を市の補助金に頼る地域図書館との間には、大きな格差があると指摘する[8]。参考までに、図15-2にNYPLの学術図書館と地域図書館の歳入と歳出を示した[9]。

　NYPLのステファン・A・シュワルツマン・ビル（Stephen A. Schwarzman Building）はマンハッタンの5番街に位置し、NYPLの本館の機能を担っている。NYPLは学術図書館と地域図書館全館で、年間約55,000の無料の講座、パネル・ディスカッション、コンサート、映画上映、物語の朗読等のプログラムを

写真15-1　NYPL本館入り口　　　写真15-2　NYPL本館内の特別展

提供し、コミュニティ教育の一拠点となっている[10]。図15-2からも明らかなように、今日では蔵書の購入よりコミュニティ・サービス・プログラムに予算を多く割いている。本稿では、科学・産業・ビジネス図書館（Science, Industry and Business Library, SIBL）における就労支援サービスを中心に紹介する。

〈SIBLにおける就労支援サービス〉

SIBLは、マンハッタン区の34番街に位置する学術図書館であり、教育、研究、ビジネス支援を行っている。近年、館内にジョブ・サーチ・セントラルを開設し、就職関連情報の提供、キャリア教育関連の書籍の貸し出し、履歴書の書き方や英語講座等の就業支援サービスに力を入れている。2014年夏に筆者が訪問した際も、人種的背景の多様な成人が、キャリア教育プログラムの学習や求人情報、企業情報の入手のために、無料のPCを活用する姿が数多く見られた。

ジョブ・サーチ・セントラルは、自らを "one-stop shop for all your job search needs"（利用者の求職に関してあらゆる支援を行う場）ととらえ、専門の職員を配置し、場、情報、教育を通して、次のような就業支援サービスを行っている。

・求人情報の提供
・キャリア教育関連の書籍や情報の提供
・履歴書の書き方や面接の心得、英語力など、就労のための諸技能の講座
・大卒者のための就労支援
・キャリア・コーチ・セッションや個別のキャリア・コーチ
・LindedInなどを活用した、インターネットによる就職関連情報の提供

このようにジョブ・サーチ・セントラルでは、職を求める外国出身者、さらには2008年のリーマン・ショック以来増加した失業者や時代の変化に追いつくことができない人々に、就業に関するあらゆる支援を行っている。この他、SIGLでは表2のようなキャリア支援関連の無料講座を開設している。

〈NYPLにおけるアウトリーチ・サービス〉

アウトリーチ・サービスとは、「不利益をこうむっている人、障害者、高齢者や家を出られない人、施設収容者、限られた英会話能力の人、リテラシー・サービスの必要者、インディアン居留地の人、育児施設や鍵っ子（ママ）への革新的サービス」[11]を指す。NYPLでは、「家から出られない人、受刑者、刑務所出所者等、高齢者、障害を持つ人、退役軍人、家を持たない人」[12]を対象に、様々

第15章　アメリカにおける就業支援とソーシャル・サービス —— 公共図書館の取り組みを中心に ——　261

な取り組みを行っている。ここでは、移民及び家をもたない人に対する NYPL の取り組みについて概観しよう[13]。

①移民へのサービス

　マンハッタンには 29％、ブロンクスとスタテン・アイランドには 16％の移民が居住している。またニューヨーク市民の半数以上が家では英語以外の言語を話し、4 人にひとりが十分に英語を話すことができない。コミュニケーション能力が限られているため、多くの移民が低賃金労働に従事し貧困地域への居住を余儀なくされているという現実がある。このような人々に対し、NYPL では、ESOL（他言語話者のための英語）講座を開設し、これまでドミニカ、中国、ジャマイカ、メキシコ、エクアドル、インド、韓国、ベトナム、ロシア、プエルトリコ、タイなど 70 か国以上からの移民が講座を受講している。しかし ESOL の受講希望者が大変多く、講座の数がそれに追いつかず抽選で受講者を決定しているのが現状である。

②家を持たない人へのサービス

　NYPL では、ホームレスのシェルターに対する図書の集配、シェルターの子どもたちを対象とした朗読会や読書会、シェルーや分館における図書館のオリエンテーション、シェルターにおけるブック・トークなどを行っている。

(3) QL におけるコミュニティ教育プログラム

〈QL の歴史と概要〉

　クイーンズ区はニューヨーク市の東に位置し、面積は 5 つの区の中で最大で、マンハッタン区に次ぎ 2 番目の人口を擁する。約 48％を外国生まれの住民が占め、英語の他に 160 の言語（190 か国）が話され、ニューヨーク市の中でも人種的多様性が際だつ地域である。

　QL の歴史は、1901 年に 7 つの地域図書館を有する公共図書館としてニューヨーク州の認可を受けたことに始まり、その後ニューヨーク市と公共図書館の運営についての契約を結んでいる。2012 年のデータによれば、全米で 3 位の年間利用者数を誇り、2009 年には *Library Journal* 誌による "Library of the Year" を受賞している。

　筆者は、2014 年の夏 QL の中央図書館を訪問し、館長始めコミュニティ・ア

表15-2　SIGLのキャリア支援関連講座（2010年2～4月）

日時	講座名	講師
2月24日 18:00	効果的な値段と契約条件の決定	Sue Yellin（ビジネス開発コーチ）
2月25日 18:00	心理学の知識：他者との交渉	Lynda Clau, Ph.D
3月2日 18:00	時代の変化とキャリアの見直し	Claire Wyckoff（キャリア・コーチ）
3月3日 18:00	仕事探しの5つの秘訣	Win Sheffield（キャリア・コーチ）
3月4日 18:00	起業家のための成功の秘訣	Michelle Wood（キャリア・コーチ、起業トレイナー）
3月9日 18:00	フィナンシャル・プランの再考	Joan Lappan（投資顧問会社CEO）
3月10日 18:00	新しい経済とビジネス・モデル	Debra Franz（Business Clarity 社長）
3月23日 18:00	100ドルをどう投資するか：少額投資の方法	Suzanne Matthews（Finance in Focus 創始者）
3月25日 18:00	ファッション業界の基礎知識	Mercedez Gonzalez（仕入係長）
4月7日 18:00	Born Entrepreneurs, Born Leaders	Scott Shane（著者）
4月8日 18:00	会計・簿記の必須知識	Bruce Director（MBA, CPA）
4月20日 18:00	傾聴：セールスの基本（ワークショップ）	Roni Abrams（コミュニケーション専門家）
4月21日 18:00	キャリア上昇の方法	Raleigh Meyer（コンサルティング社）
4月27日 18:00	経済の仕組み	Roger E. A. Farmer（UCLA 教授）
4月28日 18:00	印象づける表現法：非言語と言語	Robyn Hatcher（コミュニケーション技法専門家）

出典：The New York Public Library NOW, 2010（http://www.nypl.org/sites/default/files/now.pdf, 2014/10/10）をもとに作成

アウトリーチ・プログラムのマネージャー等に面会し、QLのコミュニティ教育プログラムについて話を伺った。QLは、本館と61の地域図書館、さらに独自の成人学習センター（adult learning center）7館から成り、コミュニティ教育プログラムが充実している。2014年度の報告書によれば、年間約46,600の無料講座

写真15-3　クイーンズ図書館（中央図書館）

に延べ約 806,000 名の参加者があった。なお無料講座は人種的に多様な地域の要求に応え、英語以外に 60 か国語の蔵書を揃え、「黒人の歴史と遺産」「職業アカデミー」「消費者健康情報センター」などのテーマ別蔵書も充実している。本稿では、QL の成人学習センターの活動について紹介しよう。

〈成人学習センター〉

　QL には中央図書館、エルム・ハースト、フラッシング、ロングアイランド・シティ、ペニンスラ、ロシュデール、スタインウェイの 7 か所に成人学習センターがあり、常勤の専門職員とボランティアが識字学級と ESOL（他言語話者のための英語）会話グループの指導を行っている。その他センターでは、個人指導、成人基礎教育学級、ビデオ・グループ、コンピュータによる学習、ケース・マネジャーによる相談等も行われている。

　中央図書館の中央成人学習センターによれば、「ニューヨークに居住する成人の 36％が最低の識字力しか持たず、そのうち半数は機能的非識字であり、さらにクイーンズ区に居住する者の 25％は英語を話さない」[14]。また、筆者がインタビューした成人学習プログラム担当の Ms. E によれば、クイーンズ区の高校生のドロップ・アウト率は大変高く、若者の学習支援も成人学習センターの重要な機能であるという[15]。表15-3 は、センターの地域サービス・プログラムをまとめたものであるが、QL の成人学習センターがまさに社会教育福祉的機能を有することが明らかである。

表15-3 クイーンズ中央成人学習センターの地域サービス・プログラム

無料講座
・ESOL（他言語話者のための英語） 　ESOL 初級・中級・上級 　ESOL 識字学級（英語の読み書き基礎） 　英語会話練習グループ ・英語話者のためのABE（成人基礎教育） 　読み・書き・算数の少人数指導学級 　コンピュータ・ソフトやマルチメディアを用いた個人学習 　若者（17-24歳）のためのpre-HSE学級 　成人（17歳以上）のためのpre-HSE学級
無料プログラム
・家族の学習・家族の識字プログラム
・コンピューター基礎プログラム
・市民権テスト準備プログラム
・若者の健康のための英語プログラム
・ワークショップ：健康、財務、職業準備、大学準備など
生涯学習のための資料
・ESOL、ABE、pre-HSE関連の書籍、DVD、オーディオ・ブック
・コンピューター利用学習
ケース・マネジメント・サービス
・フードスタンプ、住宅供給、育児、教育、キャリア・プランニング、家庭内暴力、法律相談、雇用など

〈アウトリーチ・サービス〉

　ニューヨーク市教育局と連携して、ホームレスのシェルターに対するアウトリーチ・サービスを行っている。公園にブースを設けてのアウトリーチ・サービスも行っている[16]。

2. ニュー・ジャージー州の公共図書館における就業支援
　　　―スコッチ・プレインズ公共図書館とキャリア・ネットワーキング・グループ―

　ニュー・ジャージー州はハドソン川を挟んでニューヨーク市の西側に位置するが、その川沿いの街は、ニューヨーク市から直行のバスが出るなど交通の便も良く、マンハッタン地区へ通勤する人々の多く居住するベッドタウンとなっている。今回、筆者が訪れたのは、ユニオン・カウンティ、スコッチ・プレインズ

（Township of Scotch Plains）にあるスコッチ・プレインズ公共図書館（Scootch Plains Public Library, SPPL）である。スコッチ・プレインズは第二次世界大戦期までは人口およそ 4,500 名の小さな町であったが、大戦後の 1950-60 年代に住宅地の開発が進み、現在は人口 23,000 人が住む町にまで発展している。歴史的に多くのイタリア系移民、ユダヤ系移民が流入した地であり、現在の人種構成は、白人約 79％、黒人約 12％、アジア系約 7％で、ニューヨーク市のそれとは大きく異なる [17]。また、ラティーノ人口は 4％で、合衆国平均よりかなり低い。

　筆者はかねてよりニュー・ジャージー州立図書館の就業支援の取り組みについて聴き、この調査の前年にトレントン市にある州立図書館本館を訪ね、SPPL におけるキャリア・ネットワーキング・グループの活動について知った [18]。今回の訪問では、同グループの立ち上げに尽力し、現在もグループの中心となって就労支援に取り組んでいるキャリア・コーチの Ms.G と、そのきっかけとなった講座を開設し現在もグループに集会場を提供している SPPL の司書 Ms.F に話を伺うことができた。以下はその報告である。なお、Ms.G の談話を「　」で示し、それに筆者による説明を加えた。

〈キャリア・ネットワーキング・グループの誕生と発展〉

　Ms. G によれば、「キャリア・ネットワーキング・グループは、SPPL における講座が発展し、2010 年に誕生したものである」。2008 年 9 月の大手投資銀行リーマン・ブラザーズの経営破綻を引き金とした世界金融危機により、米国の失業率は急激に悪化した。不況と経済構造の変化により、高学歴者の多くも職を失う者が続出したが、「スコッチ・プレインズ周辺では、IT 産業と製薬業関係に多くの失業者が出た。この近辺には多くの製薬会社があるが、ジェネリック医薬品の普及などで、製薬会社の収益の落ち込みは激しい」。ホワイト・カラーが失業する状況の中で、SPPL では、キャリア・コーチによる講座を開設する。Ms.G は当初その講座に講師として招かれたが、「毎回、教室を埋め尽くすような（50-70 名）の参加者が続き、市民の関心の高さに驚き、図書館主催の講座だけではなく、定期的な学習会の必要性を感じ、自主的に学習グループを立ち上げた。学習会の場は SPPL とマウンテンサイド公共図書館の集会場を借り、今日まで続いている。当初、学習会を立ち上げたとき SPPL の司書であった職員がマウンテンサイドに異動になったため、マウンテンサイド公共図書館にも会場を

拡大した」。

　Ms. G の職業はキャリア・コーチ、ライフ・コーチであり、Yatedo によれば、彼女は「ニュー・ジャージー・コーチ協会（New Jersey Professional Coaches Association）の元会長であり、コーチ大学コーチ訓練プログラムの卒業生である」[19]。また「コーチとして活動する前は、マーケティング・コミュニケーション、広告、組織開発、コミュニケーション戦略と効果測定、商標管理、広告管理の仕事に携わっていた。彼女は、個人や組織が人生やキャリアの節目に対応する力を獲得するべく、指導・助言を行っている。彼女のワークショップは、生涯にわたって有益なコミュニケーション・スキルの獲得に有効である」[20]。

　ネットワーキング・グループでは、毎月、キャリア開発や経済、就職情報に関連した講師を招き、無料でワークショップや講演会を開催している。参加者は、解雇され失職した者や就職先の決まらない大卒者など、比較的高学歴の者が多い。参加費が無料のまま続けることが可能なのか尋ねたところ、「著名な講師を依頼することもあるが、ネットワーキング・グループの趣旨を説明して、講師料無料で引き受けてもらっている。また図書館との共催なので、会場の使用料も無料である。自分自身も完全にボランティアでこのグループに関わっている」ということであった。近年では、活動を LinkedIn のようなソーシャル・メディアに拡大し、通常のワークショップに加え、会員相互の情報交換によるキャリア開発へと活動の幅を広げている。グループの正式名称も無く、NPO 法人格も取得していない、ゆるやかなネットワークである。「今後グループを NPO 法人にするような計画はあるか」との筆者の問いに、「そのようなことは考えたことが無い。しかし活動の持続性ということでは、NPO 法人化も視野に入れる必要があるかもしれない」という回答であった。また、完全にボランティアで活動していることについては、「経済不況の下で、失業者が職を求めているという地域の状況にいたたまれず始めたことではあるが、キャリア・コーチという職業が社会で市民権を得るためにも、また自分がこの地域のキャリア・コーチ、ライフ・コーチであるという知名度を定着させるためにも、この活動は有意義である」と話されていた。Ms.G の活動についてウェブサイトに掲載されたものを 2 点、紹介しよう。

① NJ.com（ニュー・ジャージーの地域ニュースのサイト）より

「失業？　どうしよう。スコッチ・プレインズ図書館のキャリア・プラン講座」

SPPLでは、(2010年) 9月13日（月）午後7時から、キャリア・コーチD.G. さんによるキャリア・プランについての講座を開催します。

履歴書を書いて、狂ったように求人の掲示板に投稿するだけでは、十分ではありません。実際的なプランが必要です。たとえば、あなたは職を失ってから少なくとも6ヶ月たっているとか、もう1年近くたっているとかいうことです。自信をもって人と交渉するポイントを学びましょう。また個人の資産のこととか自らのキャリア全般について、知りましょう。計画ができたら、それを昇進のために活用しましょう。計画がないのだったら、是非つくりましょう。

キャリア・コーチのD.G. さんは、キャリア・ネットワーキング・グループのファシリテーターです。彼女は、人々の転職の助言・指導を初めて10年ほどになります。このグループは毎月会合を開き、会員のキャリア・プランについて学習し、情報を共有し、行動を起こしています。

講座は無料で、関心のある方全てに開放されています。参加希望の方は、図書館のウェブサイト上で登録するか、図書館に直接電話してください（以下略）[21]。

② *The Westfield Leader and The Scotch Plains-Fanwoood Times*（2011年9月1日）より

「スコッチ・プレインズでソーシャル・ネットワーキング・プログラムが開催」

スコッチ・プレインズ公共図書館のキャリア・ネットワーキング・グループと中央ニュー・ジャージー求職者プログラムのユダヤ人家庭サービス協会の共催で、「Face Timeによる個人のソーシャル・ネットワーキング」講座が、9月7日（水）の午後7時から9時に開催される。会場は、スコッチ・プレインズ、マーティン・アヴェニュー1391の中央ニュー・ジャージー・ユダヤ人コミュニティ・センター。

この行事に参加して、2つのネットワーキング・グループと交流し、秋からのネットワーク活動の開始に弾みをかけましょう。参加者は互いに知り合うことで、さらなるネットワークやつながりのリストを構築することができる。

キャリア・コーチでSPPLのキャリア・ネットワーキング・グループのファシリテーターのD.G. さんと、ユダヤ人家庭サービス協会求職者プログラムのS.B. さんとC.E. さんがファシリテーターをつとめる（以下略）[22]。

3. 結びに代えて

　本稿では、2014年夏に筆者が訪問したニューヨーク市とその近郊の図書館における就業支援とソーシャル・サービス、さらには市民の自主的な学習ネットワークについて述べた。ALAのリテラシーとアウトリーチ・サービス部 (Office of Literacy and Outreach Services, OLOS) は、図書館の知と情報をすべての人に平等に届けることを目標として、都市や郊外に住む貧困層や障害を持つ人々、また人種・民族・性的志向・年齢・使用言語・社会階層による差別的待遇を受けた人々など不利益を被ってきた人々に対する図書館サービスの促進のために研究・啓発活動を行っている[23]。OLOSの前身である不利益を被る人への図書館サービス部は1970年に設立したが、それ以降アメリカの図書館サービスの範疇が拡大し、成人教育プログラムが重要さを増して、図書館はまさに「社会教育福祉」施設へと変貌をとげつつあると言うことができよう。ALAは、その活動指針「貧しい人々への図書館サービス ("Library Services to the Poor")」の中で、「ALAはすべての人々が平等に情報に到達できるように努力し、アメリカで急増する貧しい子どもたち、成人、家族の緊急の求めを察知する」[24]と述べている。そこには教育と福祉を担う公共図書館の真摯な姿がある。1で触れたサンフランシスコ公共図書館も含め、アメリカ公共図書館の「社会教育福祉」の可能性を確認して、結びに代えたい。

謝辞：調査にあたり、アメリカ国務省のMs. Alka Bhatnagarに貴重な助言をいただいた。感謝申し上げたい。またアメリカの公共図書館訪問の際、職員の方々から資料・情報の提供を受けた。職員の方々の氏名は伏せさせていただくが、訪問先の図書館名を記して、謝辞としたい。

- New York Public Library: Stephen A. Schwarzman Building
- New York Public Library: Science, Industry and Business Library (SIBL)
- Queens Library: Central Library
- Scotch Plains Public Library

第15章　アメリカにおける就業支援とソーシャル・サービス ── 公共図書館の取り組みを中心に ── 　269

　　・New Jersey State Library

注

1）Yoshimi Fjimura, "Support for the Socially Disadvantaged in Information Society: A Case Study of San Francisco Public Library", *Socialpedagogik in Sweden and A Comparison of Japan, Germany, America* (Proceedings of International Conference), 2012.
2）Amy Mars,"Library Service to the Homeless",2013.
　　（http://publiclibrariesonline.org/2013/04/library-service-to-the-homeless/ 2http://sfpl.org/pdf/about/commission/alapolicy.pdf014/10/01）
3）http://www.mext.go.jp/a_menu/shougai/tosho/houkoku/06082211/008.pdf 2014/10/10.
4）Kathleen de la Pena McCook, *Introduction to Public Librarianship*, New York, Neal-Schuman Publishers Inc., 2004.（キャスリーン・マクック（田口瑛子他訳）『アメリカ公立図書館職入門』京都大学図書館情報学研究会、2008、104-105）。
5）（財）自治体国際化協会編『ニューヨーク自治ハンドブック』（財）自治体国際協会、2006、74-75。
6）https://www.nypl.org/sites/default/files/NYPL_Annual_Report_2013_0.pdf 2014/10/12.
7）Ibid.
8）http://lj.libraryjournal.com/2012/04/opinion/editorial/rich-nypl-poor-nypl-editorial/ 2014/10/12.
9）https://www.nypl.org/sites/default/files/NYPL_Annual_Report_2013_0.pdf 2014/10/12.
10）https://www.nypl.org/sites/default/files/NYPL_Annual_Report_2013_0.pdf 2014/10/12.
11）キャスリーン・マクック、前掲書、75。
12）http://www.nypl.org/help/community-outreach 2014/10/12.
13）NYPLのアウトリーチ・サービスについては、上記のNYPLのウェブサイトを参照。
14）http://www.queenslibrary.org/sites/default/files/alp/pdf/Central%20ALC%20Brochure.pdf 2014/10/10. なおクイーンズ区を始め、ニューヨーク市には多くの不法移民が居住しているが、ニューヨーク州では、教育や社会サービス提供の際、受益者が不法移民か否かを確かめることは禁じられている（QL図書館長Mr.G談）。これについて詳しくは稿を改めて言及したい。
15）Ms. E談（2014年8月25日、SPPLにおいて、藤村による聴き取り）。
16）Queens LibraryのMr. R談（2014年8月27日、藤村による聴き取り）。
17）http://censusviewer.com/city/NJ/Scotch%20Plains 2014/10/11.
18）ニュー・ジャージー州立図書館については、アメリカ国務省のMs. Alka Batnagar及びニュー・ジャージー州立図書館司書のMs. Peggy Cadiganに情報の提供をいただいた。
19）http://www.yatedo.com/p/Donna+Gerhauser/normal/00e27abe31693327255998c7f2c62 2014/10/11.

20) Ibid.
21) http://www.nj.com/suburbannews/index.ssf/2010/09/youre_unemployed_now_what_scot. html 2014/10/12.
22) http://www.goleader.com/11sep01/10.pdf 2014/10/12.
23) http://www.ala.org/offices/olos 2014/10/14.
24) http://sfpl.org/pdf/about/commission/alapolicy.pdf 2014/10/14.

索　引

■C～W
CLD　　*143, 144, 146*
CLDMS　　*144*
Community Learning Center（CLC）
　　104, 105, 106, 107, 108, 109, 110, 111,
　　112, 113, 114
Dream Start 事業　　*59*
CRISP モデル　　*139*
TCRU　　*135, 136, 137, 138*
ThemPra　　*135, 140*
UR 賃貸住宅ストック再生・再編方針
　　44
We Start 運動　　*59*

■あ行
アウトリーチ　　*86, 93, 96, 97, 99, 100,*
　　101, 260, 261, 264, 268
アクチャブリャータ　　*120, 121, 122, 124*
アブラザヴァーニエ　　*119*
新たな共同　　*21, 22, 32, 34, 35*
アレキサンダーレポート　　*142*
移民　　*84, 85, 86, 91, 94, 95, 96*
居民委員会　　*68, 69, 71, 75, 77*
ヴァスピターニエ　　*119*
大牟田市新地地区公営住宅　　*47*
オスラー報告　　*143*
オプシェストヴァ　　*118*
オプシェストヴェンニー　　*119*

■か行
改革と開放　　*67, 68*
街道　　*68, 69, 70, 71, 75, 76*
買い物難民　　*37*
学習型社区　　*69, 71*

学習権宣言　　*114*
学歴補償　　*72, 77*
基礎教育　　*103, 108, 112*
キャリア、キャリア教育　　*260, 264, 265,*
　　266, 267
教育学士　　*161, 167, 168, 218*
教育支援ネットワーク　　*53, 54, 59*
教育人的資源部　　*56*
教育疎外階層　　*55*
教育福祉　　*1, 2, 3, 4, 5, 8, 11, 12, 14, 15,*
　　16, 17, 18
教育福祉事業　　*53, 57, 58, 61, 62, 63, 64*
教育福祉総合計画　　*56*
教育福祉優先支援事業　　*55, 56, 57*
教育文化センター　　*61, 62*
協働のまちづくり　　*22, 23, 25*
居住福祉　　*46*
きらりよしじまネットワーク　　*27, 28*
ケア　　*134, 141, 147*
高等公民学校　　*54*
公民学校　　*54*
公民の家　　*209, 210, 211, 212, 213, 214,*
　　215, 216, 217, 218, 220, 221, 222
国際結婚移住女性　　*56, 57*
5・31 教育改革案　　*55*
互酬性　　*113*
孤独死　　*40, 51*
コミュニティ学習センター　　*104*
コミュニティ活性化推進事業　　*23*
コミュニティ・ガバナンス　　*2, 17, 18*
コミュニティ、コミュニティ教育　　*257,*
　　259, 260, 261, 262, 267
コミュニティケア　　*201*
コミュニティ・サービス　　*68, 76, 80*

コムソモール　120, 121, 122, 124
孤立死　39, 40, 43

■さ行
山村留学　22, 23, 24
386世代　60
識字教育　104, 107, 108, 109, 112
識字後教育　107, 112
自治　147
児童・青年援助法　156
市民福祉センター　6
社会教育士　161, 162, 167, 169, 217, 218
社会教育者　171, 172, 173, 178, 179, 180, 182, 184
社会教育の終焉論　37
社会システム　158
社会的企業　62, 65
社会的信頼　113
社会的排除　133, 134, 135, 141, 143, 144, 146
社会福祉援助活動　155, 156, 157, 158, 160, 161, 163, 169, 170
社会福祉館　54, 64
社区　68, 70, 71, 72, 73, 77, 80, 81
社区学院　69, 71, 75
社区学校　71, 75, 76, 77, 78
社区教育　67, 68, 69, 70, 71, 72, 73, 74, 75, 76, 77, 80, 81, 82
社区教育実験区　69
社区建設　69, 70, 76
社区服務　68, 69
社区文化センター　76, 77, 78, 80
就業支援　257, 259, 260, 264, 265, 268
住民自治委員会　63
住民自治センター　64
住民センター　63, 64

住民福祉協議会　63
就労保障　72, 73, 76, 77
循誘公民館　49, 50
生涯学習館　64
生涯学習振興条例　60
生涯学習都市造成事業　60
生涯教育法　53, 56
職業技術訓練　104, 105, 107, 109, 113
心身障がい者福祉法　54
新来港児童　94, 95
スクールソーシャルワーカー　96, 100, 101
生活世界　159, 160, 165, 170
生活と教育　61
セーフティネット　113
セツルメント　238, 239, 243, 244, 246
全国公団住宅自治協議会　38
潜在能力　115
総合型地域スポーツクラブ　29
総合社会活動　155, 156, 157, 158, 159, 160, 161, 162, 163, 164, 165, 169, 170
ソーシャル・キャピタル（社会的格差）　112, 113, 114
ソーシャルケアワーカー　204, 205
ソーシャル・サービス　268
ソーシャル・ワーカー　98, 99
ソシオノム　173
ソツィアーリニー　119

■た行
多職種協働　140, 144
多文化家族支援センター　64
多文化家族支援法　54, 56
単位　68, 70, 73
団地再生　38, 39, 44, 45, 46, 48, 49
団地の社会教育　37
団地マネージメント　45, 46

団地マネージャー制度　*45, 46*
地域教育共同体　*58, 59, 63*
地域教育福祉センター　*63*
地域交流施設　*46, 47, 48, 52*
地域児童センター　*59, 61, 62, 64*
地域社会教育専門家　*57, 58*
地域自立循環型教育福祉　*62, 65*
地域福祉　*104, 112*
小さな図書館　*61, 62*
地区協議会　*209, 210, 211, 218*
地区福祉ひろば　*16*
地方行政体制改編に関する特別法　*60*
チャイハナ　*123, 129*
中間支援組織　*43*
同等性（同等化）プログラム　*109, 110, 112*
都市再生機構　*44, 45, 48*
共に生きる私たち　*61, 62, 65*
洞別協議会　*63*

■な行
ナラニ　*61, 63*
ネットワーク　*266, 267, 268*
蘆原教育支援センター　*61, 63*
ノンフォーマル教育　*104, 105, 106, 107, 108, 109, 112*

■は行
働く共同体　*61*
万人のための教育（Education for All：EFA）　*103, 105*
ピオネール　*120, 121, 122, 124*
兵庫県武庫川団地　*46, 48*
福祉社会　*242*
福祉の含み資産　*51*

父母大学　*122, 124*
プロジェクト調整者（PC）　*57, 58*
文明弁（社会主義精神文明建設弁公室）　*73, 74, 75, 76, 77, 78, 79, 80*
放課後教室協議会　*63*
ホームレス　*256, 261, 264*
母子福祉法　*54*

■ま行
マウルづくり支援センター　*64*
マハッラ　*123, 124, 126, 127, 128, 129, 130, 131*
マハッラ運営委員会　*126, 128, 129*
マハッラ内のCLC　*127*
マハッラの女性委員会　*126, 127*
民衆教育　*238, 239, 240, 242, 243, 244, 247, 249*
民衆大学　*197, 203, 209, 211, 213, 214, 215, 218, 220, 224, 225, 228, 229, 230, 232, 234, 235*
モビリゼーション　*173, 179, 181, 182, 183, 186, 187*

■や行
ユネスコ　*103, 104, 105, 106, 109, 114*

■ら行
ライスバンク　*107, 109, 113*
老人福祉法　*54*
ロマ民族　*224, 225, 228, 229, 230, 231, 232, 233, 234, 235*

■わ行
和借社会　*74, 76, 78, 81*

執筆者一覧（執筆順）

松田 武雄（名古屋大学教授）	序章
MATSUDA Takeo（Nagoya University）	Introduction
石井山 竜平（東北大学准教授）	第1章
ISHIIYAMA Ryuhei（Tohoku University）	Chapter1
上野 景三（佐賀大学教授）	第2章
UENO Keizo（Saga University）	Chapter2
李 正連（東京大学准教授）	第3章
LEE Jeongyun（The University of Tokyo）	Chapter3
牧野 篤（東京大学教授）	第4章
MAKINO Atsushi（The University of Tokyo）	Chapter4
肖 蘭（名古屋大学特任助教）	第5章
XAO Lan（Nagoya University）	Chapter5
益川 浩一（岐阜大学准教授）	第6章
MASUKAWA Koichi（Gifu University）	Chapter6
河野 明日香（名古屋大学准教授）	第7章
KAWANO Asuka（Nagoya University）	Chapter7
宮崎 隆志（北海道大学教授）	第8章
MIYAZAKI Takashi（Hokkaido University）	Chapter8
Franz Hamburger（Institute for social pedagogy research Mainz, Germany）	第9章
（大串隆吉訳）	Chapter9
Lisbeth Eriksson（Linköping University, Sweden）	第10章
（石川拓訳、松田武雄、河野明日香監訳）	Chapter10
Juha Hämäläinen（University of Eastern, Finland）	第11章
（池尻寿子訳、松田武雄、河野明日香監訳）	Chapter11
大串 隆吉（東京都立大学・首都大学東京名誉教授）	第12章
OGUSHI Ryukichi（Professor emeritus / Tokyo Metropolitan University）	Chapter12
Marie Westerlind（University West, Sweden）	第13章
（石川拓訳、松田武雄、河野明日香監訳）	Chapter13
太田 美幸（一橋大学准教授）	第14章
OHTA Miyuki（Hitotsubashi University）	Chapter14
藤村 好美（群馬県立女子大学教授）	第15章
FUJIMURA Yoshimi（Gunma Prefectural Women's University）	Chapter15

■編著者紹介

松田　武雄（まつだ・たけお）
名古屋大学大学院教育発達科学研究科教授
名古屋大学大学院博士後期課程単位修得満期退学
博士（教育学）
主著
『近代日本社会教育の成立』（単著）九州大学出版会、2004 年
『生涯学習と地域社会教育』（編著）春風社、2004 年
『現代社会教育の課題と可能性』（単著）九州大学出版会、2007 年
『新版 生涯学習と地域社会教育』（編著）春風社、2010 年
『社会教育・生涯学習の再編とソーシャル・キャピタル』（編著）大学教育出版、2012 年
『現代の社会教育と生涯学習』（編著）九州大学出版会、2013 年
『コミュニティ・ガバナンスと社会教育の再定義』（単著）福村出版、2014 年

社会教育福祉の諸相と課題
— 欧米とアジアの比較研究 —

2015 年 4 月 20 日　初版第 1 刷発行

■編 著 者──松田武雄
■発 行 者──佐藤　守
■発 行 所──株式会社 **大学教育出版**
　　　　　　　〒700-0953　岡山市南区西市 855-4
　　　　　　　電話(086)244-1268㈹　FAX(086)246-0294
■印刷製本──モリモト印刷㈱
■Ｄ Ｔ Ｐ──北村雅子

© Takeo Matsuda 2015, Printed in Japan
検印省略　　落丁・乱丁本はお取り替えいたします。
本書のコピー・スキャン・デジタル化等の無断複製は著作権法上での例外を除き禁じられています。本書を代行業者等の第三者に依頼してスキャンやデジタル化することは、たとえ個人や家庭内での利用でも著作権法違反です。

ISBN978-4-86429-324-2